プーチン帝国滅亡

中津孝司

装丁　MERRY BEETLE
校閲　佐伯　果南

プーチン帝国滅亡／目　次

Ⅰ　プーチンの戦争……7
Ⅱ　史上最強の金融・経済制裁に脅えるロシア経済社会……53
Ⅲ　ロシア経済の実相と暗黒の近未来図……88
Ⅳ　ウクライナ社会再建の課題……137
Ⅴ　「プーチンの戦争」がもたらす世界新秩序……160
Ⅵ　「プーチンの戦争」と世界経済大混乱……185
Ⅶ　「プーチンの戦争」で結束深める日本・米国・欧州……208
Ⅷ　プーチンが迫る新たな資源エネルギー政策……251

IX　秒読み段階に入ったプーチン帝国の崩壊……273
あとがき……296
注　釈……313

Ⅰ　プーチンの戦争

1　ウクライナ軍事侵攻の最終目標

目の当たりにしたプーチンの「本性」

残虐な軍事攻撃に世界中の人々が驚愕した。ロシア軍は無差別攻撃を仕かけた。紛れもない「ジェノサイド（集団虐殺）」である。ウクライナ市民の住宅、病院、教育施設、歴史的建造物・文化財、交通インフラなどに容赦なくミサイルや軍事用ドローンを打ち込んだ。非情な攻撃はすべて映像に記録されている。つまり立証可能な戦争犯罪の証拠が数多く存在する。ロシア軍の略奪行為も克明に記録されている。

ロシア軍の戦争犯罪を捜査する国際刑事裁判所（ＩＣＣ、オランダ・ハーグ）はウクライナに現地事務所を開設、捜査活動を加速する。ドイツ連邦刑事庁もロシア軍の戦争犯罪を捜査し、ドイツ国内で裁くことになっている。米司法省も米国政府に特別チームを発足、戦争犯罪を捜査する。

ロシア軍が黒海を封鎖していたことについては、欧州連合（ＥＵ）のボレル外交安全保障上級代表（外相に相当）は「現実の戦争犯罪」だとロシアを非難している。ウクライナ産の小麦など穀物の輸出が滞り、食糧危機を招いたからである。

驚くことはない。悪魔の侵略者、ロシア・プーチン大統領の「本性」である。大統領と呼ぶことさえ躊躇する。ロシア軍最高司令官プーチンは今や、戦争犯罪人、A級戦犯になり下がった。プーチン大統領の残虐性には際限がない。戦争の最終目標、すなわちウクライナ全土を制圧できるまで、執拗な軍事攻撃は無制限に続く。ウクライナの地政学リスクは沸点に達した。

歪んだプーチンの歴史観

なぜ、ウクライナ支配を狙うのか。少し歴史を紐解いてみよう。

ロシア、ウクライナ、ベラルーシのルーツは882年に産声を上げたキエフ大公国（キエフ・ルーシ）にある。10世紀末に即位したヴォロディーミル1世はキリスト教を取り入れ、正教会の礎を築いた。ヴォロディーミル大帝はこの3ヵ国で敬愛される。ところが、13世紀初頭にモンゴル軍が侵攻し、キエフ大公国は分裂、崩壊する。ただ、東スラブ民族は生き残り、ロシア系、ウクライナ系、ベラルーシ系に分かれていく。

キエフ大公国消滅の史実を自分勝手に解釈して、プーチン大統領はウクライナというアイデンティティー（自己同一性）は存在しないと強弁する。ゆえにウクライナ国家、ウクライナ国民なる概念すらないと言い張る。付言すれば、ユダヤ系のゼレンスキー・ウクライナ大統領の正統性も認めない。プーチン大統領にとって、正統性を欠くゼレンスキー大統領は交渉の相手でない。プーチン大統領にとって、ウクライナは外国ではなく、ロシアの一部なのである。それゆえにウクライナ軍事侵攻はロシアとウクライナの戦争ではなく、あくまでも「軍事作戦」、「内戦」に過ぎないのである。

クレムリン（ロシア大統領府）内にある大統領執務室には、プーチン大統領が尊敬する、ロシア帝国皇帝ピョートル大帝の肖像画が掲げられている。ピョートル1世はステンカ・ラージンによる反乱の鎮圧後、帝位に就いた。ピョートル1世は軍備の拡大を推進して、シベリア経営に乗り出す。清朝とは境界を定めて通商を開いた。また、オスマン帝国を圧迫、アゾフ海進出を果たす。ロシア軍が集中砲火を浴びせる戦闘の状況を世界中が固唾を呑んで見守った、マリウポリのアゾフスターリ製鉄所はアゾフ海に面する。

ピョートル大帝はさらに、18世紀初めの北方戦争で紆余曲折の末、スウェーデンに勝利し、ロシアはバルト海の制海権を奪取した。その当時、首都となったサンクトペテルブルクはバルト海沿岸にある。エカチェリーナ2世の治世下では、オスマン帝国からクリミア半島を奪っていく。加えて、オホーツク海進出も図る。

ロシアのDNA

軍事力を増強し、周辺国に軍事攻撃を仕かけ、領土を拡張することこそが、尊敬に値する国家指導者の偉大なる功績だとプーチン大統領は解釈する。プーチン大統領は極端な軍事力の信奉者である。プーチン流の思考では、それができない指導者は失格なのである。

ウクライナ侵攻を国際法の侵害、国際秩序への挑戦だとプーチン大統領に正論を突きつけても、まったく通用しない。プーチン大統領を説得できる手段は「論理」ではなく、「力」である。プーチン大統領は18世紀に生きている。ロシア軍を徹底的に叩き潰して初めて、プーチン大統領に翻意を促すことができる。

プーチンの尽きない野望

プーチン大統領はウクライナ支配を完遂した後、ロシア・ウクライナ・ベラルーシから構成される「スラブ連合国家」を樹立したい。ベラルーシのルカシェンコ大統領はすでに、ロシアの軍門に下っている。ルカシェンコ政権は憲法を改正して、ロシアの核兵器を受け入れる体制を整えた。ロシアとの一体化は加速していく。プーチン大統領は「スラブ連合国家」の「総帥」に登り詰めて、ロシア・ウクライナ・ベラルーシを束ねたい。皇帝プーチンの野望は尽きない。ソ連邦の復活も目論む。

ソ連邦崩壊を「20世紀最大の地政学的大惨事」と嘆くプーチン大統領は、大国ロシアの神聖なる領土がソ連邦崩壊によって喪失したと考える。そして、ソ連邦の復活こそが自らの歴史的使命だと位置づける。フィンランドやスウェーデンですらロシアの領土だと主張するだろう。領土の復活、拡張は指導者の功績だと胸を張るだろう。

重病説、最側近造反説、宮廷クーデター説といった憶測、風評が飛び交う。死期を悟ったプーチン大統領がウクライナ軍事侵攻という「最後の手段」に打って出たと解説する見解もある。だが、真実は誰にもわからない。プーチン大統領を大統領の座から引きずりおろすことが、ウクライナ侵略戦争終結の早道だとする解説もある。

しかし、仮にプーチン大統領が失脚、あるいは死去しても、ポスト・プーチンの空白を埋める人物は「次のプーチン」である。ロシアはロシア、ロシア人はロシア人。プーチン後にリベラルな指導者が登場することは決してない。ロシア国民は強い指導者を希求するからである。ロシアに欧米型の民主主義が定着することはない。ロシアは永遠に孤独な存在なのである。

2　なぜ、2月24日だったのか

メルケルの退場とパンデミック（世界的大流行）

欧州諸国の政治指導者で頻繁にプーチン大統領と向き合った人物はドイツのメルケル元首相だろう。メルケル氏ですらプーチン大統領の「本性」を見抜けなかったが、ソ連邦の衛星国だった東ドイツ地域出身のメルケル氏はプーチン大統領のメンタリティー（心的傾向）を理解していたのではないか。メルケル氏の存在がプーチン大統領にとってのストッパー（停止装置）役を果たしていたのではないか。メルケル氏の政界引退でプーチン大統領は唯一の歯止めを失ったのではないか。メルケル氏引退でプーチン大統領は迷いなくウクライナ攻撃の道を突進できた。

メルケル氏は欧州、ひいては世界のアンカー役を担っていた。確かにメルケル氏のロシアや中国に対する融和姿勢は正しくなかったのかもしれない。しかし、融和外交は第二次世界大戦後、ドイツ外交が模索してきた国家方針だった。メルケル氏が現役の政治家であったなら、率先して停戦協議の下地整備に奔走していただろう。メルケル氏が不在となった今、早期の停戦は見通せない。

猛威を振るった新型コロナウイルスのパンデミックを好機と捉えて、プーチン大統領はロシアの統治機構改革を推進した。その結果、プーチン大統領はロシアの「国父」となる道を開くことができた。この時期、プーチン大統領は内政問題に集中した。その後、ウクライナ侵攻に着手する。

判断が甘かった北京

2022年2月には北京冬季五輪が予定されていた。その開会式にプーチン大統領は臨席、中国の習近平国家主席との首脳会談にも臨んだ。プーチン大統領は習主席にウクライナ侵攻について事前報告していたと推察できる。習主席は冬季五輪が終わるまで攻撃を待って欲しいとプーチン大統領に要請したに違いない。五輪は平和の祭典である。戦争は馴染まない。

だが、中国外務省の甘い情勢分析を真に受けて、中国首脳陣はウクライナ侵略が非現実的だと思い込み、プーチン大統領の本心を見破ることはなかった。ウクライナ侵攻で苦戦するロシア軍を目の当たりにして、北京は台湾侵攻の軍事シナリオを再考せざるを得なくなった。

立場が極度に悪化した中国政府要人は王毅・国務委員兼外相（当時）である。外務大臣であるにもかかわらず、ウクライナ軍事侵攻を見通せなかったのであるから当然だろう。名誉挽回とばかりに南太平洋諸国を歴訪し、失点を補おうとした。キリバスでは中国が滑走路改修を支援し、ソロモン諸島とは安全保障協定を締結した。太平洋島嶼国では中国はオーストラリアやニュージーランド、米国と対立する。

中国は東南アジアにあるカンボジアのリアム海軍基地の拡張計画も支援する。中国は南シナ海で軍事拠点化を強引に推し進めているが、中国軍がカンボジアを軍事拠点にすることができれば、南シナ海の覇権を強化できる。南太平洋地域と合わせて、台湾をめぐるシーレーン（海上輸送路）に影響力を行使できる。

欧米VS中露

プーチン大統領と習主席は互いに気脈が通じ合う。双方とも「個人崇拝」を加速させる。プーチン大統領は恐怖政治を徹底した独裁者スターリンを、習主席は文化大革命を首謀した毛沢東を、それぞれのモデルとする。2022年6月15日、習主席とプーチン大統領は電話協議し、軍事・軍事技術面での協力拡大について話し合った(1)。両者の蜜月をアピールし、中露共闘を演出したが、中露両国が接近すればするほど国際的孤立は深まっていく。

一方、米英を中核とする集団安全保障装置である北大西洋条約機構（NATO）のストルテンベルグ事務総長は同日、国防相理事会でウクライナへの新たな包括的軍事支援策について語った。さらに同日、バイデン米大統領はゼレンスキー大統領と電話協議し、追加の軍事支援策について説明した(2)。ワシントンが中露両国への対抗姿勢を鮮明にした格好だ。

トランプ前政権が反中国姿勢に舵を切ったが、それは米国市場から安価な中国製品を排除することに主眼が置かれた。バイデン政権は経済的締め付けに加えて、軍事面、安全保障分野でも対決姿勢を強めている。日欧諸国と協調して、中露両国に最先端技術が流出する事態を防ごうと取り組んでいる。

歴史が証明するように、独裁者の最期は哀れである。スターリンは最側近との食事後、突如として昏睡状態に陥り、息を引き取った。ナチスドイツのヒトラーは自殺した。猜疑心の強いこの二人は常に孤独であった。真の味方は一人もいない。たった一人で闘い続けなければならない。

ホワイトハウス（米大統領府）の警告を無視した国際社会

バイデン大統領は2021年末頃からウクライナ政府に対して、ロシア軍がウクライナ軍事侵攻を企てていると再三再四、警告を発してきた。2022年2月に入ってからは、具体的な侵攻シナリオについても発信した。米国情報機関の情報収集・分析能力が著しく優れていることを物語る。バイデン大統領はウクライナ政府が聞く耳を持たなかったと後に嘆いたが、国際社会も一様にバイデン大統領の警鐘を軽視した。

その一方で、ウクライナでの戦争には軍事的に関与しない、米軍兵士を送り込まないともバイデン大統領は言明した。さらにその一方で、台湾有事には軍事介入すると即答した。ウクライナ、台湾双方とも米国の同盟国ではない。にもかかわらず、いったいなぜ、ダブル・スタンダード（二重基準）が許されるのか。

台湾有事は直線的に半導体危機を誘発する。その世界に及ぼす衝撃波はウクライナ危機の比ではない。台湾の有力半導体企業は米国に巨額投資している。工場を立地し、進出先の雇用増進に寄与する。一方、ウクライナ企業は米国に巨額投資していない。米国経済に寄与できていない。ダブル・スタンダードはこの現実から導き出される。国際政治の世界は冷徹である。軍事介入が支持率向上に結びつくか否か。これが介入判断の基準となる。

ウクライナ政府、ウクライナ市民はロシア軍が実際に首都キーウまで攻め込んでくるとは夢にも思わなかった。否、信じたくなかったのだろう。論より証拠。ウクライナ市民は軍事侵攻の前日までカフェやレストランで会話を楽しんだ。

ロシア専門家の大罪

ロシアの政治・安全保障を研究対象とする専門家の罪は深い。「ロシア情勢に詳しい」という枕詞で紹介される専門家だが、実は詳しくない実態を露呈している。

大方の専門家がロシア軍のウクライナ侵攻はあり得ないと全否定した。戦争という手段が合理的でないからである。だが、合理性の判断尺度はさまざまだ。プーチン大統領は合理的な独裁者ではあるけれども、戦争という暴挙もまた、プーチン大統領にとっては合理的な選択肢なのである。なぜか。戦勝という前例が存在するからだ。

ジョージア（旧グルジア）の南オセチア共和国、アブハジア自治共和国の実効支配、ウクライナ領クリミア半島の併合・実効支配、シリア内戦への参戦などプーチン大統領にとって誇るべき戦果は複数ある。この成功体験がウクライナ軍事侵攻へと駆り立てた。メディアによるプロパガンダ（印象操作）の影響は多大だが、ロシアの一般市民は「プーチンの戦争」にエールを送った。ウクライナを舞台とする欧米との代理戦争であれば尚更だ。

ロシア専門家の予想はことごとく外れる。「大祖国戦争」の勝利を祝う、2022年5月9日に挙行された対ナチスドイツ戦勝記念式典の場で、プーチン大統領は正式な宣戦布告に踏み切る、国家総動員を宣言すると専門家は予想した。だが、的中しなかった。

対独戦勝記念日は本来、国威発揚、愛国心鼓舞に有効利用されてきた。そして、戦死した兵士を追悼する厳粛な日である。ドラマティックな演出を強調するステージでは決してない。

続く2022年6月12日のソ連邦から独立したことを祝う「ロシアの日」をめぐっては、プーチン大統領が若い後継者をお披露目し、「院政」の布石を打つとロシア専門家は予想したが、またも的中しなかった。後継者指名といった予想は最早、妄想の域に達する。専門家失格である。プーチン大統領にとってソ連邦崩壊は悲劇であって、祝杯を上げる範疇の史実でない。

プーチン大統領はすべてを自ら決定しないと気が済まないタイプの人間である。表舞台から退場することは考えられない。ソ連邦時代の独裁者のように、息を引き取るまで最高指導者の座にしがみつく。

世界史に刻まれる2022年2月24日

ベラルーシ軍との合同軍事演習を口実に、ロシア軍は大挙してベラルーシに集結、ウクライナ北部からの攻撃態勢を整えた。ロシア西部にも軍部隊を大規模動員させ、東からの攻撃にも備えた。冬季五輪の終幕を迎えた頃、ウクライナの大地はほどよく凍結していた。凍結すると、戦車は素早く走行できる。凍土が融解する春までが勝負だ。

短期決戦で首都キーウ(キエフ)を降伏に追い込むことができれば、クリミア半島略奪8周年式典(3月18日)に間に合う。遅くとも5月9日の対ナチスドイツ戦勝記念日には、ロシア軍の大勝利を高らかに謳い上げることができる。プーチン大統領はこのように思い描いていたことだろう。つまりプーチン大統領にとって、軍事侵攻開始の選択肢は2月24日しかなかったのである。

ところが、誤算に続く誤算でロシア軍は窮地に立たされる。キーウ攻略に失敗した挙げ句、ゼレンスキー大統領暗殺計画もなし遂げられなかった。ロシア軍兵士は戦場での経験が浅く、未熟で士気が極端に低い。武器・兵器も精度を欠き、通常兵力の劣化を露呈してしまった。

プーチン大統領は高性能の武器・兵器を披露したかったはずだ。戦争は格好の武器・兵器「見本市」になる。ところが、逆に無様な武器・兵器、それに兵士を世界中に晒す結果となった。ロシア製武器・兵器を売り込むというプーチン大統領のマーケット戦略は不首尾に終わった。

眼を疑ったのは中国人民解放軍だろう。人民解放軍はソ連邦時代の赤軍を手本とした。だが、その手本が手本でなくなった。北京はことあるごとに、台湾独立を断固として阻止すると息巻くが、モスクワから武器・兵器を調達してきた。中国最初の航空母艦はウクライナ製である。台湾上陸作戦のシナリオは大幅な見直しが急務となった。

モスクワも北京も欧米諸国を敵に回した無謀さを後悔していることだろう。欧米製の武器・兵器の威力に恐れ慄いていることだろう。ロシア、中国、北朝鮮といった強権国家の思考回路、精神構造は酷似する。表向きの言葉と本心はまったく異なる。強気発言は弱さの裏返しである。欧米諸国の軍事力に遠く及ばない。

大嘘を連発するロシア要人

ロシアのメドベージェフ安全保障会議副議長は「2年後にウクライナが存在しているか疑わしい」と通信アプリに投稿している。(3) だが、この言葉は「2年後にロシアが消滅しているかもしれない」という恐怖感から発せられたものだろう。ロシア要人が語る言葉はすべて虚偽である。責任転嫁、自己正当化はロシア要人のお家芸。否、独裁国家共通の芸当だ。発言に真実は一切ない。

「プーチン大統領は病気でない」とロシアのラブロフ外相が述べたが、この言葉は「プーチン大統領は病人である」ということを示唆する。2022年6月中旬にサンクトペテルブルクで国際経済フォーラムが開催された際、プーチン大統領は演説で「欧米による対ロシア経済制裁は成功していない、ロシア経済は徐々に正常化している」と強弁した。[4] しかし、この発言は「経済制裁でロシア経済は窮地に陥っている」という危機感を物語る。また、プーチン大統領は「米国一極の時代は終焉した」と述べたが、「ロシアは米国に軍事力で見劣りし、太刀打ちできない」とロシアの敗北を自ら認めたことになる。また、「ウクライナのEU加盟を容認する」との発言の真意は、EU加盟には時間が必要であることから、「EU加盟までにウクライナ全土を支配し、結果的にEU加盟を阻止できる」と見通していることにある。

中国や北朝鮮と同様に、ロシア要人の公式発言に真実はない。虚偽ばかりである。信用できない。いずれにせよ、ロシア社会の近未来は暗黒である。いかなる近未来が待ち構えるかは歴史的時間が証明することだろう。

3　ロシア軍劣勢の原因

健闘するウクライナ軍と士気（モラル）低いロシア軍兵士

ウクライナ軍の士気はすこぶる高い。それを維持できていることは疑いがない。しかし、高い士気だけでは戦場で通用しない。作戦、戦術、戦略が上手く機能して初めて、戦況優勢を実現できる。ウクライナ軍は効率良く戦闘を展開し、有能であることを示した。サイバー空間ではウクライナ側の善戦が際立っている。

その一方で、ロシア軍の士気は極端に低く、戦闘効率も断然に悪い。ゆえにロシア軍はあらゆる方面で苦戦する。

ウクライナ軍は自国領のクリミア半島をロシアに奪取されたこと、それにウクライナ東部地域で親ロシア派武装勢力が影響力を強めていたことを教訓に、軍事訓練を重ね、実戦能力を磨いてきた。ウクライナ兵の軍事訓練は現在進行形である。

ジョンソン英元首相がキーウを電撃訪問した際、重火器など新たに供与する武器・兵器向けの訓練について明言した。4ヵ月ごとにウクライナ兵を最大で1万人訓練するという。(5) 訓練はウクライナ国外で実施され、英陸軍が主導する。最前線での戦闘スキル、応急処置など医療技術、サイバー攻撃への対処、敵への反撃についてウクライナ兵は学ぶ。

ウクライナ軍の中核を担うのは30歳代のベテラン兵士である。これに対してロシア軍の前線部隊は20歳程度の初心者が中心となっている。ロシア軍は軍装備・兵力で優位に立つにもかかわらず(2021年の国防費でロシア659億ドル、ウクライナ59億ドル)(6)、スキルの圧倒的な差がウクライナ軍健闘という戦況に大きな影響を及ぼしている。

ベラルーシに展開したロシア軍がウクライナ北部から攻め込んだものの、燃料や弾薬、食料などの補給体制、つまりロジスティックスが機能していなかったことから、キーウ制覇やゼレンスキー大統領退陣に失敗、やむなく退却した。

政権転覆に失敗したロシアは「軍事作戦」を大幅修正したうえで、ウクライナ東部のドンバス地方（ルガンスク州・ドネツク州）制圧に注力せざるを得なくなった。[7] ドンバス地方には世界有数のドネツ炭田がある。帝政ロシア末期から炭田開発が本格化した。それゆえにドンバス地方は炭鉱業、鉄鋼業、冶金業、化学業など重化学工業の中心地となってきた。

ウクライナ市民は個人主義的な傾向があるが、ドンバス地方では工業地帯であることからソ連邦時代の集団主義的な考え方が支配的である。こうした社会的な違いをいかにして認め合い、融合させていくのかはウクライナ政府の課題である。

キーウ周辺と違って、ドンバス地方は起伏が少ない開けた地形であることから、長距離砲撃を駆使する戦闘へと戦法が変質している。長期戦を覚悟しなければならないゆえんである。占領地奪還を狙うウクライナ軍にとって、欧米諸国から供給される武器・兵器は生命線となる。

一方、ロシア軍も消耗戦を余儀なくされ、空洞化が進む。ルガンスク州を制圧したところで、それは戦略的な意味合いを持つ制圧ではなく、あくまでも象徴的なものに過ぎない。[8]

プーチン大統領は軍要員を増強して、ドンバス地方全土の制圧を目指しているが、ロシア軍が消耗するだけである。ロシア国内の武器・兵器工場では増産需要に応じることができていない。[9] 慢性的な高性能ミサイル不足が続く。精密兵器の枯渇で余裕の喪失を招いている。[10]

２０２２年６月27日にウクライナ中部ポルタワ州クレメンチュクのショッピングモールがロシアにミサイル攻撃された。[11] ミサイル攻撃が戦争犯罪であることは疑いがないが、ドイツ南部のエルマウで開催中だった主要７ヵ国（Ｇ７）首脳会議（サミット）を牽制することが攻撃の目的であった。

モスクワに近いロシア・カルーガ州にある空軍基地から飛び立った爆撃機による長距離ミサイルの発射だという。地対艦ミサイルが使用されたようだが、地対艦ミサイルは通例、都市部の地上標的に使用されない。精度の高い対地攻撃ミサイルの在庫が不足している証左である。と同時に、対艦ミサイルは巻き添え被害が大きいので、ロシア軍の残虐性を如実に示すものでもある。

武器・兵器の不足を補うべく、ロシアはイランから数百機もの軍用ドローンを調達する。イラン側はロシア軍の訓練にも乗り出している。ロシア軍がいかに軍装備の不足や兵士の無能ぶりに苦悩するかを示している(12)。ロシアがイランに泣きついたということは、ロシアが頼りにする中国やインド、トルコが武器・兵器の提供や軍事訓練を拒否したからだろう。

近代的軍装備の不足に加えて、ロシア軍は深刻な兵員不足にも直面する。シリアからの傭兵や民間武装組織「ワグネル・グループ」を戦力に投入、徴集兵や予備役まで導入して兵士不足を補っている(13)。志願兵の年齢上限（ロシア人で18～40歳、外国人で18～30歳）も撤廃された(14)。精密誘導兵器などの運用には高度専門家を要する。

ロシアでは従軍拒否が急増し、軍内部では将校と兵士が対立していると伝わるなど、秩序の乱れがはなはだしい。

驚くことに、国家親衛隊員の戦死が報告されている。ロシア国家親衛隊は２０１６年にテロ対策を目的として創設され、国内の抗議デモを鎮圧してきた。本格的な戦闘訓練は受けていないので、国家親衛隊員を戦場に投入してもまったく役立たない。国家親衛隊員には従軍を拒む隊員も多く、軍事裁判所の命令で除隊処分されている。実戦経験がない親衛隊員が戦死するのは当然の帰結である(15)。

ロシア空軍の訓練不足（たとえば戦闘機パイロットの平均飛行時間が短い）で、最新鋭戦闘機を操縦できていないと指摘する声もある。(16)もちろんウクライナ軍も同様に、ドンバス地方でのロシア軍撃退に手間取る。ウクライナ軍でも兵士の脱走が散見されるという。(17)

ロシアはドンバス地方を攻略できるか

アゾフ海に臨む、ウクライナ南東部の港湾都市マリウポリの製鉄所がロシア軍に包囲され、立てこもっていた「アゾフ連隊」（ウクライナ内務省系軍事組織）は投降に追い込まれた。この「アゾフ連隊」はウクライナのオリガルヒ（寡占資本家）であるイーホル・コロモイスキー氏が提供した資金で設立された。コロモイスキー氏は石油・天然ガス、金融、運輸分野の利権を握り、歴代の政権と癒着を繰り返してきた。(18)「アゾフ連隊」は極右勢力で愛国主義を声高に叫んできたことで知られる。(19)事実、強敵ロシア軍を相手に勇猛勇敢に戦ってきた。

マリウポリはドンバス地方とクリミア半島を結ぶ要衝である。また、ルガンスク州にある要衝セベロドネツクでは、ウクライナ軍がアゾト化学工場を拠点に抵抗を続けていたが、撤退を余儀なくされた。

ドンバス地方やウクライナ南部の戦域ではウクライナ側が優勢だが、ウクライナ軍、ロシア軍双方の一進一退が続くだろう。膠着する戦況を打破できるのはウクライナ軍か、ロシア軍か。注視される。ただ、ウクライナ軍は守勢一辺倒ではない。ウクライナ軍はウクライナ国境に近いロシア西部・ロストフ州にあるノヴォシャフチンスク製油所を軍用ドローンで攻撃した。(20)また、ロシア西部ベルゴロドの石油施設もウクライナ軍が攻撃したと報告されている。ロシア軍の燃料補給を妨害するためだろう。

ウクライナ軍は長期戦を見据えた軍事戦略と新たな武器・兵器を必要としている。こうしたニーズに応答すべく、NATOはウクライナ軍兵士に軍事訓練を実施し、欧米製武器・兵器の使用方法を教示することなどで適宜対応する。そして、新規の武器・兵器供与に乗り出した。

突出する米国のウクライナ軍事支援

「武器貸与法」がワシントンで成立したことを受けて、[21] ウクライナ向けの武器・兵器供与迅速化の基盤が整備された。米国は軍事支援に加えて、金融支援、人道的支援にも力を入れる。

ドイツのキール世界経済研究所の集計によると、2022年1月24日～5月10日の期間に米国がウクライナに供与した支援額は429億ユーロと、総額（604億ユーロ）の7割を占有するという。[22] 429億ユーロのうち軍事支援額は321億ユーロである。第2位が英国の47億ユーロ（うち軍事支援は23億ユーロ）、第3位は25億ユーロのポーランドで、欧州勢全体でも159億ユーロにとどまる。ちなみに日本の支援額は2億8，000万ユーロ（軍事支援なし）で第10位に過ぎない。

ウクライナ軍はキーウ付近などウクライナ北部での戦闘では、欧米から供与された携行型の武器を駆使、効果的に活用してロシア軍に抵抗した。携行型の対戦車ミサイル「ジャベリン」や地対空ミサイル「スティンガー」はロシア軍の侵攻前から米欧が譲渡してきた武器である。[23]

自爆攻撃機能を備える米国製ドローン「スイッチブレード」もロシア軍撃退の一翼を担った。この「スイッチブレード」は「カミカゼドローン」の異名を持ち、40分程度の飛行後、軍事目標を攻撃できる。

ウクライナを戦場とする前線で、その威力を発揮してきた。(24)

ところが、ロシア軍が照準を合わせる東部戦線では大規模な地上戦に備える必要があった。火砲、装甲車などの重武装が欠かせない。この戦闘環境の激変に対応すべく、戦車、「S300」地対空ミサイルシステム、155ミリ榴弾砲（108門、追加供与分）、装甲車（200台）、ヘリコプター（Mi17）、攻撃型無人機といった武器の供与に米国は踏み切った。

米国は榴弾砲を移動する輸送車72台、砲弾20万発超もウクライナ軍に届けた。敵軍の火砲起点を察知する対砲兵レーダー22機（追加供与分）も供与。さらに無人の沿岸防衛艇も支援した。「スイッチブレード」を700機追加で引き渡したほか、米空軍が開発した攻撃型ドローン「フェニックスゴースト」121機も提供した。榴弾砲と装甲車を運用するためには訓練が必要だ。そこでウクライナ国外でウクライナ軍は訓練を受けている。

バイデン政権はウクライナ軍がロシア軍の砲撃に対抗する狙いで、ロケット砲の供与も決定している。(25) さまざまな場面で威力を発揮した、高機動ロケット砲システム「ハイマース（HIMARS）」がこれに相当する。155ミリ榴弾砲の最大射程が30キロメートルであるのに対して、自走式（時速100キロメートル）の「ハイマース」の射程は70キロメートルで、より長距離の砲撃に対抗できる。

この「ハイマース」は高性能の多連装ロケット砲（MLRS）に比べて軽量のため、C130輸送機で運搬できる。(26) 短時間で大量の弾薬を投下できる「ハイマース」はすでに実戦配備され、最前線で大活躍。ロシアの砲兵部隊を素早く攻撃でき、ロシアからの攻撃に系統的に対抗できるようになっている。(27)

また、米国はロシア軍による黒海封鎖を打破するため、地上配備型対艦ミサイルシステム「ハープーン」２基も追加供与した。[28]「ハイマース」、「ハープーン」はロシア軍の砲兵部隊に打撃を与え、戦況を激変させる「ゲームチェンジャー」としての役割を担っている。

米国政府による対ウクライナ武器・兵器支援はさらに積み上がる。米国とノルウェーが共同開発した中距離ミサイル「ＮＡＳＡＭＳ」２基、「ハイマース」で使用する弾薬など8億２、０００万ドル相当の武器・兵器を供与した。[29]「ＮＡＳＡＭＳ」は米首都ワシントンの防衛にも使用されている。[30]

加えて、２０２２年7月8日、米国防総省（ペンタゴン）はウクライナに最大で4億ドル規模の追加軍事支援を実施すると発表している。[31]「ハイマース」４基やその弾薬、それに１５５ミリ榴弾砲用の高精度新型弾薬1、０００発などがここに含まれる。その後も断続的に、「ハイマース」や「ハイマース」用のロケット弾などの追加供与を決定している。ワシントンは徹底的にロシア軍を追い詰めるつもりなのだろう。

ソ連邦時代の旧式「Ｓ３００」防空システムから近代技術を使うシステムに移行するための支援に重点が移り変わっていく。「ＮＡＳＡＭＳ」の供与でウクライナ軍の防空能力が格段に高まる。

ロシア軍のウクライナ侵攻開始の２０２２年2月24日以降、同年10月下旬までの米国によるウクライナ軍事支援総額は１７９億ドル規模に達する。２０２２年6月15日には10億ドル相当の追加軍事支援供与を決定していた。人道支援も追加で2億2、５００万ドルを実施する。[32]

ただ、砲弾不足に直面する（ウクライナ軍1発に対しロシア軍10～20発）[33]ウクライナ側が要請する武器・兵器数とはかなりの開きがあった。ウクライナのポドリャク大統領府長官顧問は武器・兵器の必要数について、155ミリ榴弾砲1、000門、「MLRS」300基、戦車500両、装甲車両2、000台、無人機1、000機と具体的に示していた。(34)

戦況を左右する欧米諸国の武器・兵器供与

ウクライナ軍は勇敢にロシア軍と戦っている。兵士の死傷者はロシア軍が上回る。武器・兵器数で圧倒的優位に立つロシア軍だが、その性能は劣悪である。ロシアの通常兵器は米国に太刀打ちできないことを示唆する。ゆえにプーチン大統領は米軍が広島・長崎で投下したような戦術核兵器（個々の戦場で使用する射程の短い核兵器）の使用を口にする。生物・化学兵器もためらわずに使用するだろう。

2022年6月25日、プーチン大統領は同盟国ベラルーシのルカシェンコ大統領とロシアのサンクトペテルブルクで会談、ベラルーシ国内に核弾頭を搭載できる短距離弾道ミサイル「イスカンデルM」を配備する方針を表明している。(35)見劣りする通常兵力や苦戦するロシア軍の閉塞状況を打破するためだ。

ウクライナ政府は1994年、ロシア、米国、英国の核保有3ヵ国がウクライナの安全を保障する見返りとして、保有していた核兵器を放棄した。これが「ブダペスト覚書」である。(36)ベラルーシとカザフスタンも「ブダペスト覚書」に署名している。プーチン大統領はこの覚書を無視して、クリミア半島を併合し、ウクライナに軍事侵攻した。国際約束を遵守できない人物である。

ウクライナ軍、ロシア軍双方に戦争疲れが見受けられる。それでも、双方の最高司令官が降伏することは想定できない。互いに譲歩することもなく、戦争は否応なく、長期化していく。

欧米から送り込まれた武器・兵器が前線に到着するなか、ホワイトハウスは4億5、000万ドル相当の武器追加供与を承認している。(37) ここには「ハイマース」4基も含まれる。戦闘車両、機関銃、哨戒艇、弾薬なども盛り込まれている。

ウクライナ侵攻後、各国が表明した対ウクライナ支援総額は2022年7月1日までに、807億ユーロに達した。そのうち45％は軍事支援で、残余が金融、人道支援である。(38) ただ、戦闘の終結を見通すことはできず、「支援疲れ」を関係者は危惧する。

ホワイトハウスは長期戦に備えて、ウクライナ軍を手厚く支援し、ロシア軍、ひいてはロシアの国力を消耗させる戦略を描く。ソ連邦はアフガニスタン侵攻に伴う軍事費負担で消耗し、空中分解した。今、ワシントンが狙うのはウクライナ侵攻でロシアを消耗させ、消滅に追い込むことなのである。

軌道修正したドイツの対ロシア融和外交

ウクライナ軍事支援規模をめぐり、国内外の政権批判を受けて、ベルリンは方針を大転換した。西ドイツで初の社会民主党（ＳＰＤ）出身の首相となったブラント氏が率いた連立政権は「東方外交」、「東西融和」を標榜し、「東方外交」がドイツ外交政策の指針となった。米国が紛争地域に軍事関与した際、英国は同盟国として熱心に協力してきたが、ドイツは一線を画し、協力しないケースが目立った。

また、東西統一後のドイツも新生ロシアに寄り添う外交政策を徹底してきた。ソ連邦時代から西シベリア産の原油や天然ガスを陸上パイプラインで調達してきたこともあり、化学世界大手のＢＡＳＦ、自動車大手フォルクスワーゲンなどドイツの有力企業はロシアに積極的に進出、経済関係を深めてきた。

ドイツ企業、ことにメーカーは近隣の中・東欧諸国にも積極的に投資、ドイツ経済、ひいては欧州経済との融合に貢献してきた。東ドイツ地域には新規投資が大量流入し、欧州電気自動車（ＥＶ）産業の中心地としての役割を演じる。[39]もってドイツは欧州経済全体を牽引できるプレゼンスを強化してきた。

ドイツとロシアが緊密であったことを象徴する一つが、バルト海海底に敷設された天然ガスパイプライン「ノルドストリーム」である。ウクライナ侵攻後に集中砲火を浴びて退任したが、ドイツのゲアハルト・シュレーダー元首相は、２０１７年からロシア石油最大手ロスネフチの会長に就任していた。[40]破廉恥なスキャンダルだ。

ドイツの対ロシア融和外交はシュタインマイヤー大統領にも引き継がれた。[41]ドイツは欧州経済を牽引してきただけでなく、ロシア市場にも食い込んで影響力を誇示してきたのである。

欧州諸国の対ウクライナ軍事支援

重火器の提供に慎重だったショルツ政権は歴史的な方針転換に踏み切る。ショルツ首相は残虐なプーチン大統領が支配する帝国主義のロシアとは正常なパートナーシップを維持できないと言明。[42]そのうえで重火器を含む対ウクライナ軍事支援を積み上げてみせた。さらにドイツ・ロシア関係がウクライナ侵攻前に戻ることはないとショルツ首相は断言している。シュタインマイヤー大統領はベルリンの対ロシア政策は誤りだったと率直に認めている。[43]

公表された対ウクライナ軍事支援の内訳を見ると、殺傷力の高い武器・兵器が並ぶ。[44] 多連装ロケットシステム「MARS」、自走式対空砲「ゲパルト対空戦車」50両、砲兵検出レーダー「コブラ」、地対空ミサイル「スティンガー」500基、自走式榴弾砲「パンツァーハウビッツェ2000」7門、対戦車地雷1万4、900個、銃弾1、600万発、手榴弾10万発、装甲車両、暗視ゴーグルをウクライナに提供した。対戦車砲1、000基も支援メニューに加わっている。[45] 医療用品なども供与した。

さらに加えて、2022年6月1日、ショルツ首相はウクライナを全面支援するために、最新の防空システムを供与すると表明している。[46] 具体的には、短距離対空ミサイル・防空システム「IRIS－T」の提供を決定した。赤外線画像を使う誘導装置を備えているという。

ドイツ国内の軍需産業界に大号令をかけて武器・兵器の増産を促している。ただ、ドイツ軍需企業には政府の軍事費が急減することを警戒する声もある。[47]

イタリア政府もドイツと同様に対ロシア関係を見直すようになった。ベルルスコーニ元首相時代のイタリアは親ロシア姿勢が際立った。ベルルスコーニ氏は2015年、プーチン大統領とともにクリミア半島を訪問、[48] クリミア併合を問題視しなかった。だが、ウクライナ侵攻で対ロシア外交姿勢を転換、欧州諸国と足並みを揃える。

英国は多連装ロケットシステム「M270」をウクライナに供与した。このシステムは精密誘導ロケット弾の発射が可能で、射程は80キロメートルである。[49] 戦闘車両に搭載できる対空ミサイル「スターストリーク」も贈った。自走砲など英国の最新装備も供与した。[50]

フランスは自走榴弾砲「カエサル」を提供している。チェコは戦車など十数両の戦闘用車両を譲渡。スロバキアは地対空ミサイルシステム「S300」を提供した。[51] 欧州諸国は旧式の武器・兵器をウクライナに提供することで在庫を一掃、一気に最新鋭の武器・兵器に更新しようとしている。

欧州以外ではオーストラリアがウクライナ支援に熱心だ。2022年7月3日、アルバニージー首相がキーウを訪問、ゼレンスキー大統領と会談した。オーストラリア政府は同国製の輸送防護車「ブッシュマスター」20台、装甲車14台を提供する。オーストラリアの対ウクライナ軍事支援総額は3億8、800万豪ドルとなった。

また、ウクライナの国境警備隊に管理機器の支援、サイバーセキュリティー向上のために計870万豪ドルも供与する。ロシア産金の禁輸措置もオーストラリア政府は打ち出している。[52]

大型巡洋艦「モスクワ」撃沈に見るロシア軍苦戦の実態

第二次世界大戦後初めて、ロシアの旗艦が撃沈された。

2022年4月半ば、ウクライナ最大の港湾都市オデーサ（オデッサ）の海岸から110キロメートルの黒海上を航行していたロシアの大型巡洋艦「モスクワ」が、黒海でウクライナ軍の国産対艦ミサイル「ネプチューン」（射程は300キロメートル）に攻撃され、沈没した。[53] 米国はロシア軍の動向に関する情報をウクライナ軍に提供することで全面協力した。[54] 軍事作戦を成功させるには軍部同士の情報共有がいかに重要かを示唆している。

「モスクワ」はソ連邦時代にウクライナで建造され、1983年に就役した。対艦ミサイルなどの装備を持ち、プーチン大統領と各国首脳の会談会場としても活用されてきた。ロシアが実効支配するクリミア半島のセバストポリにはロシア黒海艦隊の基地がある。「モスクワ」は黒海艦隊の指揮機能を担う旗艦である。

「モスクワ」の沈没事故をめぐっては、乗組員の遺族が原因究明を訴えた。(55) ロシア国内では沈没の原因や事実ですら封殺されているのであろう。不都合な事実が報道されないことはロシアでは珍しくない。

「モスクワ」沈没を契機に、ロシアの黒海制海権が弱化する。ウクライナ軍は「モスクワ」の位置情報をトルコ製の攻撃型無人機「ＴＢ２」で把握したうえで、ミサイルを発射した。(56) ウクライナ軍はロシアの侵攻前から「ＴＢ２」を30機以上保有している。ウクライナ軍はロシアの艦船、戦車を「ＴＢ２」で破壊してきた。

トルコはウクライナだけでなく、パキスタンやリビアなどにも「ＴＢ２」を売り込んでいる。また、ウクライナはイスラエルからも無人機を購入する。(57) トルコは「ＴＢ２」に加えて、トルコ航空宇宙産業（ＴＡＩ）とイタリアの防衛大手レオナルドが共同開発した攻撃・偵察型ヘリコプター「Ｔ１２９」も世界各国に輸出する。(58) さらに武装ドローン「アクンジュ」（トルコ語で奇襲隊の意）や小型攻撃艇コルベットなど、トルコは防衛・航空宇宙関連の開発、生産、輸出に余念がない。オスマン帝国を強く意識するエルドアン大統領の軍事戦略と位置づけられる。

「モスクワ」沈没の報告を受け、プーチン大統領は激昂したとされる。「モスクワ」撃沈に引き続き、黒海を航行していたロシア軍のフリゲート艦「アドミラル・マカロフ」にも「ネプチューン」が命中したという。(59) ロシア黒海艦隊は甚大な打撃を被っている。

物流のハブ・オデーサの重要性

「モスクワ」撃沈の一報で、ウクライナ軍の士気はより一層、高まったことだろう。事実、「モスクワ」沈没を境に、ロシア軍は劣勢に追い込まれる。オデーサ上陸作戦に失敗したロシア軍は苦境を打開すべく、オデーサにある食料倉庫や集合住宅をミサイル攻撃で破壊するなど、ウクライナ南部地域でもミサイル攻撃で攻勢をかけた。(60) 兵糧攻めを狙っていたからだろう。

オデーサはウクライナ第3の都市であり、ウクライナ最大の港を抱える港湾都市でもある。港湾施設、海運物流インフラ、観光の拠点としてウクライナ経済を支えてきた。世界穀物輸出の15%を占有し、月間500万トンの農産物が流通する。年間400万人の観光客が内外から訪れるウクライナ屈指の観光都市でもある。(61) オデーサは沿岸防衛の要、要衝でもある。それだけにオデーサが経済的に機能しないことは、ウクライナ経済にとっての大打撃となる。

オデーサを含むウクライナ南東部は帝政ロシア時代に「ノヴォロシア(新しいロシア)」と呼ばれた。オデーサにはウクライナ人、ロシア人、ユダヤ人、ギリシャ人、ブルガリア人などが住む多民族都市として発展してきた歴史的経緯がある。

ロシアはオデーサを攻略し、ウクライナの西隣に位置するモルドバの沿ドニエストル地方との一体化を図る魂胆だが、手間取っている。沿ドニエストルは親ロシア派勢力が実効支配する。(62)

ウクライナ南部の制圧、実効支配を目指すロシア軍

ドンバス地方とクリミア半島北部に隣接するヘルソン州とを結ぶ南部ザポリージャ州のメリトポリをロシア政府要人が訪問、給与と年金をロシアの通貨ルーブルで支払うと述べている。[63] 占領軍によるロシア語での教育、つまりロシア語の強要が進む。

ロシアのラブロフ外相が明言するように、ロシア軍はザポリージャ州、ヘルソン州の南部2州を確保、ロシア編入を見据えていた。[64] もちろんウクライナにとっては無効で無意味だが、この両州はロシアに強制併合されてしまった。それでもウクライナ軍としては、ロシアからの奪還を粛々と進めていくだけである。

ザポリージャ州には欧州最大規模（出力は6基で950メガワット）のザポリージャ原子力発電所がある。ロシア軍はこの原発の軍事基地化を進めている。ミサイルを配備して、砲撃を繰り返す。500人規模のロシア兵が原発周辺で重火器を配備し、対人地雷を敷設しているという。[65]

国際原子力機関（IAEA）のグロッシ事務局長はザポリージャ原発が「制御不能な状態」と警鐘を鳴らしている。[66] ブリンケン米国務長官はロシア軍がこの原発を「核の盾」として悪用していると非難した。ロシア兵にとってもきわめて危険な任務だが、原発の軍事要塞化には甚大な被害を招くリスクがある。

ヘルソン州でもロシア軍の占領が続き、親ロシア派住民らで構成する「州政府」を樹立、ロシア併合を画策していた。[67] そのトップにはロシアの飛び地カリーニングラード州の幹部が就いた。[68] 親ロシア派勢力の幹部はヘルソンのコルイハエフ市長を拘束。[69] ウクライナのテレビ・ラジオ放送が途絶え、ロ

シアの放送に置き換わっている。親ロシア派勢力はヘルソン州にも通貨ルーブルを流通させ、ウクライナの通貨フリブナを段階的に廃止する。[70] 住民にはロシアの国籍を付与し、パスポートを発行する。

ウクライナ北東部のハリコフ州でも一部でルーブルが流通していたという。[71] ヘルソン州にはクリミア半島の水源もある。ロシア占領軍は強引な「ロシア化」を推し進めているが、ヘルソン州住民やザポリージャ州住民のロシア軍に対する抵抗は非常に激しい。[72] ウクライナ軍はヘルソン州を解放できるのか。攻防が続いている。

プーチン大統領は2022年7月11日、ウクライナ全住民を対象にロシア国籍の取得手続きを簡素化する大統領令に署名した。[73] ロシア政府はすでに2019年にはルガンスク州とドネツク州の住民にロシア国籍の取得手続きを簡素化していた。ウクライナ侵攻後にヘルソン州とザポリージャ州の住民にも適用、「ロシア化」を推し進めている。

キーウ制圧に失敗したロシア軍は兵を引き揚げ、ウクライナ東部のドンバス地方攻略に重点を置いた。しかし、ドンバス地方でも劣勢に立たされて苦戦した。その後、ロシア軍は重点配備を南部に移していく。驚くことに、ドンバス地方で生じた「空白」を北朝鮮労働者の投入で補っている。[74] 北朝鮮には現金収入が舞い込むけれども、戦闘経験の乏しい人員を戦線に送り込んでも、目立った戦果は得られない。そもそも制裁対象国の労働者の外国派遣は制裁に違反する。ロシア軍が兵力不足に苦悩する証である。

高まる黒海の軍事戦略的重要性

巡洋艦「モスクワ」の沈没から間もなく、ロシア黒海艦隊のイーゴリ・オシポフ司令官が解任された[75]。ロシア軍内では軍高官の更迭が相次いでいる。ウクライナ東部侵攻作戦を統括していたドボルニコフ総司令官も更迭されている[76]。ロシア軍の精鋭部隊・空挺軍のアンドレイ・セルジュコフ司令官（大将）も解任されたと伝わる[77]。

また、ウクライナ東部を占領するロシア側の幹部もウクライナ市民の攻撃で複数死亡した。ロシア軍最高司令官プーチンが描く攻略シナリオどおりに軍事作戦が進展していないことを物語っている。

地図を広げるとわかるが、黒海からボスポラス海峡を通過し、その先にあるダーダネルス海峡を抜けると地中海へと出る。海運交通の要衝だ。トルコはこれら両海峡の管理権を定めたモントルー条約に基づいて、外国の軍艦が戦時下に海峡を通過することを拒否できる条項を適用し、黒海を軍事的に閉鎖している。

NATO加盟国のトルコが実質的に黒海を掌握できている。トルコのエルドアン大統領が問題児であることは事実だが、それでもNATOにとってトルコの存在を軽視することはできない[78]。

また、黒海ではウクライナとロシアとが制海権と制空権をめぐり、争いを繰り広げる。ウクライナ海軍がロシア黒海艦隊を後退させる一方、ロシア側は実効支配するクリミア半島に地対空ミサイル「S300」を2基配備するほか、黒海北西部に巡航ミサイル「カリブル」を搭載できる軍艦を展開する[79]。劣勢を余儀なくされるロシア軍は、対艦ミサイルを多用せざるを得ない状況に追い込まれている。

オデーサ沖に浮かぶウクライナ領ズメイヌイ島（通称スネーク島）。ロシア軍が上陸し駐留していたが、ウクライナ軍は空爆による奪還を狙っていた。[80]そして、2022年6月30日、ついにウクライナ軍はロシア軍撤退に追い込んだ。[81]ウクライナ軍からの砲撃に耐えかねたロシア軍が尻尾を巻いて退散した。「モスクワ」撃沈に次ぐ快挙である。

ロシア側は腹いせに、オデーサや南部ミコライウ州を標的として巡航ミサイル「カリブル」などによる、ミサイル攻撃を繰り返している。[82]ズメイヌイ島は軍事的重要性を備える島であるだけに、ウクライナ軍、ロシア軍双方のプロパガンダの道具にもなっている。[83]

横行する略奪と密輸

卑怯なロシアはウクライナに貯蔵される穀物などの略奪や穀物倉庫の爆撃を繰り返す。G7は穀物略奪に関与した人物に制裁を科す方針を打ち出している。[84]兵糧攻めはソ連邦時代からのロシアの常套手段である。オデーサ港にはターミナルが集積、小麦、トウモロコシなどウクライナ産穀物の一大輸出拠点となっている。

オデーサ州にはオデーサ港のほかにチョルノモルシク港、ピフデンヌイ港がある。[85]アゾフ海、黒海の封鎖が続くとウクライナ産穀物を海上輸送できない。肥料の不足も食糧危機を深刻化させる。

トルコが仲介に乗り出し、国連も関与して、ウクライナ、ロシア双方の当事者はウクライナ産穀物の輸出再開に関する合意文書に署名したものの、その直後にロシア軍はオデーサ港をミサイル攻撃した。[86]ロシアは軍用倉庫を攻撃したとシラを切るが、明らかにロシアの仕業である。ロシアは国際約束を遵守する国でない。ロシアを甘く見てはいけない。

2022年4～6月期のウクライナ産小麦輸出量は50万トンと対前年同期比で8割減となった[87]。世界全体（海上輸送分で1、800万トン、同期実績）の減少量の半分以上に相当するという。代替ルートとして、ドナウ川経由でルーマニアのコンスタンツァ港からの出荷や鉄道輸送があるものの、輸送効率は極端に低い。こうした事情が世界的な穀物不足、食糧価格高騰、食糧危機の根源的な原因となっている[88]。

経済的にも追い詰められているロシアは密輸で突破口を開こうとしている。クリミア半島にあるセバストポリはロシア黒海艦隊の基地となっているほか、穀物や農産物のターミナルの集積地でもある。ロシアはここを拠点として、ウクライナから略奪した穀物を船積みで出荷している。2022年5月だけで穀物14万トン、農産物57万6、000トンを出荷したという。クリミア半島からの輸出は制裁で禁じられているため、当然、違法行為となる。秘密裏に出荷され、近隣国に密輸されている[89]。

では、どの国が密輸に協力しているのか。それはシリア、リビア、トルコである。穀物を積み込んだ貨物船はロシア軍が制圧したウクライナ南部のベルジャンスクから出航しているという[90]。

シリアは2022年3月2日に国連総会で採決されたロシア非難決議で反対していた[91]。リビアではロシア民間軍事企業「ワグネル・グループ」の傭兵が戦闘に携わっていた。トルコはウクライナに軍用ドローンを供給して侵略戦争に立ち向かう一方で、ウクライナから略奪された穀物や農産物を獲得していることになる。エルドアン大統領お得意の「カメレオン外交」である。

ウクライナ東部は工業地帯であることから、今後、ウクライナ産の金属製品や工業製品も密輸されることになるのかもしれない。ロシア産原油も密かに売りさばかれていることだろう。

トルコ・エルドアン大統領のお家芸「カメレオン外交」

歴史書を紐解けばよくわかるが、トルコとロシアは頻繁に衝突、幾度となく戦火を交えてきた。今やトルコはロシア市民にとっての人気観光地となっていて、トルコの観光業は潤うが、トルコ市民のロシアに対する警戒感は強い。

一方で、ロシアは原子力発電所、武器・兵器、資源エネルギーを積極的にトルコに売り込んできた。エルドアン大統領はウクライナとロシアの仲介役を自認する。実利と影響力誇示の二兎を追う魂胆である。

言うまでもなく、トルコはNATO加盟国である。兵力でトルコを軽視できない。トルコは中央アジア、中東、アフリカ、欧州の結節点としての地の利を有効利用する。中央アジア地域にはトルコ系市民が多数居住する。中東地域ではエジプトに代わる地域大国として外交を活発化、プレゼンスを一段と高めている。

黒海海底に敷設されたパイプライン経由でロシア産天然ガスがトルコに間断なく供給される。また、トルコはウクライナ侵攻後、割安となったロシア産原油を大量輸入する。ロシア国営原子力独占体ロスアトムはトルコ初となるアックユ原子力発電所を建設。その1号基は2023年に稼動する。

NATO加盟国であるにもかかわらず、トルコは2019年には米国の反対を押し切って、ロシアの地対空ミサイル「S400」を導入した。その一方で、トルコはウクライナに軍用ドローンを提供している。

トルコにはロシアからの人材も多数流入する。ロシア企業のトルコ国内設立数は2022年1～6

月期に500社となった[92]。トルコがロシア人材の逃げ込み寺となっている。外資系企業はトルコをロシア事業の迂回拠点として活用するなど、トルコとロシアは実利で繋がり、互いに利用する。

ただ、トルコの弱点は経済にある。外貨準備金が乏しいうえに、トルコリラは急落、歯止めがきかない。通貨安から輸入インフレが顕在化、物価は上昇の一途をたどる。トルコとロシアとの貿易決済では外貨を使わずに、トルコリラとルーブルを利用するようである。ただ、トルコもロシアも経済の基盤を強化しないと両国関係は深まらない。

とはいえ、EU加盟国でないトルコは対ロシア経済・金融制裁に参画していない。いわばフリーハンドでロシアと向き合うことができる。トルコはこの曖昧な立ち位置を巧みに利用する。欧米諸国が警戒するゆえんである。しかしながら、トルコの極端なロシア接近は「2次制裁」を誘発してしまう[93]。

4　戦争の長期化狙うワシントンとモスクワ

引くに引けない独裁者プーチン

プーチン大統領はあくまでもウクライナ全土を制圧する魂胆でいる[94]。決してウクライナ支配を諦めない。執念深いプーチン大統領がウクライナ東部地域の占領だけで満足できるわけはない。長期戦覚悟でウクライナと戦い抜くつもりだろう。

プーチン大統領は停戦協議には応じないだろう。ゼレンスキー大統領と直接向き合うこともない。

プーチン大統領はゼレンスキー大統領の正統性を認めていないからだ。プーチン大統領にとってゼレンスキー大統領は国家元首でない。謀反者に過ぎない。付言すると、ウクライナ国家の正統性すら認めていない。プーチン大統領の論理に基づくと、ウクライナは独立国家ではなく、ロシアの一部に過ぎないのである。

ロシア・ベラルーシ・ウクライナによる「スラブ連合国家」の創設、ソ連邦の復活、帝国ロシアの実現。プーチン大統領が描く壮大な戦略である。プーチン大統領はベラルーシに核兵器を配備する計画でいる。ウクライナ軍事侵攻はあくまでも最初の第一歩に過ぎない。プーチン大統領の野望は果てしなく続く。

プーチン大統領には最側近の取り巻きがいる。ウクライナ軍事侵攻作戦を練った4人である。パトルシェフ安全保障会議書記、ショイグ国防相、ボロトニコフ連邦保安庁（ＦＳＢ）長官、ナルイシキン対外情報庁（ＳＶＲ）長官の4人だ。軍事・治安関係の人物ばかりであることがわかる。大統領職と首相職を歴任したにもかかわらず、メドベージェフ安保会議副議長は蚊帳の外に置かれている。

但し、軍事侵攻に手間取っている今、プーチン大統領は最側近でさえも遠ざけて、孤独な日々を過ごしているに違いない。独裁者は常に孤独である。

一方、ゼレンスキー大統領もロシア軍が占拠するドンバス地方やウクライナ南部各州を奪還、解放する方針を放棄していない。ロシアが一方的に併合したクリミア半島を奪い返す意欲もある。欧米諸国からの支援を得られる限り、ロシア軍を相手に最後まで祖国防衛に集中する構えでいる。大統領、そして最高司令官として当然の姿勢だろう。

ロシア側がウクライナ支配を断念することはない。ロシアによるウクライナ占領では、プーチン大統領が納得できるまで攻撃は続く。ゼレンスキー大統領はロシアの攻撃に徹底抗戦する構えでいる。ロシア、ウクライナ両国とも一歩も譲る気配はない。結果、戦争はどうしても長期化する。

ロシアの国力低下を狙うワシントン

米国は自由世界の先頭に立って、ウクライナを軍事支援している。このため、米国内の軍産複合体は武器・兵器の増産に忙しい。戦時期に軍需産業界が潤うのは当然である。米国だけでなく、ウクライナを軍事支援する国共通の経済効果である。ただ、それが軍事支援の主たる目的ではない。

ワシントンもブリュッセルもロシアとの戦いでウクライナを勝利に導き、ロシアを中・長期的に衰弱させることに軍事支援の主眼を置いている。ロシアもウクライナも譲歩する姿勢を示していない。一方的な譲歩や妥協は屈服を意味するからだ。自由世界はロシアが仕かけたウクライナ侵略戦争に勝ち抜かねばならない。ウクライナがロシアに勝利しなければ、自由世界は戦後のウクライナ復興に協力できない。モスクワが許さないだろう。

あらゆる側面を総合的に勘案すると、ウクライナを戦場とするロシアとの戦いは否応なく、長期化する。欧米諸国は戦争の長期化に乗じて、ロシアを衰弱死させたい。ロシアの国力低下は直線的に自由世界の安全保障強化に寄与する。

ロシアのシルアノフ財務相が嘆くように、ロシア政府は莫大な戦費を余儀なくされている。(95) 原油をはじめとする資源収入が戦費を支えるが、ロシア経済全体の多大な負担となっていることは間違いがない。ロシアを弱体化させれば、対外行動を抑制できる。ロシアの周辺諸国はロシアに脅える必要はなくなる。さらに中国に対抗する体制を強化することもできる。

ソ連邦、ロシアはいずれも国際原油価格の高騰局面で好戦的になってきた。ソ連邦がアフガニスタンに軍事介入した背景に石油ショックがあった。２００８年夏にジョージアに戦争を仕かける直前、国際原油価格は史上最高値を記録していた。ウクライナを侵略した今回も原油高基調が続いた。

一方で、ソ連邦は米国との軍拡競争に敗れ、空中分解した。今のロシアも欧米の軍事力には太刀打ちできない。ロシアが衰弱をきわめ、内部崩壊していくのか。自由世界はロシア軍を徹底的に傷みつけ、ロシアを再起不能に追い込みたい。

実現すれば、自由世界の安全保障は相対的に強化される。失敗すれば、強権国家はロシアを賞賛することだろう。自由世界は負けるわけにはいかない。この意味でウクライナは自由世界の「生命線」としての機能を果たしている。

5 ロシアはウクライナの次にどの国を標的とするのか

ジョージア

２００８年８月、北京五輪・パラリンピックが開催されていた最中、ロシア軍はジョージアに軍事侵攻、南オセチア自治州とアブハジア自治共和国をジョージアから完全に切り離した。これらの地域では親ロシア派が支配し、現在、事実上の「国家」としてロシアの影響下にある。南オセチア地域はロシアへの編入を目指すものの、ウクライナ侵攻に追われるロシアは対応できずにいる。[96]

南オセチア自治州はソ連邦崩壊前の１９９０年9月に独立を宣言したが、その自治権を無効にしたジョージア政府と武力衝突した。２００８年8月のロシアによる軍事介入後、ロシア政府は独立を承認した。無論、国際社会は承認していない。

アブハジア自治共和国はソ連邦崩壊後の１９９２年7月に主権を宣言し、ジョージア軍が介入した。南オセチア自治州と同じく、２００８年8月のロシア軍事介入後、ロシア政府が独立を承認しているが、国際社会は認めていない。

ジョージアはウクライナと同様に、ＥＵ、並びにＮＡＴＯへの加盟を標榜してきた。だが、ジョージア、ウクライナ両国とも加盟を実現できないでいる。ウクライナは当初、ＮＡＴＯ加盟を断念していたが、加盟申請の方針に舵を切った。また、ウクライナのＥＵ加盟に関しては申請が受理されている。

ジョージアは今もって加盟申請できる段階に至っていない。[97] ＥＵ、ＮＡＴＯ加盟は喫緊の課題であるにもかかわらず、ジョージア国内のオリガルヒとロシアとの悪しき関係など、[98] さまざまな問題を解決できず、加盟申請すら認められていない。

ウクライナとジョージアとでは歴史的な経緯は異なるけれども、19世紀にロシア帝国に併合されている史実に鑑みると、ロシア軍はジョージアを支配下に置き、ＥＵとＮＡＴＯ加盟を阻止するかもしれない。ロシアから流出した人材の一部はジョージアへの移住を試みたものの、ジョージアではロシア市民に対する拒絶反応が強く、ジョージアを離れてトルコに向かっている。

ジョージアがロシアに屈服することはない。しかし、ロシアは武力を行使して、制圧を目指す可能性を否定できない。

モルドバ

モルドバの歴史も複雑である。モルドバ公国（現ルーマニア）、トルコ、ロシアがモルドバを領有してきた。その後、ソ連邦が強引にモルドバを編入、ソ連邦化が進められた。ソ連邦が弱体化した1991年8月、ソ連邦からの独立に道筋をつけた。モルドバはロシアのウクライナ侵攻後、ウクライナと同時に、EU加盟を申請、加盟候補国の地位が付与された。[99] EU加盟を契機に、ロシアと完全決別し、欧州世界の仲間入りを目指す。

ところが、モルドバ国内に異質な空間があり、モルドバ政府は厄介な問題を解決できないでいる。ウクライナと隣接し、ドニエストル川東岸に位置する沿ドニエストル（トランスニストリア）である。沿ドニエストルからモルドバ、さらにルーマニアへと続く地域は「ベッサラビア」と呼ばれる。

この沿ドニエストルに住むロシア系住民が1990年9月に「沿ドニエストル・モルドバ共和国」の分離独立を一方的に宣言。親ロシア派はロシアからの軍事支援を得て、モルドバ政府軍と軍事衝突した。これ以降、ロシアはこの地域に1、500人規模のロシア軍部隊を駐留させている。[100] それゆえにロシア製武器・兵器の密輸拠点となってきた。[101] ロシアがハイブリッド攻撃をモルドバ政府に仕かけて、情勢が不安定化することも予想される。[102]

モルドバ政府はEU加盟を申請したが、沿ドニエストル地方は今なお、モスクワとの強固な関係を希求する。もちろんモスクワも手放す意図はない。[103] 結果、沿ドニエストル地方の街中にはレーニン像が鎮座するなど、ソ連邦時代の面影を色濃く残す。歴史的に繋がりが深いルーマニアとの同化を嫌う親ロシア派は、ロシア語による愛国主義教育、否、洗脳を徹底してきた。

軍事作戦は大幅に遅れているものの、ロシア軍がウクライナ南部を制圧できれば、沿ドニエストル地方と陸続きであることから、モルドバに介入する体制が整備される。但し、モルドバは内陸国であり、黒海への出口はない。つまりウクライナが南部地域を死守できれば、沿ドニエストルとの一体化は阻止できる。それでも沿ドニエストル地方の不安定化はウクライナにとって好ましくない。(104)

バルト3国：地球上で最も危険な地域

ロシア西部に近いバルト3国は、北からエストニア、ラトビア、リトアニアと並ぶ。反ロシア意識が強いバルト3国は揃って、ソ連邦との決別を逸早く選択した。そして、EUとNATOに早期加盟を果たし、名実ともに欧州世界の一員となった。フィンランドとスウェーデンがNATO加盟に踏み切ったことで、バルト海を取り巻く地域はすべてNATOの影響下に置かれることになり、欧州世界の安全保障体制は格段に強化される。

バルト海に面するロシアの飛び地カリーニングラード州は、リトアニアとポーランドに挟まれる。クレムリンはカリーニングラードを戦略的に重要視、欧州攻撃の軍事拠点に仕立て上げてきた。

カリーニングラードにはロシア・バルチック艦隊の基地がある。(105)ウクライナ軍事侵攻後の2022年5月4日には、カリーニングラードで核弾頭を搭載できる短距離ミサイル「イスカンデルM」の模擬訓練を実施、(106)欧州を牽制、恫喝している。

欧州世界に入ったものの、バルト3国の対ロシア警戒は解けない。その一方で、カリーニングラードはロシアの弱点、急所でもある。NATO加盟国に包囲されているからである。

ロシアに反発するリトアニアは、ロシア本土からカリーニングラードに向かっていた貨物を積んだ列車のリトアニア国内通過を禁止した。[107] 貨物が制裁対象（鉄鋼、金属製品）だったからである。リトアニア税関当局はコンクリート製品、木材、アルコールなどを輸送禁止の対象に追加した。[108]

報復措置として、ロシアのハッカー集団「キルネット」が大規模なサイバー攻撃に打って出ている。[109] また、カリーニングラード州のアリハノフ知事はロシア本土とバルト3国間の貨物輸送を全面禁止することを検討する。[110] リトアニア政府への警告だが、アジアと欧州を結ぶルートであるだけに実現は困難である。

リトアニアとポーランド間の100キロメートルに及ぶ国境地帯「スバウキ・ギャップ」。[111] ロシアの主要軍事攻撃目標である。この国境地帯は「地球上で最も危険な場所」とされる。ロシアが制圧できれば重要な陸路を確保できることから、NATOとロシアが衝突するリスクがある。今、この軍事衝突懸念が沸点に達している。

6 プーチン帝国滅亡の足音

莫大な戦費と経済衰退に苦悶するロシア

ロシア軍の劣勢が長引き、焦るクレムリン。閉塞状況を打破しようと、プーチン大統領は強弁を並べ立てている。プーチン大統領は「米国中心の世界秩序は根本的に壊れ、欧米はすでに敗北した」との持論を展開しているが[112]、この発言に信憑性はない。むしろプーチン大統領自らが敗北を認めざるを得ない客観的戦況となっている。

ロシアは核兵器の超大国でありながら、貧弱な通常兵器と兵士の無能な姿が白日の下に晒されてしまった。武器・兵器はロシアにとっての貴重な外貨獲得源だが、ロシア製武器・兵器を調達する国は減少するだろう。

タイムラグはあるものの、日欧米諸国による強力な金融・経済制裁はロシアの経済社会を明らかに痛めつけている。外資系企業の生産停止や撤退、それに部品不足で自動車生産はほぼ全面停止状態[113]。自動車部品だけではない。半導体などのハイテク製品、技術、素材、機器などの禁輸措置で設備の更新はもちろんのこと、メンテナンスすらできない状況にある。

石油・天然ガス産業を筆頭に、伝統的産業でも部品の交換など設備のメンテナンスは不可能であろうから、この先、生産量が激減していく可能性が高い。必要とする財・サービスを輸入に依存してきた構造上の欠陥が一気に噴出している。ロシア経済は縮小均衡の道を余儀なくされている。

ウクライナには年間軍事費を大幅に上回る規模の支援が欧米諸国から潤沢に流入する一方、ロシアは国際的に孤立する。ロシアは戦費を自前で調達する必要がある。

欧州のシンクタンクであるＣＩＶＩＴＴＡが２０２２年３月上旬に公表した報告書は、ロシアの戦闘関連コストが１日あたり２００億～２５０億ドルに達するとした[114]。だが、この数字をにわかに信用することはできない。数字が桁外れに大きいからである。ロシアの名目国内総生産（ＧＤＰ）は

1兆5、000億ドル（2020年）に過ぎない。報告書にある数値のとおりだとすると、ロシア経済はわずか半年で破綻してしまう。

米戦略国際問題研究所（CSIS）はロシアの石油・天然ガス輸出収入が5兆7、000億ルーブル（2022年1～5月期）だとする。(115) そのうち半分程度が政府歳入となる。ここから換算すると、ロシア政府は1日あたり5億ドルをエネルギー関連輸出で稼ぎ、3億ドルを軍事費に充当していることになる。

また、フィンランドのシンクタンクCREAは2022年2月24日のウクライナ侵攻開始からの100日間で、930億ユーロにのぼるエネルギー（原油、石油製品、天然ガス、石炭）輸出収入をロシアが得ていると試算する。(116)

なお、ロシア産原油の代表的油種「ウラル」は国際指標となる北海ブレントよりも1バレル30～40ドル割り引かれて取引されている。ロシア産原油の輸入が最も多い国が中国で、上位にドイツ、イタリア、オランダ、トルコ、ポーランドが並ぶ。海上輸送のロシア産原油が禁輸対象となれば、ロシア経済にとっては大打撃となる。

見せかけの中露蜜月

中国・ロシア間貿易を点検してみよう。2022年4～6月期に中国はロシアから総額289億ドル分を輸入した。(117) 対前年同期比で64％増にのぼる。もちろんロシア産原油の調達を増やしてきたからである。

一方、「2次制裁」を恐れてか、中国の対ロシア輸出は同時期に17％も減少。中国は従来、ロシアに半導体などを輸出してきたが、中国で事業展開する外資系企業が対ロシア輸出を抑制した結果だという。

ロシアへの輸出を抑制する動きは全世界に広がる。対ロシア経済制裁を科す国はもちろんのこと、制裁に参加しない国もロシアへの輸出を減らしている。その結果として、ロシアの輸入総額は否応なく減少し、貿易黒字が膨らむ一方となる。一見、良き兆候に見えるが、経済に欠かせない財・サービスにロシアがアクセスできないことになる。

ロシアは政府歳入の全額を戦費だけに割り当てることはできない。年金や公務員給与、それに公共事業などに支出する必要がある。たとえエネルギー収入が増えても、支出規模が膨らめば、戦費拠出に余裕があるわけではない。つまりロシアの国庫は相当逼迫していることになる。

ロシアの外貨建て国債がデフォルト（債務不履行）認定された。ロシア革命直後の1918年以来、1世紀ぶりのデフォルトである。ただ、ロシア政府はすでに国際市場で資金調達できないでいることから、デフォルト認定は象徴的な意味でしかない。

自由世界から完全孤立するロシア

プーチン大統領は西側自由諸国による対ロシア経済制裁が原因で、国際エネルギー市場は「悲劇的結末」を招くと警告した[118]。対ロシア経済制裁は「ロシアへの打撃よりも制裁を科す国々のほうが多大な被害を被っている」とも述べている。

しかし、国際原油価格はすでにピークアウトし、市況は落ち着きを取り戻している。世界的な景気停滞でエネルギー需要は低下すると市場が見通す証拠である。価格上昇のピークアウトは食料高にも波及していくだろう。「ロシアなき」世界経済の混乱は徐々に収束に向かうだろう。

孤立するプーチン大統領は陣営構築に躍起となっている。日欧米諸国の制裁に脅える北京は表立ってロシアを軍事支援できない。盟友インドはロシア支援に半信半疑である。ロシアから割安な原油を調達する一方、ロシア一辺倒ではない。インドは実利を最優先する。地球上の大国でロシアに全面協力する国はない。

モスクワは小国に照準を当てざるを得ない。米国と正面衝突するイランはロシア支援の姿勢を鮮明にする。ただ、イランにも厳しい経済制裁が科されており、経済的困窮は深刻度を増している。テヘランがロシアを支援するといっても、自ずと制約がある。

中国とロシアが主導する地域協力の枠組みである上海協力機構（ＳＣＯ）にイランが加盟することになっているが、そもそもＳＣＯの域内協力は活発でない。せいぜい対米国牽制で一致するくらいだ。ＳＣＯはこれまでに胸を張るような実績を残していない。イランはＢＲＩＣＳ（ブラジル、ロシア、インド、中国、南アフリカ）にも加盟申請しているが、そもそもＢＲＩＣＳという枠組みそのものが時代遅れとなっている。

判断の割れるロシアの裏庭、中央アジア諸国

プーチン大統領はソ連邦構成共和国に活路を見出そうとする。それは中央アジア諸国、カスピ海沿

岸諸国である。プーチン大統領は２０２２年６月28日から中央アジア諸国を歴訪した。[119] まず、タジキスタンを訪問、ラフモン大統領と会談した。タジキスタンにはロシア軍事基地があり、ロシア陸軍が駐留する。

日本ではあまり報じられていないが、タジキスタンやウズベキスタンは過激派組織「イスラム国（ＩＳ）」系の勢力にロケット攻撃されている。[120] ロシアはシリアでＩＳ退治を進めたが、イスラム教徒が多数居住する中央アジア地域でもＩＳと向き合わなければならない。元々タジキスタンやキルギスでは社会不安が顕在化して、衝突が散発的に発生している。

次に、プーチン大統領はトルクメニスタンの首都アシガバートに移動、カスピ海沿岸５ヵ国の首脳会議に出席した。首脳会議にはトルクメニスタンのベルドイムハメドフ大統領、カザフスタンのトカエフ大統領、アゼルバイジャンのアリエフ大統領、イランのライシ大統領が参加している。

いずれの国にも原油や天然ガスが埋蔵される。エネルギー市況に左右される経済構造となっており、ロシアで出稼ぎする市民が多い。それだけに送金総額規模はロシア経済の動向に影響を受ける。

カザフスタンで暴動が起きた際には、ロシア主導の軍事同盟「集団安全保障条約機構（ＣＳＴＯ）」の平和維持部隊が介入した。それでもカザフスタン政府はロシアのウクライナ侵攻を容認しているわけではない。むしろ強硬なロシアに批判的だ。ロシア系住民の保護を口実に、カザフスタンもロシア軍に侵攻される恐れがあるからだろう。ただ一方で、カザフスタンには核実験場と宇宙開発拠点があることから、ロシアにとっても格別な国家なのである。

ＥＵは脱ロシアを進めるために、アゼルバイジャンからの天然ガス輸入量を２０２７年までに年間

200億立方メートルに倍増することで合意している。(121) 2022年7月18日、フォンデアライエン欧州委員長がアゼルバイジャンの首都バクーを訪問、アリエフ大統領と覚書を締結した。アゼルバイジャンにとって原油、天然ガス輸出を増加できれば、資源マネーの流入増が期待できる。

カザフスタンやアゼルバイジャンは資源大国であるけれども、資源開発は外資系企業に依存する。欧米諸国との協力は欠かせない。特に、カザフスタンはロシアを迂回する原油の輸出ルート確保を模索する。それぞれにお家の事情を抱え込む以上、ロシアを全面支援できないのである。

プーチン大統領批判の急先鋒である、収監中の反体制派指導者アレクセイ・ナワリヌイ氏は国際的な汚職追放団体を新設した。(122) ナワリヌイ氏は「勝つまで戦う」とプーチン政権への対決姿勢を鮮明にするが、プーチン大統領にとって脅威とはならないだろう。確かにナワリヌイ氏は著名で、人気の反体制指導者ではある。しかしながら、プーチン大統領を排除できる力量を備えていない。

ロシア軍部など武器・兵器を保有する組織が軍事クーデターを画策し、プーチン大統領打倒を狙うリスクのほうが高い。最側近がプーチン大統領を極秘に毒殺するという方法もある。ロシア国内でプーチン大統領を支持する層が厚いことを考えると、世論操作でプーチン大統領を追放することはきわめて困難である。その一方で、経済的破滅がロシアを空中分解に導く可能性は否定できない。

Ⅱ　史上最強の金融・経済制裁に脅えるロシア経済社会

1　想定外に強烈な対ロシア制裁

制裁強化で一致団結する自由主義陣営

国際規範に著しく反する国に経済的打撃を与えること――これが経済制裁である。制裁を科すことで過ちを認め、やめさせることに目的がある。制裁を通じて懸案を処理、解決を目指す。イラン、シリア、北朝鮮、ベネズエラ、ミャンマー、キューバといった強権独裁国家は国際社会との調和を拒否し、強硬独自路線を疾走する。[1]経済制裁対象国になったロシアはこの範疇に属する。ロシアは今や、この程度の国家になり下がった。

制裁対象国はロシアとともに互いに意思疎通を図る。軍事クーデターで全権を掌握したミャンマーのミンアウンフライン国軍総司令官は2022年7月中旬にロシアを訪問。滞在中、ロシア国営原子力独占体ロスアトムのリハチョフ社長と会談した。原子力発電所を導入すべく、技術協力を要請している。[2]

プーチン大統領は2022年7月19日、イランの首都テヘランを訪問し、ライシ大統領、トルコのエルドアン大統領と会談した。[3]シリア内戦の解決に向けて協議、ウクライナ産穀物の輸出停滞についても話し合った。だが、プーチン大統領にとっての優先事案はイランから攻撃型無人機（ドローン）

を調達することにあった。イランが国産化した無人機には殺傷能力がある。

プーチン大統領はイラン最高指導者のハメネイ師とも会談、西側自由世界と対決する姿勢を鮮明にした。[4] ハメネイ師はロシアのウクライナ侵攻に理解を示し、軍事支援でロシアに協力すると述べている。反米で一致するロシア、イラン両国だが、所詮は弱者連合に過ぎない。イランもロシアと同様に経済制裁で社会が疲弊している。物価高騰と失業者増で国民の不平不満が鬱積する。欧米諸国に対抗できる代物ではない。

資源エネルギー危機や食糧・肥料危機を招いた張本人は他でもない、ロシアである。[5] ロシアがウクライナに軍事侵攻しなければ、経済リスクは拡大しなかった。にもかかわらず、食糧危機に直面するアフリカ諸国にロシアが穀物輸出で協力するという。笑止千万。詭弁にも程がある。

ロシア産やウクライナ産の穀物に過度に依存するエジプト、スーダン、タンザニアなど多くのアフリカ諸国がロシアに穀物輸出を求めてきたことは事実である。しかし、穀物危機の原因は自由主義陣営による制裁にあるのではなく、ロシアの軍事行動にある。

武器・兵器をロシアから大量に輸入してきたアフリカ諸国（武器・兵器輸入に占めるロシア製の比率は２０１７～２１年で44％に達する）[6] にとって、ロシアの影響力は大きい。だからと言って、アフリカ諸国はロシアの軍事行動を黙認すべきではない。ただ、ウクライナ侵攻で大量の武器・兵器を喪失したロシアは今後、輸出できなくなる。ロシアは貴重な外貨獲得源を失ってしまった。

ロシアの誤った軍事行動を阻止すべく、国際社会は西側自由世界を中心に厳しい経済制裁を突きつけてきた。金融取引を制限する措置は金融制裁の範疇に入る。制裁の目的はもちろん、ロシアの戦費枯渇にある。

ロシアのプーチン政権は第二次世界大戦後の国際秩序を無視、国境線を踏みにじってウクライナを軍事侵攻した。これは国際社会に対する挑戦である。戦争を起こし、ウクライナを侵略し、占領するという暴挙は決して許されない。特に、自由、民主主義、人権などの価値観を共有する日欧米諸国は暴走するモスクワと対立、対決せざるを得ない。この結晶体が対ロシア制裁である。

ロシアはソ連邦時代を含めて、資源高局面で好戦的になってきた。モスクワがアフガニスタンに軍を進めた時期、世界は第2次石油危機に翻弄されていた。クレムリン（ロシア大統領府）がジョージア（旧グルジア）を侵攻した直前には、国際原油価格は史上最高値を更新していた。リーマンショック（金融危機）から世界経済が立ち直った2014年3月、ロシアはウクライナ領クリミア半島を武力併合する。

そして、新型コロナウイルスのパンデミック（世界的大流行）が沈静化した2022年2月24日、プーチン大統領はウクライナ軍事侵攻に踏み切る。国際資源価格が底を打ち、急回復する途上だった。ウクライナ全土への総攻撃はクリミア半島略奪の延長線上にある。

想定外の厳しい制裁

クリミア半島侵攻の際、日欧米社会は象徴的な制裁にとどめ、モスクワに明確な反対姿勢のメッセージを送らなかった。この甘い措置がプーチン大統領を増長させる。ロシアは窮地に備えて、着々と外貨準備金を溜め込んでいく。プーチン大統領はウクライナを軍事侵攻しても、日欧米諸国は強い制裁に踏み込まないと判断していたに違いない。

ところが、プーチン大統領の思惑は見事に外れ、欧米諸国は大量の武器・兵器をウクライナに供与、全面支援した。その一方で、ロシアには強烈な制裁を積み上げている。日米を含む主要7ヵ国(G7)、欧州連合（EU)、カナダ、オーストラリア、ニュージーランド、韓国などの自由陣営が一致団結して、ロシア制裁措置を講じている。この次々と積み上がる制裁のメニューもプーチン大統領にとっては想定外だったはずである。

プーチン大統領は自由世界の「制裁は失敗」だと決めつける。[7] だが、この言葉を額面どおりに受け止めることはできない。プーチン大統領が殊更に制裁について語るということは、自由世界が準備する制裁はロシア経済をひどく痛めつけていることを如実に物語る。「資源・食糧高騰は日欧米諸国に責任がある」ともプーチン大統領は述べている。責任転嫁はロシアの常套手段である。

積み上がる対ロシア制裁メニュー

日欧米諸国は広大な対ロシア経済封鎖網を構築してきた。

まず、ロシア中央銀行の資産を凍結、蓄積されてきた外貨準備金にロシア当局がアクセスできないようにした。プーチン大統領をはじめとする政府要人、新興財閥を率いるオリガルヒ（寡占資本家）らの資産も接収された。ロシアの主要な国営企業、民間新興企業の資産も凍結されている。

次に、ロシアを国際金融網から追放する。これは国際的な金融決済網となる国際銀行間通信協会(SWIFT：Society for Worldwide Interbank Financial Telecommunication 本部ベルギー、金融機関を結ぶ情報通信サービスの運営団体）からロシアの主要金融機関を追放する金融制裁となる。[8] ＳＷＩＦＴ排除は金融制裁の「最終兵器」とされる。[9]

２００超にのぼる国・地域の１万１、０００以上の金融機関がＳＷＩＦＴを利用する。外国送金の国際標準となっている。１日の取引規模は５兆～６兆ドルにのぼる。[10] 膨大なデータを処理するためのデータセンターが備えられている。設立50周年を迎えるＳＷＩＦＴは２０２５年に新規格に移行、不正防止や利便性向上を図る。[11]

世界の基軸通貨である米ドルは国際決済額の41・16％（２０２２年６月）を占め、米ドル１強の地位を享受する。ユーロの比率も35・55％ときわめて高い。米ドルとユーロで国際決済の８割を占有する。英ポンドの５・96％、日本円の３・01％を引き離している。中国人民元の比率はわずか２・17％に過ぎない。中国の通貨当局は米ドル１強を打破すると息巻くが、不可能である。米国はＳＷＩＦＴを通じて、国際的な資金の流れを把握できる。[12]

ＳＷＩＦＴからロシア金融機関が締め出されると、たちどころに国際決済機能に支障を来たす。外国送金が困難となるのである。金融制裁の切り札として米ドルは強みを発揮できる。

さらに、貿易の制限措置、すなわち禁輸である。ロシアが資源大国であることから、石炭、原油、天然ガスといった化石燃料や木材や金などの貿易を制限、ロシアへの資源マネー流入に歯止めをかける。ロシアの輸出総額は２０２０年で３、８００億ドルであった。[13]

日本はすでにロシア産の石炭、木材、金などを輸入していない。ロシアから輸入される産品の最恵国待遇、つまり優遇関税も撤回された。この措置によってロシア産品の流入を制限できる。

ロシアは必要とする財・サービスを輸入に依存してきた。資源などの国際商品を輸出して外貨を稼ぎ、財・サービスの輸入に充当してきた。中小企業の裾野が広がらず、「ものづくり」による経済再建は先送りされてきた。

ここに着目して、自由世界はIT（情報通信）関連などのハイテク製品、工作機械の対ロシア輸出を禁止した。軍事転用できる民生技術の流出を防ぐ。ロシア国産に代替できないため、ロシア国内での生産はきわめて難しくなった。

経済制裁に直面する自動車産業といった製造の現場は新規生産を急停止、生産減に陥っている。国際決済が困難となったことから、外資系企業は続々とロシア事業を縮小、停止し、撤退している。いずれも大量失業を誘発する原因となる。

エネルギー資源の輸出減で生産抑制に追い込まれると、やがては資源マネーが先細り、ロシア経済は徐々に縮小均衡の一途を辿ることになる。内向きに閉じ込められた反動で、ロシアで密輸が横行する恐れはある。ロシアのサイバー攻撃による金融テロが頻発することも考えられる。

2 金融制裁の威力

強烈な一打：ロシア中央銀行資産凍結

日欧米諸国はロシア中央銀行資産の凍結に踏み切り、「資産逃避」を封じ込めた。[14] 世界経済は基軸通貨である米ドルを中心に動く。国際金融決済、国際貿易で米ドルは中核的な役割を担う。[15] 米ドル、ユーロ、英ポンド、日本円、スイスフラン、金（ゴールド）、主要国債などから構成される外貨準備金は中央銀行の資産となる。

外貨準備金とは政府や中央銀行が為替介入や対外債務支払いのために蓄える外貨建ての資産である。[16] 外貨準備金は一般に、日本円は日本銀行、米ドルは米連邦準備理事会（ＦＲＢ）というように、通貨ごとに外国の中央銀行に置かれる。つまり外貨準備金は各国中央銀行によって凍結、封鎖可能となる。米国ではニューヨーク連邦準備銀行が実務を担い、「銀行サービス」を提供、各国の金資産も預かる。[17]

ロシアの外貨準備金は６、３０６億ドル（２０２１年末時点、２０２２年２月半ば時点では６、４３２億ドル）[18] に達した。ロシア中央銀行の資産構成を見ると、ユーロ32・３％、金21・７％、米ドル16・４％、人民元13・１％、英ポンド６・５％、その他10・０％となっている。円建ての外貨準備金はその他の10・０％に含まれ、４兆円と全体の６％を占有する。ロシア当局が軽視できる数字ではない。[19] 日本銀行は外国為替法を根拠として、預かるロシア外貨準備金を凍結している。

中央銀行間の送金にはＳＷＩＦＴが使われる。ロシアがＳＷＩＦＴから除外された結果、制裁を科していない国であっても通貨への交換、送金はできない。ロシア国内で保有される金については、米ドルに売却する場合、日欧米の主要市場で取引する必要がある。ロシアは実質的に金を国際市場で売却できない。

日欧米諸国によるロシア外貨準備金凍結で、ロシアのシルアノフ財務相は外貨準備金の半分程度を喪失したと嘆いた。[20] 抜け穴はロシア制裁を科していない中国経由となるが、中国人民銀行が容認するかどうかは不透明である。ロシアの制裁逃れに中国が加担していると、自由世界に受け取られるからだ。

「2次制裁」に脅える中国

中国を筆頭に、西側自由陣営と敵対する国はロシア中央銀行資産凍結を目の当たりにして、戦々恐々としているに違いない。外貨準備金凍結には一撃となる威力が潜む。中国の外貨準備金は3兆2、000億ドル（2022年1月時点）と世界最大規模である。[21]このうち米国債は9、807億ドル（2022年5月時点）である。資産凍結のインパクトはロシアの比でない。ちなみに日本の外貨準備金は1兆3、560億7、100万ドル（2022年3月末時点）で、中国に次ぐ世界第2位の規模を誇る。[22]

北京は2018年を起点とする米中貿易戦争以降、戦略的に米国債保有を減らしてきた。1兆ドルの大台を割り込むのは、実に12年ぶりだという。[23]米国との政治・軍事的対立やロシアのウクライナ侵攻に伴う金融制裁（外貨準備金凍結）に慄き、対米ドル依存を軽減しようと米国債保有を削減している。中国政府は台湾軍事侵攻を目論むが、台湾有事の際には日欧米諸国が足並みを揃えて、中国の外貨準備金を凍結するだろう。中国が外貨準備金を保有する限り、その恐怖から逃れることはできない。

中国はSWIFTの代替金融システムとして、独自の人民元国際銀行間決済システム（CIPS）を導入、自由世界に対抗している。だが、CIPSを通じた国際決済でもSWIFTを利用する。人民元は外国通貨と自由に交換できない、使い勝手の悪い通貨である。米ドルには絶大なる優位性が備わっており、人民元は国際金融市場で主要な役割を果たせない。[24]

ウクライナ侵攻に伴う金融制裁に備えるべく、ロシアは人民元建て資産を積み上げ、脱米ドル依存を進めるとともに、手元資金も確保していた模様だが、人民元は対中国決済にしか使えないのである。ロシアはウクライナ侵攻後、中国債券を売却、外貨準備金を大幅に減少させている。(25)ただ、米ドルを中核とする国際通貨秩序を維持するためには、強い結束で通貨の覇権争奪を封じ込める必要はある。中国は早晩、デジタル人民元を整備して、米ドル覇権の解体を試みるだろう。(26)世界経済の融合がもたらす「経済による平和の配当」は、はかない幻想に過ぎない。

北京が提唱する広域経済圏構想「一帯一路」にモスクワは参画、ロシア主導の「ユーラシア経済同盟」との関係強化を模索してきた。だが、ウクライナ侵攻を受けて、中国による対ロシア投資は急速に冷え込んできた。２０２２年上半期の投資実績は実にゼロだった。

中国企業のロシア投資案件がまったく進められていないことがわかる。また、中国が主導するアジアインフラ投資銀行（ＡＩＩＢ）はロシアとベラルーシでの事業案件について、関係するすべての活動を保留にしている。(27)一過性の減少であるかもしれないが、北京が「２次制裁」措置の発動を恐れている証左である。(28)

ロシア、中国両国は２０２１年に20億ドル規模に及ぶ「一帯一路」関連の契約を結んでいた。サウジアラビアやイラクの契約額が多いけれども、契約ゼロは中国を頼っていたロシアにとって痛手となる。(29)

留意すべきは中国にとってウクライナも「一帯一路」の要所国であったことである。中国企業は農業や通信などの分野で現地投資を増やしてきた。(30)にもかかわらず、中国はロシアを擁護する。この言動がウクライナ国民の感情を逆なでする。ウクライナ国内で反中国感情が噴出するようになった。ロシアは早晩、中国の「属国」と化す。だが、これは中露両国が国際社会から孤立することを意味する。ウクライナ占領を目論むモスクワ。台湾を飲み込もうとする北京。「同じ穴の狢」に過ぎない。

ロシア金融機関のSWIFT遮断

国際決済網となるSWIFTからのロシア主要金融機関を排除することは、ロシア経済を世界経済から放逐することを意味する。ロシアは西側の金融機関を通じて、対外債務を支払う道も失った。外資系企業による新規投資も禁じられた。[31] SWIFT遮断でロシアは完全に近代的経済システムから孤立するに至っている。ロシア経済はソ連邦時代へと逆戻りすることになる。

ソ連邦経済は西側世界の経済システムと切り離されていた。ソ連邦を中心に東欧諸国、モンゴル、ベトナム、キューバが経済相互援助会議（コメコン）を形成した。通貨ルーブルと等価の振替ルーブルが東側世界の貿易決済に利用されていた。但し、東側世界の貿易システムは実質的にソ連邦産の資源エネルギーとの「物々交換」に過ぎなかった。

ソ連邦は主に、欧州諸国への資源エネルギー輸出で貴重な外貨を稼いだ。その外貨で西側世界ときわめて限定的な貿易、すなわち「東西貿易」がおこなわれていた。東側諸国には小さな外貨ショップがあり、市民は西側世界の香りを楽しんだ。

ソ連邦圏への高度先端技術、戦略物資、軍事機密の流出は厳しく監視された。当時、ココム（対共産圏輸出統制委員会）体制が整備され、東西分断の象徴的な機関だった。ゆえにソ連邦圏からスパイが西側諸国に潜入し、機密情報を獲得しようと活動を展開していた。

ソ連邦の崩壊と同時に、東側世界は雲散霧消した。その大半は西側世界への仲間入りを果たしている。ソ連邦の継承国家となった新生ロシアは経済規模をかなり縮小させている。このロシアが世界経済から追放された。対ロシア経済制裁のメニューを眺めると、ロシアのソ連邦回帰を予感させる。

自由世界はロシアの主要な金融機関をＳＷＩＦＴから追放した。最大手ズベルバンクをはじめとして、ＶＴＢ（対外貿易銀行）、バンクロシア、ＶＥＢ（対外経済銀行）、ＰＳＢ（ロムスビャジバンク）、アルファバンクなどが金融取引を禁じられた。[32]

ズベルバンクの総資産はロシア金融界全体の31・5％を占め、[33]ロシア国内に1万4、000ヵ所の拠点がある。預金の2割を占める個人の外貨建て預金も制裁の対象となる。ズベルバンクは欧州市場からの撤退に追い込まれた。[34]

一方、ＰＳＢはロシア国防部門への融資銀行で、防衛企業向けの融資額は1兆5、000億ルーブルに達する（2021年12月時点）。また、ＶＥＢは公共事業などインフラ整備の融資を手がけてきた。[35]

ロシアで事業を継続する日系企業など外資系企業は邦銀、欧州系銀行など送金の中継銀行「コルレス銀行」の契約先を切り替えなければならなくなった。[36]ロシア現地での運転資金の確保が困難となれば、ロシア撤退を決断する必要がある。

ロシアの同盟国ベラルーシの孤立も同時進行する。ベラルーシのベルアグロプロム銀行、ダブラビト銀行、ベラルーシ共和国開発銀行もＳＷＩＦＴから排除された。ベラルーシ経済もソ連邦時代へと逆行していく。

SWIFTから放逐されたロシアの金融機関は仕方なく、中国のCIPSに接続した[37]。CIPSは国境を越えた人民元建ての決済に利用できる。2022年7月中旬現在で23行が接続、同年6月にアブソリュートバンク、その後もロスバンク、ガスプロムバンク（ガスプロム傘下）も接続している。しかし、人民元に限定した国際決済では役に立たない。中国との経済関係が深まったとはいえ、中露間の貿易・金融決済だけでは、ロシアの対外経済関係は縮小する一方となる。

ロシア産の金（ゴールド）禁輸で広がる波紋

G7はロシア産金の禁輸で合意した[38]。EUもG7に追随して、ロシア産金禁輸措置を打ち出した[39]。金の場合、その発行体がなく、ソブリンリスク（政府債務の信認危機）が低いことから、「無国籍通貨」呼ばれてきた。金には希少性も備わっており、普遍的価値を持つ。信用リスクが低いことから「安全資産」とされてきた金の禁輸措置は、G7がロシアの軍事行動を非難、警告していることを意味する。

ウクライナ侵攻後、ロシア産金が永世中立国のスイスに流れこんでいることが明らかにされた。その直後の金禁輸制裁である。金の売却でロシアに外貨が流入すると、戦費に流用される。この道を塞ぐ必要がある。金禁輸制裁はロシアから金を購入するすべての国に向けられたメッセージである。

スイス税関統計によると、スイスは2022年5月にロシアから3・1トンの金を輸入している[40]。2億ドル相当の価値がある。これまでスイスは1ヵ月当たり2トンの金をロシアから輸入してきた。2022年5月の3・1トンという数字は突出している。スイスの金精製業者はロシアから金を輸入していないという。では一体全体、誰が、どこがロシアから大量の金を購入しているのか。謎のままだ。スイスが金現物の中継基地であることは確かだが、ロシアに加担する意図は不明である。

ロシア中央銀行は金資産２、２９８・５トン（２０２２年３月時点）を保有する。[41]言うまでもなく、ロシアは世界で主要な金生産国の一角を占める。金生産量で見ると、世界首位は中国で全体の12・３％を占有する。その後にオーストラリア11％、ロシア10％、米国６％、カナダ５・７％と続く。ロシアは世界第３位の金生産国で世界シェアが１割であることがわかる。

ロシアとしては戦費調達のため、国際市場で金を売却したい。自由世界はこれを阻止したい。割安となったロシア産原油については、中国やインドが輸入量を激増させている。同様に、金消費量が多い中国、インドがロシア産金を購入するかどうか。問題の焦点はこの一点に尽きる。

3　デフォルト認定を突きつけられたロシア国債

紙くず同然となったロシア債券

ウクライナ軍事侵攻の直後、ロシア国債の取引が大幅に制限された。信用リスクが極度に高まったためだ。さすがにロシア国債を直接保有する個人投資家は少ない。だが、投資会社は投資信託、仕組み債にロシア国債を組み入れた金融商品を販売してきた。ロシアが契約の条件で元利払いできなければ、こうした金融商品を保有する投資家は損失を抱え込む。個人マネーの不利益は避けられない。

ロシア政府が発行する国債の残高は15兆４、９４０億ルーブル（２０２１年末）である。[42]対ロシア国内総生産（GDP）比で18％になる。このうち外国人投資家は2割を保有する。外貨建てロシア国債の外国保有分は200億ドル程度である。[43] つまりロシアの外貨建て債務400億ドルのうち半分を外国人投資家が保有していることになる。[44]

ロシア政府は長年、国際金融市場で資金調達してきた。投資信託経由でロシア債に投資する金額は1兆6，000億円である。日本国内では80億円だという。[45]

ロシア国債の価値はウクライナ侵攻以降、一時5分の1に急落した。[46] 日本政府はウクライナ侵攻を受けて、ロシア政府が新たに発行する国債、政府機関債などの「ソブリン債」の流通を禁止した。米格付け会社S＆Pグローバルは外貨建てロシア国債の格付けを停止した。[47] 欧米の格付け会社はロシアの格付け業務から撤退した。[48]

この段階ですでに、ロシア国債のデフォルトは実質的に確定している。米格付け会社ムーディーズ・インベスターズ・サービスはロシア外貨建て国債について「デフォルト該当」とした。[49] 1998年8月、ロシア当局はルーブル建て国債のデフォルトを宣言、ルーブル危機の導火線となった。[50] 外貨建て国債のデフォルトは実に100年ぶりのことである。[51]

ロシアのカントリーリスク、ロシア企業のリスクは判定不可能との審判が下った。ロシアは市場から完全に遮断され、国際資本市場にアクセスできなくなった。ロシアリスクが急激に高まっていることを意味する。外資系企業は新規事業をロシアで展開できないほか、既存事業に関しても高いリスクと向き合うことになる。

ロシアの金融機関がSWIFTから追放されたことに加えて、世界2大証券決済機関である、ベルギーのユーロクリアとドイツ取引所傘下のクリアストリームは２０２２年2月末以降、通貨ルーブルを決済通貨から除外している。この2機関が抱える資産は50兆ユーロに達する。外国人投資家はロシア資産の売却が困難となった。

但し、ロシア発の国際金融危機には決して至らない。国際金融市場におけるロシアのプレゼンスは微小だからだ。つまり困るのはロシア1国だということである。

不自然なロシア金融市場の落ち着き

対ロシア金融・経済制裁の目的はロシア政府を財源枯渇に追い込むことにある。資源大国のロシアは資源マネーを経済運営の主柱に据える。当面はロシアに資源マネーが流れ込み、戦費に流用できる。しかし、資源マネーで政府歳出を捻出しなければならない。ロシア政府の台所はかなり切羽詰っている。

ロシアの政府、企業が国際金融市場から締め出される一方で、一時、大暴落したルーブルは急上昇し、安定的に推移する。ロシア国内株式市場も急落後、株価は持ち直し、平時を装う。とはいえ、これには巧妙な仕かけがある。

ロシア金融当局は輸出企業の外貨収入の50％を強制的にルーブルに両替したうえで上納させている。(52) 外国企業がロシア産化石燃料を輸入する際、代金をルーブルで支払うことを強制している（外国企業は制裁違反を理由に拒否）。(53) いずれもルーブル相場の安定を狙うロシア独自のローカル・ルールである。ただ、ルーブル払いを拒否した国、たとえばポーランド、ブルガリア、フィンランドなどに対してロシアはエネルギー供給を停止している。[54]

株式取引については、外国人投資家による株式売却を封じ込め、ロシア国内投資家による空売りも禁じている。ユーロクリアによる決済制限を理由に、ロシア中央銀行は外国株式の取引を禁止している。[55]ロシア関連資産は通常の取引ができない状態である。株式取引が正常化すれば、ロシア株は大暴落するに違いない。

ロシアには資源マネーが流入しているとはいえ、[56]外国為替も株価も当局が厳しく管理する「官製相場」に他ならない。ロシアの通貨、株式、債券は国際市場から完全に切り離されている。ロシア経済の実態や先行きを反映するシグナルになっていない。砂上の楼閣である。

ルーブル相場、株式相場はロシア経済の動向を診断できる指標になっていない。日欧米諸国など自由主義陣営の経済的繁栄を支えてきた要因は自由で透明性の高い社会である。ロシアの「国策市場」には自ずと限界がある。

公的年金を運用する年金積立金管理運用独立行政法人（GPIF）はロシアの株式、債券の評価をほぼゼロとした。[57]2021年3月末では、その評価額は2、200億円だった（株式1、700億円、国債・社債500億円）。ちなみにGPIFは運用資産額（200兆円）が世界最大規模の機関投資家である。世界株式市場でのプレゼンスは大きい。

日本政府は対ロシア投融資を厳しく制限する。[58]ロシア企業に対する10％以上の出資は禁止された。既存の出資と合わせて10％以上になる追加出資も禁止された。日本企業が出資するロシア企業への期間1年超の貸し付けも禁止された。日本企業の支店設置、事業拡張資金向けの支払いも禁止された。

日本企業によるロシア事業は全面的な再検討が必要となった。

4　自由民主主義陣営が打ち出すロシア産財・サービス禁輸措置

日欧米諸国によるロシアの最恵国待遇撤回

最恵国待遇とは貿易に関する最有利な条件を付与するルールのことである。(59) 世界貿易機関（ＷＴＯ）が定めている。それゆえに最恵国待遇はＷＴＯの自由貿易基本原則となっている。ロシアがウクライナを軍事侵攻したことで、自由貿易を追及してきた日欧米諸国は経済・金融制裁を科すとともに、ロシアに付与してきた最恵国待遇を取り消し、優遇のない元の関税率に戻した。追加関税の発生後は輸入価格に上乗せされて販売される。

日本では紅ザケ、ニシン・タラを除く魚卵、ズワイガニ、木材（加工したマツ）などの関税率が元の税率に戻された。日本のロシアからの輸入総額は1兆5，500億円であるが、対象製品は10％に満たない。禁輸措置とは違い、ロシアに与える打撃は軽微で、ロシアに厳重抗議するという象徴的な措置にとどまる。一方で、米国、英国、カナダはロシアからの輸入品に30％を超える高関税（米国は35％）を課している。(60)

インパクトある対ロシア輸出禁止

当然のことながら、禁輸措置のほうがロシアに対する経済的打撃効果は大きい。日本政府は資源エネルギー以外では、ウオツカ、ビール、ワインなどのアルコール飲料、丸太やチップ、原木を切って削った木材、自動車やオートバイとそれらの部品、航空機や船舶のエンジン部分の輸入を禁止した。米国は魚介類やアルコール飲料、ダイヤモンドなどの輸入を禁じた。EUは鉄鋼製品を禁輸した。(61)

日本政府はまた、4万円超の宝飾品、時計、香水、ノートパソコン、酒類、タバコ、トヨタ自動車の高級車ブランド「レクサス」といった600万円超の高級車、60万円超のバイク、20万円超のグランドピアノ、10万円超の衣類など贅沢品の輸出を禁止した。(62) EUは300ユーロを上回る贅沢品を輸出禁止の対象としている。ロシアの富裕層やエリート層の蓄財に利用されないようにするためである。

これらの日本製品がロシア市場から撤退しても日本側はまったく困らない。元々ロシア市場に日本経済が依存する構造ではない。また、日本の茶の間にロシア製品がほとんどないため、ロシアへの親近感は皆無に等しい。ロシアは軍事的圧力だけでなく、漁業でも日本を揺さぶり、妨害する。(63)「怖い国」、「暗い国」、「嫌いな国」といった漠然とした悪感情しか日本国民にはない。ロシアへの反感、憎悪はウクライナ侵攻で最大限に高まっている。日本とロシアとの関係は構造的に希薄なのである。それゆえ、ロシア経済との決別はロシア側が困るだけなのである。

自由世界は量子コンピューター、半導体、センサーなど先端技術の対ロシア輸出を禁じている。(64) 自由世界の安全保障を強化するためには、ロシアへの軍事関連製品や技術の流出を防ぐ手立ては必要不可欠である。(65) ハイテク製品、先端技術に関しても同様だ。先端半導体の対ロシア輸出全面禁止は確実にロシア軍にとっての大打撃となる。(66)

ただ、ロシアが輸入する半導体に占める中国の比率は57％に達する。(67) 半導体輸入でロシアは中国に依存する構図だが、「2次制裁」を恐れて中国も対ロシア輸出を躊躇する可能性はある。

物流や決済の障害でコニカミノルタ、オムロン、オリンパス、キヤノンは医療機器の対ロシア輸出を停止した。ロシアの医療機器の市場規模は50億ドルである（2018年時点）。このうち輸入は37億ドルと7割を占める。(68)医療機器の輸入が途切れると、ロシアの医療機関は検査や治療の道を断たれる。

「技術危機」に陥って、ロシアは武器・兵器を製造できなくなるだけでなく、修理などメンテナンスにも支障が出る。ただ、ロシアに半導体を供給する国は中国やマレーシアなどアジア諸国に集中していることには留意すべきだろう。(69)

ロシア企業への会計やコンサルティングのサービス提供も禁じられた。ロシア企業は最早、国際会計基準に即した決算報告ができなくなった。(70)資産隠しのノウハウをロシアに手渡さない措置も講じられる。

ロシアの船舶は自由世界に着岸できなくなった。ロシア船舶に対する保険、再保険の提供も禁止された。(71)ロシアの航空機の着陸も禁じられている。米国政府は制裁に加わらない中国、インドとの間で運航したロシアの航空会社（最大手アエロフロートなど3社）に罰則を科している。(72)陸、海、空のすべての空間からロシアを締め出した格好である。

資源大国ロシアを追い詰めるには、EUのミシェル大統領が指摘するように、化石燃料をロシアから調達しない。すなわち化石燃料の「脱ロシア」を実現する以外に方策はない。(73)

原油、天然ガスとそれに関連するロシアの輸出収入は1日当たり11億ドルに及ぶ。原油と石油製品で7億ドル、EU向けパイプライン経由の天然ガスで4億ドルとなっている。(74) ロシアの連邦政府歳入は原油・天然ガス収入で4割を占有する。このうち8割を石油関連が占める（2021年）。(75) 化石燃料にまで禁輸措置を拡大しないと、ロシアにとっての打撃にならない。化石燃料禁輸は「本丸」なのである。

輸入禁止の「本丸」：化石燃料

石炭

日欧米諸国は化石燃料ではまず、ロシア産石炭の禁輸措置から着手した。消費国にとっての痛手が限定的だからである。それでもEU加盟諸国だけでロシア産石炭の輸入総額は年間40億ユーロにのぼる。(76) EUのエネルギー使用全体に占める石炭の比率は19％（天然ガスで41％、原油で37％）である。ロシア経済にとって一定の打撃となるだろう。EUは石炭とともに木材、セメントなどの輸入も禁止した。もちろん日本もロシア産石炭を輸入していない。

原油・石油製品

ロシア産原油・石油製品については、米国、英国、カナダが先陣を切って禁輸措置を表明した。そして、G7が結束を示すために、ロシア産石油の輸入禁止に動いた。ロシアの民間石油大手ルークオイルはロシア産石油排除を警戒している。(77)

日本政府はロシア極東の資源開発事業である「サハリン1・プロジェクト」、「サハリン2・プロジェクト」の権益は死守すると執着心を燃やすけれども、いずれ放棄せざるを得なくなるだろう。G7が輸入する石油のうち、ロシア産は10%を占める（2021年11月時点）。ロシア石油輸出全体では28%がG7向けとなる。[78] 欧州の経済協力開発機構（OECD）加盟国ベースでは34%にのぼる。[79]

ロシア産石油全面禁輸の前段階として、石油取引価格上限制が導入されている。[80]内陸国のハンガリーが難色を示し、イタリアもロシア産原油の輸入を積み上げるなど、[81] EU内部で調整が難航していた。事実、スロバキアやハンガリー、チェコなどソ連邦の衛星諸国だった中・東欧地域はロシア産石油の依存度が高い。

だがようやく、EUは2022年中にロシア産石油の90%を停止することを決定した。[82] 勇断である。ブルガリア、ポーランド、ハンガリーといった、かつてソ連邦陣営を形成していた中・東欧諸国やバルト3国は対ロシア資源依存度が極端に高い。[83] ソ連邦陣営に所属した東ドイツ地域もロシア依存度が高いため、結果としてドイツ全体の依存度が高くなっている。

欧州諸国はソ連邦時代も含めて、ロシアの西シベリアの油田地帯から陸上パイプラインで原油を輸入してきた。だが、陸上パイプラインによる送油は輸入全体の3割程度である。7割は海上輸送、つまり石油タンカーによる運搬である。[84] この海上送油分が全面停止の対象となった。

これに伴って、英国とEUは共同でロシア産石油を積んだ船舶に保険をかけることを禁止した。[85] 対象の船舶は世界最大級の船舶保険市場ロイズ保険組合（Lloyd's of London）などを使えない。ロシアをロイズ保険組合から締め出したからである。[86] スポット（随時契約）市場からのロシア産石油の調達はできなくなる。日本政府は米欧諸国と協調して、石油精製に使う装置の対ロシア輸出を禁止している。[87]

ＯＥＣＤは対ロシア・ベラルーシ貿易保険（企業が輸出、投資、融資などの外国取引で生じる損失を補償）について、リスク評価を最低レベルに格下げしている。ロシアとベラルーシの格付けは北朝鮮やリビアと同じレベルになった。これにより日本貿易保険（ＮＥＸＩ）もロシアとベラルーシを最低レベルに格下げした。保険料率は引き上げられた。国際協力銀行（ＪＢＩＣ）もロシア、ベラルーシ向け融資のリスクプレミアムを最高水準（ロシアの料率は7・15％から16・52％）に引き上げた。[88]

欧州はロシアから原油・石油製品を日量２００万バレル輸入していた（２０２１年実績）。[89] ＥＵと英国を合わせて1、０００億ドルを支払っていたので、この禁輸措置でロシアは年間８８０億ドル規模の収入を失うことになる。[90] ロシア産石油輸入の3分の2を占める海上輸送を即時禁止する。陸上パイプラインによる送油分は例外的に容認されるが、ドイツとポーランドは２０２２年中にパイプライン送油分も止める。

ロシアの輸出品目を見ると、輸出全体の24％を石油製品が占める（２０２０年実績）。以下、原油21％、天然ガス９％、石炭4％と続く。[91] 原油・石油製品の比率が45％と半分近くを占有することがわかる。原油・石油製品の禁輸措置や輸入価格上限制度はロシアにとっての大打撃となる。損失覚悟でロシアのほうから原油輸出を制限する可能性もある。[92]

天然ガス

ＥＵはロシア産天然ガスを年間1、５５０億立方メートル（２０２１年実績）輸入していた。[93] ＥＵ

年間消費量の4割に匹敵する。痛みを伴うが、ＥＵ当局はロシア産天然ガス輸入量の3分の2を削減する方針を表明している。天然ガスは暖房用だけでなく、産業向けにも使用される。産業用ガスが不足すると、関連企業は事業の停止や縮小が余儀なくされる。

特に、ドイツ金融大手のコメルツバンクが警鐘を鳴らすように、ドイツ経済が深刻な景気後退に陥り[94]、ガス不足の影響を受けやすい。ドイツ企業が先行き不透明感を警戒するゆえんである[95]。原子力発電の撤廃を決めたドイツだが、ガス不足を懸念して、原子力発電所の稼動延長を決意した[96]。

ロシアとドイツを直接結ぶバルト海海底天然ガスパイプライン「ノルドストリーム1」を通じた天然ガス供給をロシアが絞り込んでいる。陸上天然ガスパイプラインによる供給も停止される国が相次ぐ。液化天然ガス（ＬＮＧ）の引き合いも相変わらず強く、天然ガス価格は高値圏を舞う。

国際原油価格に関しては、世界的な景気後退観測を受けてピークアウトした模様で、ウクライナ侵攻以前の水準に戻っている[97]。アルミニウムや銅といった非鉄金属、穀物の国際価格はすでに下落に転じている。世界需要が停滞し、減少してきたからである。

一方で、天然ガスや石炭の国際価格は依然として高い。特に、供給制約が顕著な欧州天然ガス価格の高騰が際立っている。これがアジア市場に波及、アジアのＬＮＧスポット価格は急騰している[98]。外貨準備金が乏しく、外貨が不足するパキスタンやバングラデシュといった新興国では、大規模停電が発生、電力危機に発展している[99]。

困難な道程となるが、ソ連邦期、すなわち冷戦時代でも欧州は原油・天然ガスを調達していただけに、ロシア産石油の禁輸や天然ガス輸入の抑制を実現できれば、一つの時代が終焉したことを意味する。

塗り替えられる世界の石油地図

ソ連邦時代からロシア・西シベリア産原油の主要市場は欧州であった。陸上パイプラインと石油タンカーで間断なく、潤沢に供給されていた。今では東シベリア産やサハリン産の原油も加わり、ロシア産原油のサプライチェーン（供給網）は日本、中国、韓国、台湾などアジア市場にも拡大している。

ところが、ロシアのウクライナ軍事侵攻を契機として、欧州諸国がロシア産原油と決別する道を選択した。欧州諸国のロシアに対する怒りであり、懲罰である。クレムリンはさぞかし恐れているに違いない。ロシアの石油大手は早急に新規市場を開拓する必要がある。急がないと倒産の危機が迫ってくる。

ロシアの隣国・中国は有力市場ではあるが、陸上の原油幹線パイプラインの新設、増設がまずは必要になる。送油能力の増強には時間とコストがかかる。少なくとも10年の歳月を要するだろう。完成するまでは石油タンカーで運搬する必要性が生じる。石油タンカーの確保も必要だ。解決すべき課題が山積する。

ロシアの石油大手は減産を検討せざるを得ない。生産調整のために、油田を一旦、閉鎖すると簡単に再開できない。油田閉鎖で老朽化も進むだろう。一定のメンテナンスが必要となるが、外資系石油大手はロシアから撤退した。ロシアの石油企業が自力でメンテナンスしなければならない。部品の交換も必要となるが、輸入に依存するロシアでは部品不足に直面することだろう。油田の新規開発はこの先より一層、困難となる。要するに、ロシアの石油産業は中・長期的に衰退し、産油量の激減に苦しむことになる。

ウクライナ侵攻後、西シベリア産のウラル原油は国際価格水準よりも1バレル30～40ドル程度、ディスカウントして取引されている。割安となったロシア産原油に群がるのは中国とインドである。インドのロシア産原油輸入量は2022年4月の日量35万バレルから5月には同85万バレル、6月同130万バレルと激増している。(100)

欧州向けのロシア産原油が新興国に向かう新構図となっている。周知のように、中国、インド両国は世界を代表する石油消費国である。省エネルギーは進まず、消費効率は格段に劣る。

欧州向けのロシア産原油は激減し、代わって中国、インドなどアジア市場に向かうようになった。欧州諸国だけではない。民主主義を掲げる石油消費国はロシア産原油を忌避するようになった。ロシア産原油を忌避する石油消費国は調達先を中東や北米に変更している。余ったロシア産原油は中国、インドに向かう。ロシアの軍事侵攻を機に、石油供給の大動脈は完全に塗り替わったのである。

ロシア経済を支える石油産業、天然ガス産業に暗雲が垂れ込めてきた。(101) この暗雲はやがてロシアの経済社会全体を覆うようになる。ロシアはウクライナ侵攻の戦費を調達できなくなるだけでなく、ロシア経済が毀損していくのである。ロシア社会の前途絶望であることは間違いがない。

5　凍結されたロシア要人の個人資産

クレムリンの利権構造

プーチン政権はプーチン大統領を頂点とするインナーサークル（取り巻き）による利権構造となっている。その構造はまさしく「胡散臭いネットワーク」と形容できる。(102) オリガルヒや有力政府高官は豪勢なライフスタイルを享受してきた。

オリガルヒ率いる新興財閥が安全に事業を継続していく見返りとして、オリガルヒは政治的介入を慎み、ひたすらプーチン大統領を経済的に支援する。この利権構造の上にプーチン体制は機能している。裏切り者は事業を没収され、追放される。

プーチン氏が初めて大統領に就任したころ、ユーコスという民間石油大手が事業を営んでいた。新生ロシアが誕生した1990年代、ソ連邦時代の巨大国営企業は矢継ぎ早に民営化された。天然ガス産業を牛耳るガスプロムは民営化を頑なに拒否していたが、対照的に石油産業は民営化の洗礼を受けた。ユーコスはロシア石油産業民営化の象徴的企業だった。

このユーコスのCEO（最高経営責任者）だった人物がミハイル・ホドルコフスキー氏。ホドルコフスキー氏はビジネスだけでは満足せず、しばしば政治に口を挟んだ。政治団体に寄付を繰り返し、プーチン体制打倒に野心を燃やした。

この行動がプーチン大統領の逆鱗に触れる。ホドルコフスキー氏は国賊扱いされ、挙句の果てにシベリア送りの憂き目に遭う。ホドルコフスキー氏はその後、英国に事実上亡命。プーチン体制打倒を訴え、対決姿勢を強めている。

国に没収されたユーコスは、と言うと、国営石油大手ロスネフチに強制的に吸収合併された。これを機に、ロスネフチはロシア石油最大手のカードを掴む。ロスネフチのＣＥＯにはプーチン大統領の盟友イーゴリ・セチン氏が就任。プーチン・セチン両氏に支配される「ペトロクレムリン」がここに成立する。

ロシアの大地に眠る資源はすべて国家が所有すべきである――これが「プーチン哲学」だ。資源エネルギー産業は民間ではなく、国家が保有し、「国策産業」として管理する。プーチン大統領が貫徹してきた大原則である。

ホドルコフスキー氏逮捕、ユーコス没収事件で警戒心を強めたオリガルヒがロマン・アブラモビッチ氏。アブラモビッチ氏はホドルコフスキー氏と同様に、民間石油企業シブネフチのオーナーだった。

危険を察知したアブラモビッチ氏は自らシブネフチを国家に返上した。アブラモビッチ氏はクレムリンに忠誠を誓うことを約束した。シブネフチを買収した企業がガスプロム。ガスプロムの石油部門子会社ガスプロムネフチに姿を変えた。プーチン大統領から「お墨付き」を得たアブラモビッチ氏は、チュクチ自治管区知事を８年間、務めた政治家でもある。知事当時、プーチン大統領の執務室で面会する１枚の写真がある。(103) その後、外国でのビジネスに熱を入れることになる。

オリガルヒは政治的発言を一切しない。その代わりに、オリガルヒの生命と新興財閥の事業継続が保障される。プーチン大統領の懐には「みかじめ料」が舞い込む。暗黙の了解で利権構造は成り立っている。

ロシア要人の制裁には利権構造にメスを入れ、弱体化を狙う目的が潜む。戦費を断つためである。それゆえにオリガルヒはクレムリンの人質となってしまった。制裁で個人資産を失っても、オリガルヒは一切、クレムリンに文句を言わない。否、言えないのである。

オリガルヒを標的とする制裁発動

スーパーリッチは世界主要都市で優良不動産を買いあさり、豪華ヨット、プライベートジェットを所有する。(104) ロシアの大富豪も例外でない。経済制裁の発動でオリガルヒが所有する豪華マンションや別荘、スーパーヨットなど個人資産が凍結された。

プーチン大統領、ミシュスチン首相、ラブロフ外相などロシア政府関係者、ロシア軍関係者、議員、プーチン大統領の親友や親しい女性らの個人資産も凍結された。渡航禁止や取引禁止の措置も講じられた。不正行為の調査対象人物でもある。

自由民主主義諸国の多くがロシア外交官を「ペルソナ・ノン・グラータ（好ましからざる人物）」と判断、国外追放している。(105) 追放された外交官はスイスに逃げ込み、スパイ活動に熱を入れる。(106) ウクライナ侵攻を積極的に支持し、プーチン大統領の守護者であるロシア正教会トップ・キリル総主教も制裁対象に加えられている。(107)

「みかじめ料」が舞い込むプーチン大統領も蓄財に励み、ロシアを代表する大富豪となっている。豪邸だけでなく、豪華ヨット（ロシア船籍「グレースフル」、ケイマン諸島船籍「オリンピア」）などをプーチン大統領は所有する。イタリア北部の港マリーナ・ディ・カラーラに係留中のプーチン大統領所有とされる豪華ヨット（7億ドルの価値）が差し押さえられた。付言すると、ベラルーシのルカシェンコ大統領や政府高官も制裁の対象となっている。

ロシアがウクライナに軍事侵攻した直後から、オリガルヒ保有の個人資産は次々と凍結されてきた。日本政府、ホワイトハウス（米大統領府）は2022年3月初旬、金属（「メタロインベスト」）や通信（「メガフォン」）を事業の柱とする巨大複合企業「USMホールディングス」の所有者である、アリシェル・ウスマノフ氏（資産額184億ドル）の資産を凍結している。最大7億3、500万ドルの価値があると推定される豪華ヨット、プライベートジェットも資産凍結の対象に含められている。

ロシア鉄鋼大手セベルスターリを所有するアレクセイ・モルダショフ氏も制裁の対象となった。モルダショフ氏はセベルスターリの株式32％を保有し、石炭・金の採掘から旅行、メディアまで幅広く手がける、ロシアトップの大富豪である。モルダショフ氏は新興財閥「ユニファーム」も所有、「ユニファーム」は傘下の欧州最大の旅行会社「Tui」の株式29・9％を保有する。この株式は凍結された。(108) 米金融大手シティグループが社債のクーポン（利息債権）の支払いを凍結したことから、セベルスターリはデフォルトの危機に直面することになった。(109)

制裁対象となったオリガルヒは所有する資産名義の変更、世界各地にあったスーパーヨットをロシア国内に入港させる、保有株式を英領バージン諸島に移管する、大型クルーザーをトルコのエーゲ海リゾート地マルマリスに移すなど、資産保全に血眼となっている。

ロシアの富豪は制裁に加わっていない、トルコのリゾート地やアラブ首長国連邦（UAE）のドバイで不動産を買い占めている模様である。(110) 事業拠点にする富裕層もいる。ロンドンの不動産とドバイの豪邸をスワップ（交換）するロシア人富豪もいる。[111] ＵＡＥに脱出したロシア市民は４万人にのぼるという。[112]

ただ、フランスやスペインではオリガルヒ所有の大型ヨットが差し押さえられている。石炭や肥料事業を展開する新興財閥のオリガルヒであるアンドレイ・メルニチェンコ氏の豪華ヨットはＵＡＥで差し押さえられた。[113]

プライベートジェットを使ったロシアへの飛行にも米国当局が眼を光らせる。[114] プーチン大統領に近いオリガルヒの１人であるアンドレイ・スコチ氏が保有するプライベートジェット（資産価値は９、０００万ドル以上）については、米司法省が押収令状を取得している。[115]

どうやら逃げ場はないようだ。その一方で、複雑に仕組まれたスーパーヨットの所有権を見抜くことは困難でもある。オリガルヒと捜査当局との熾烈な対決が繰り広げられている。[116]

国営石油パイプライン独占体トランスネフチのニコライ・トカレフ社長、ロスネフチのセチン社長、ＳＧＭグループ創設者アルカジー・ローテンベルク氏も制裁の対象となった。大手資源・エネルギー企業「Ｅｎ＋グループ」に出資するオレグ・デリパスカ氏（資産額38億ドル）も制裁対象となった。その傘下の「ルースアル（ルサール、ロシアのアルミの意）」は世界的なアルミニウム生産大手である。

世界最大のパラジウム生産企業「ノリリスク・ニッケル」の筆頭株主（36％保有）であるウラジーミル・ポターニン氏も制裁の対象に加えられた。ポターニン氏は２０１４年に開催されたソチ冬季五輪のスポンサーでもあった。ペスコフ大統領報道官も「プーチン大統領によるプロパガンダの提供者」とみなされ、制裁が科された。

ポターニン氏はプーチン大統領のアイスホッケー仲間でもある。[117] アイスホッケー場の氷上には有力政府高官やオリガルヒが集い、意見を交換する。ポターニン氏はロシアを代表する金属王であるが、ロシアはニッケルだけでなく、パラジウムやプラチナの一大生産国でもある。ロシア産のパラジウムやプラチナは米国、英国、日本などに輸出されてきた。[118] 米英日にとっては不都合な現実なのかもしれない。

最大手銀行ズベルバンク、ガスプロムバンク、アルファバンク、ＶＴＢ（対外貿易銀行）、オトクリティ、ソブコムバンク、ノビコムバンク、バンクロシア、ＶＥＢ（対外経済銀行）、プロムスビャジバンク（ＰＳＢ）といった、ロシア金融機関やそのトップらも制裁の対象となっている。

ポターニン氏は新興財閥「インターロス」（資産価値は１３０億ポンド相当）も所有する。ロスバンクはフランスの大手銀行ソシエテ・ジェネラル（ソジェン）の傘下だったが、ソジェンのロシア撤退で売却された。インターロスのインターロス・キャピタルがロスバンクを買収することになった。[119]

ロシアが独立を承認した「ルガンスク人民共和国」と「ドネツク人民共和国」の関係者も制裁対象に加えられた。

サッカーファンであるアブラモビッチ氏（資産額１４５億ドル）は、英国プレミアリーグの強豪サッカークラブ・チェルシーを買い取り、私財を投入してチームを再建した。アブラモビッチ氏はロシアの鉄鋼大手「エブラズ」や「ノリリスク・ニッケル」に出資する。

ところが、ウクライナ軍事侵攻後、アブラモビッチ氏も制裁対象となった。その知人、ユージーン・テネンバウム氏とデビッド・ダビドビッチ氏も制裁対象となった。チェルシーは英当局に没収された。

アブラモビッチ氏もご他聞に洩れず、豪華ヨットを所有していることが捜査当局の調べで判明していたが、[120]英王室属領ジャージー島当局はアブラモビッチ氏が所有する50億ポンドの資産を凍結している。[121]アブラモビッチ氏は英通信グループ「トゥルフォン」のオーナーでもあったが、欧州のテック企業に1ポンドで売却された。[122]事実上の没収である。

汚れたクレムリンと距離を保つ実業家・政府高官

国際機関との連携を担当するロシア大統領特別代表のアナトリー・チュバイス氏がウクライナ軍事侵攻直後の2022年3月23日に辞任した。チュバイス氏は1990年代、エリツィン政権で大統領府長官や第1副首相を歴任した。社会主義経済から市場経済への大転換期に経済改革を主導、国営企業の民営化を推進した人物として知られる。国際社会との協調路線を探る、改革派やリベラル派は軍事侵攻を批判している。チュバイス氏の辞任もウクライナ侵攻に抗議していることを示唆する。[123]

このチュバイス氏に関しては、後日談がある。チュバイス氏はイタリア滞在中、緊急入院した。[124]命に別状はないものの、滅多に見られない特殊な病状に陥ったという。邪魔者を闇に葬ることはクレムリンの「得意技」。反旗を翻したチュバイス氏にも毒が盛られたのかもしれない。

ロシアのハイテク企業を育成する政府系基金「スコルコボ」のアルカージー・ドボルコビッチ総裁も辞任している。ドボルコビッチ氏はメドベージェフ政権で大統領補佐官を務めた。有力なリベラル派である。やはり軍事侵攻について批判的な発言を繰り返していた。

オリガルヒでありながら、元々クレムリンと距離を保ってきた実業家のオレグ・ティンコフ氏[125]。米誌「フォーブス」の推計で資産は47億ドルだったとされる（ウクライナ侵攻以前現在）。ティンコフ氏もウクライナ侵攻を強く非難、「狂気の戦争」と表現している。ティンコフ氏は「他のオリガルヒのように最低な人間として死にたくない」とも述べている[126]。

ティンコフ氏はティンコフ銀行を創業したが、今では事業運営に直接的な影響を及ぼすことはないとされる。ミュージックショップ、レコード会社、冷凍食品会社、ビール会社などを育ててきた。ただ、このティンコフ氏も欧米に大豪邸、別荘、スキーロッジを所有していることから、制裁対象のリストに掲載され、資産凍結、渡航禁止などの制裁が科されている。

ウクライナ西部生まれのロシアを代表する大富豪ミハイル・フリードマン氏（総資産155億ドル）も政治的発言は慎むとしながらも、ウクライナ戦争を「悲劇」と表現、一刻も早く戦争を終わらせるべきだと主張する[127]。

フリードマン氏はロンドンを根拠地とする投資ファンド「レターワン」を運営する。新興財閥アルファグループ、スーパーマーケットチェーン最大手「X5」、携帯電話会社「ベオン」のオーナーでもある。モスクワとロンドンとを往復する生活を送る。ロンドンは金融・不動産ビジネスの中心地であるだけに、ロシア・オリガルヒの存在感は強い。

ロンドンで優雅な生活を送るオリガルヒは外国の空気を知っている。戦争を黙殺できないのであろう。ただ、制裁措置発動後、フリードマン氏の保有する「レターワン」の株式が凍結されたことを受けて、経営陣から退いた[128]。

チュバイス氏やティンコフ氏、それにフリードマン氏の言動は単なる自己保身かもしれない。制裁対象となったオリガルヒは「この先、どのように生き延びればよいのか」と弱音を吐き、途方に暮れる。[129]

しかしながら、ロシアの一般庶民はウクライナ軍事侵攻を支持する。国際社会はロシアへの非難、批判の声を上げるが、そもそもウクライナを国家として認めず、ウクライナ市民を2流市民と蔑視するロシア国民には届かない。むしろ頑《かたくな》に戦争継続を訴える。プーチン大統領の発言はある意味で、ロシア国民を代弁しているのである。

実戦経験の未熟なロシア軍が劣勢を強いられ、窮地に陥っていることは客観的に明らかである。しかし、ロシア軍最高司令官プーチンは敗北を認めるわけにはいかない。ロシア海軍に極超音速ミサイル「ツィルコン」を配備するとプーチン大統領は強気だが、[130] ロシア陸軍は哀れな姿を晒している。ロシアを海洋大国に仕立て上げたいところだが、見果てぬ夢に終わるだろう。軍再建は今のロシアにとって難事業である。

6 四面楚歌のプーチン帝国

プーチン大統領は2022年6月下旬、BRICS（ブラジル・ロシア・インド・中国・南アフリカ）の会合で「通貨バスケット」を創設する構想を披露した。[131] 国際通貨基金（IMF）が準備資産として加盟国に配分する特別引き出し権（SDR）のBRICS版が想定されている。米ドル主導の国際金融システムから放逐されたロシアが、独自の決済網を新規に構築しようと試行している。

しかしながら、この企みは失敗する公算が大きい。確かにブラジルは民主主義国家で資源大国でもある。インド経済は将来、大きく躍進するだろう。一方で、中国人民元は自由に外貨交換できない欠陥通貨である。南アフリカは常に政情不安で落ち着かない。ＢＲＩＣＳは全体としてかつての活力を失い、その魅力は色褪せてしまった。つまりＢＲＩＣＳの時代は終焉しているのである。

プーチン大統領はまた、２０２２年８月15日、モスクワ近郊で開催された軍事技術展覧会で、アフリカ、ラテンアメリカ、アジアの友好国に装甲車や無人機などの最先端兵器を提供、軍事協力を推し進める考えを表明した。(132)プーチン大統領が武器・兵器を売り込むのは勝手だが、一体全体、どの国がロシア製武器・兵器を購入するのか。ウクライナ軍事侵攻でロシア製武器・兵器の劣悪性が露呈した。安価なだけで戦場では役に立たないロシア製武器・兵器を調達する国は消滅するだろう。

経済・金融制裁の効き目が表れるには一定の時間を要する。それでも、プーチン大統領を頂点とする「帝国」が崩壊に向かっていることは疑いがない。少なくとも急激に弱体化し、３流国家になり下がることは確実である。プーチン帝国の再建はきわめて困難である。

プーチン帝国は瓦解するのか。それとも皇帝プーチンが失脚するのか、あるいはスターリンのように毒殺されるのか。近未来のロシアがたどる道は薄暗く、明るい展望は描けそうにない。

しかし、プーチン帝国が崩壊する、あるいは皇帝プーチンが姿を消したとしても、その先に出現するロシアは、やはり独裁者が君臨する独裁国家なのである。ロシアが民主主義国家に生まれ変わることは望めない。ロシアは国際社会から孤立し続ける。その影響力は弱まる一方となる。

Ⅲ　ロシア経済の実相と暗黒の近未来図

1　外資系企業のロシア大量脱出が物語るロシア経済の苦境

実像が投影されない理由

隠蔽工作は独裁国家の専売特許である。偉大なる学者が「神の見えざる手」と表現したが、「価格」は代表的な「経済情報」である。メディアは株価や外国為替の動向を伝えるときに、「経済情報」という表現を使うが、間違っている。「価格」形成には森羅万象が盛り込まれている。経済動向を映し出す鏡である。

ところが、ロシアでは「価格」に経済の実態が投影されていない。それゆえに近未来を描くこともできない。正確な情報が開示されず、市場へのアクセスも制限されている。つまりロシアの市場は適正に機能していないのである。

経済・金融制裁で事業環境を悪化させた責任はロシア政府にあるにもかかわらず、反省する気配もない。そもそもロシアがウクライナを軍事侵攻さえしなければ、ロシア経済が極端に悪化することはなかった。ロシアに経済・金融制裁を科したことで、日欧米諸国の経済が窮地に立たされているとロシア政府は吹聴する。だが、日欧米諸国の混乱以上にロシア経済は追い詰められている。

ロシアの経済社会にとって厳しい現実

信憑性に乏しいものの、ロシア連邦統計局は2022年4〜6月期の国内総生産（GDP）が対前年同期比で4・0％減になったと公表している。[1] ロシアの経済成長率は2021年10〜12月期5％増、2022年1〜3月期3・5％増と減速していた。マイナス4％という数値は信用できない。経済・金融制裁の悪影響は面状に広がり、今後より一層、ロシア経済を蝕んでいるに違いない。

他方、ロシア経済発展省は小売売上高が9・8％減（2022年4〜6月期）に落ち込んだと発表している。米エール大学の分析では2022年5月の小売売上高が対前年同月比2割減とされる。個人消費が低迷していることがわかる。日欧米企業がロシアから撤退し、外国のブランド品が市場から消滅したことが響いている。日本国民は国産を好むが、ロシア市民は国産を忌避する。ロシア国産製品の品質を信用していないからだ。

物価上昇率は15％近辺を徘徊する。ロシア中央銀行は政策金利を7・5％としているため、実質金利はマイナスとなっている。インフレを抑制できる水準でない。実質可処分所得は2022年4〜6月期に対前年同期比で0・8％減であった。

製造業では自動車生産が63・1％減（2022年4〜6月期）と大幅に落ち込んでいる。欧州ビジネス協議会（AWB）によると、新車販売は2022年6月に対前年同月比で82％も減少し、同年7月でも75％減を記録したという。[2] 外資系自動車メーカーが相次いで撤退、事業停止に踏み切ったことが大きく影響する。ロシア自動車メーカー最大手のアフトワズも部品不足で工場の生産を再開できないでいた。

部品に占めるロシア製の比率は40％にとどまる。経済・金融制裁で外国からの部品輸入が消滅し、自動車生産は停滞している。タバコ生産も同じく２０２２年４～６月期に24・４％減、木材加工製品は９・８％減を記録した。

だが、実態はさらに落ち込んでいる可能性が高い。事業を停止したのは外資系企業だけでない。ロシア国内では２０２２年３～６月のわずか４ヵ月で、11万３、０００社超の企業が事業を停止した。ロシア経済停滞の深刻さが際立っている。

残念ながら、経済・金融制裁には即効性はない。しかしながら、時間の経過とともに、制裁の効果は表出してくる。ウクライナ侵攻当初の２０２２年２～３月だけで30万人に達する人材がロシアからの緊急脱出に踏み切った。ＩＴ（情報技術）専門家など高度専門職の移住が目立つ。

ロシア財務省は２０２２年４月の財政赤字が２、６００億ルーブルと発表している。年換算でＧＤＰの２・５％に匹敵する。(3) 戦費の調達にもロシアは苦戦する。３年後、ロシア経済は破綻の危機に陥っていることだろう。経済・金融制裁の狙いはロシア社会をグローバル経済から追放することにある。世界経済から締め出されたロシア社会は自閉症を患っていく。治癒しないまま、容態は悪化の一途をたどるに違いない。ロシアが国際金融市場に復帰できる日は到来しない。

外資系企業のロシア脱出劇

米エール大学の研究チームによると、ロシア事業の撤退、縮小に動いた外資系企業は実に１、０００社を突破したという。(4) いわゆる「ＥＳＧ（環境・社会・企業統治）」経営へと舵を切る企業はロシアによるウクライナ軍事侵攻を受けて、ロシア事業の扱いが問われた。ステークホルダー（利害関係者）に説明する責任があるからだ。その結論がロシア撤退である。当然の経営判断であろう。

ロシアに進出し、事業を展開してきた外資系企業はロシアGDPの4割を担ってきた。雇用は100万人規模と大きい。外資系企業の撤退はロシア経済の致命傷となる。外資系企業を通じて、ロシアに事業経営ノウハウ・技術が移転、蓄積されてきた。この流れが突如、停止することになった。

ロシア社会には「ものづくり精神」が根づいていない。中小企業の裾野も広がらない。必要な財・サービスは外国からの輸入に全面的に依存してきた。外資系企業のロシア撤収と経済・金融制裁で輸入は激減している。自業自得。外国がロシアに財・サービスを提供しない結果である。

ロシア単独では自動車さえも生産できない。これがロシア経済社会の実像である。部品を輸入に頼ってきたために、自動車はもちろんのこと戦車も戦闘機も製造できない。戦場では毎日、ロシア軍の戦車、戦闘機が焼失しているが、戦車、戦闘機を新規に製造できないのである。在庫が尽きたそのとき、ロシア陸軍は戦車のない、ロシア空軍は戦闘機のない戦場での戦闘を余儀なくされる。

この一点だけを見ても、ロシアが敗北することは確実である。英国防省はロシアの攻勢は頓挫していると指摘している(5)。

要するに、外資系企業の撤退、輸入激減でロシア経済は崩壊するということである。当然だろう。なかでも資源エネルギー分野、金融分野での痛手が大きい。

資源エネルギー部門の外資系企業撤退

生産物分与協定（PSA）に関する法律がロシアで整備されたことを突破口として、国際石油資本（メジャー）を筆頭に世界の名立たるエネルギー企業はロシアに進出した。ロシアは文字通り、資源エネルギー大国。未開拓の有望油田・天然ガス田が山のように眠る。

ある大手石油企業の幹部が「ロシアの原油・天然ガスの埋蔵量は過小評価されている」と語っていたことを思い出すが、西シベリア、東シベリアの伝統的油田・天然ガス田だけでなく、シベリアには開発の手が及んでいないシェールオイル・ガスが埋蔵される。北極圏の海底にも有望な油田・天然ガス田が埋蔵されていることも判明している。

ところが、開発するのは難しく、ロシア企業単独では不可能である。外資系企業の資本と最先端技術が開発には不可欠なのである。ロシアが資源エネルギー大国であることは確かだが、如何せん、技術がない。外資系企業の存在がなければ、未開拓油田・天然ガス田は開発できない。

泣き面に蜂。ウクライナ侵攻が原因で世界のエネルギー大手はロシア撤退を決断した。ロシア極東の資源開発事業「サハリン（樺太）1・プロジェクト」からは米石油大手エクソンモービルが、「サハリン2・プロジェクト」からは英石油大手シェルがそれぞれ引き揚げることを決めた。日本企業も出資する「サハリン・プロジェクト」はサハリン沖海底に眠る油田・天然ガス田の開発・生産事業である。「サハリン1・プロジェクト」では原油、「サハリン2・プロジェクト」では液化天然ガス（LNG）が生産されてきた。

エクソンモービルとシェルの優れた技術、優秀な技術者を欠くとプロジェクトは空中分解する。事実、原油生産量は激減している。「サハリン１・プロジェクト」の産油量は通常であれば、日量22万バレル程度だが、エクソンモービルが人員を縮小し、減産したことで、２０２２年6月の産油量は日量1万バレルまで落ち込んでいるという。シェルが撤退を決めた「サハリン２・プロジェクト」でも生産に必要な機器を輸入できなくなった。(6)

煮え切らない日本政府の方針

エクソンモービルとシェルとがサハリン資源事業から撤退を決めたことで、早くも事業に支障が生じている。原油生産もＬＮＧ生産も停滞してきた。ロシア政府が日本を「非友好国」扱いする以上、先細りすることが確実なサハリン事業に日本企業が出資し続けて、しがみつく理由は何一つない。これ以上傷口が広がらないうちに、即刻、撤退を決断すべきである。

にもかかわらず、日本政府はロシア産石油禁輸を表明する一方で、サハリン事業については「権益を引き続き維持する方針であることに変わりはない」と繰り返すばかりである。(7)論理矛盾もはなはだしい。権益に固執すると、自由世界の分断を狙うプーチン政権の「思う壺」にはまってしまう。事業現場の悲惨な実情を理解していないのだろうか。経済産業省は日本のエネルギー安全保障に寄与すると主張するけれども、ロシアで権益を握り続けると、逆に日本のエネルギー安全保障は損なわれてしまう。

確かに日本政府はこれまで、ロシア政府に対して比較的、友好的に接してきた。中国を念頭に、ロシアには戦略的価値があるとの判断からだろう。ロシアの資源ビジネスを国策として位置づけてきた経緯もある。ロシアがウクライナ領のクリミア半島を強引に併合したときですら、実質的な制裁に踏み込まなかった。しかしながら、ウクライナ侵攻でフェーズは明らかに変わった。

権益を中国のエネルギー大手に売却することを回避したいのであれば、インドかブラジルのエネルギー大手に売却すれば良い。売却できなければ、日本企業は事業権益を放棄すれば良いのである。生産量が激減していく凋落事業に執着する理由はどこにもない。とにかく、鬼門ロシアからの脱出を一刻も早く決断することが肝要である。

先行き不透明な「サハリン・プロジェクト」

プーチン大統領は2022年8月5日、ロシアにとって国家戦略的に重要な企業、資源開発事業の株式について、ロシアに経済・金融制裁を発動する「非友好国」の企業に売買や譲渡などの資本取引を禁じる大統領令に署名した(8)。外資系企業が参画する資源開発関連事業や金融機関など、ロシアの重要事業すべてが対象となる。

このようなロシア政府の強硬策は経済・金融制裁に対する「報復」である。技術と資金を持つ外資系企業のロシア退却の道を封じ込めることが大統領令の目的だろう。また、経済・金融制裁の早期解除を求める狙いもある。

「サハリン1・プロジェクト」では日本政府系のサハリン石油ガス開発(SODECO)が30%の権益を保有する。SODECOには経済産業省、伊藤忠商事、石油資源開発、丸紅、INPEXが出資している。撤退を表明したエクソンモービルも権益30%を保有する。エクソンモービルはすでに、権益譲渡の手続きを進めている。その他、ロシア国営石油最大手のロスネフチ（出資比率は20％）、インド石油天然ガス公社（ＯＮＧＣ、同20％）も出資する。
オペレーター（責任企業）のエクソンモービル完全撤退で「サハリン1・プロジェクト」は操業停止の状態になっている。「サハリン1・プロジェクト」の推定可採埋蔵量は原油で23億バレル、天然ガスで4、850億立方メートルである。
マイノリティー出資の丸紅は「サハリン1・プロジェクト」撤退を決断できない立場だが、ロシア事業は「基本的にクローズドダウン（閉鎖）」していく方向に舵を切ると決めている。[9]難しい立ち位置で苦慮していることがわかる。丸紅は2022年3月期連結決算で、ロシア関連損失252億円を計上している。[10]
サハリンエナジーが運営していた「サハリン2・プロジェクト」には、ロシア国営天然ガス独占体ガスプロムが50％プラス1株を保有し、オペレーターとなっていた。[11]つまり経営権はガスプロムにある。シェルは27・5％マイナス1株を保有、三井物産が12・5％、三菱商事が10％を出資していた。日本を代表する総合商社が参画していることがわかる。「サハリン2・プロジェクト」の推定可採埋蔵量は原油で7億5、000万バレル、天然ガスで5、000億立方メートルである。[12]
ロシア完全撤退を急ぐシェルは、ロシアで事業展開してきた小売事業（現地子会社シェルネフチ）もロシア民間石油大手ルークオイルに売却した。[13]ガソリンスタンド411店舗、潤滑油製造拠点はルークオイルに譲渡される。現地従業員もルークオイルに移る。シェルはまた、ガスプロムと50％ずつ出資し、共同展開してきたシベリアのサリム油田と北極圏ギダン半島の資源開発事業からも手を引く。[14]

プーチンの横暴な要求

「サハリン2・プロジェクト」については、新しい運営会社が2022年8月5日に設立され、本格稼動している。[15] サハリンエナジーはタックスヘイブン（租税回避地）の英領バミューダ諸島に登記されていたが、サハリンエナジーの事業が引き継がれた新会社の本社は、サハリン州の南端ユジノサハリンスクに設置されている。ガスプロムの権益は従来どおりに維持される一方で、「サハリン2・プロジェクト」の外資系企業による保有権益は強制的に新会社に移管された。ロシアはまた、LNGを含む天然ガスの輸出代金をロシア通貨ルーブルで支払うよう圧力をかけている。

「サハリン1・プロジェクト」もロシア政府の管轄下に置かれることになった。新たな会社が設立され、「サハリン1・プロジェクト」の事業は移管されている。エクソンモービルはロシア政府に権益を「没収」されたと説明している。[16] ロシアではウクライナ侵攻以降、いわゆる「資源ナショナリズム」が猛威を振るっている。

外資系企業が権益を放棄するか、ロシア側が接収するかの二者択一である。愚かなことに、日本政府は三菱商事と三井物産に新たに設立されるロシア法人に参画するよう要請、[17] 屈辱的な実質的接収の道を選択した。

「サハリン2・プロジェクト」では年間1、000万トンのLNGが生産されている。[18] このうち600万トンが長期契約で日本に出荷される。韓国にも2割ほど輸出されている。中国企業は市場で随時に購入している。

日本のLNG輸入量は7、400万トンであるから（2021年実績）、1割弱がサハリン2産の

ＬＮＧで賄われていることになる。東京電力と中部電力による合弁会社ＪＥＲＡ、東京ガス、九州電力、東邦ガス、大阪ガス、東北電力、広島ガス、西部ガスホールディングス（ＨＤ）などが「サハリン２・プロジェクト」からＬＮＧを調達してきた。

このような需要家は「サハリン２・プロジェクト」産ＬＮＧ途絶に備えて、代替調達先を模索している。ただ、ＬＮＧ代金の支払先はロシアの法律が適用される、欧州系銀行のロシア国内支店に変更されている。[19] 代金は米ドル建てである。ロシア側がドル建て資金を囲い込んでいることがわかる。

「サハリン２・プロジェクト」に関しては、事業環境が不安定化していることを受けて、三菱商事と三井物産が２０２２年8月2日、資産価値を同年6月末に3月比で合計２，０００億円減額したと発表した。[20] 三菱商事は２０２１年12月末に１，９３０億円あった資産価値を3月末に１，４３３億円に減額し、６月末には６２２億円に減額した。三井物産は3月末に４４１億円減額し、6月末に１，３６６億円減額している。

三井物産はロシア北極圏にあるＬＮＧ開発事業「アークティックＬＮＧ２・プロジェクト」も手がけるだけに、[21] より傷が深い。もちろん、撤退を表明したエクソンモービル、シェルも損失を計上している。

主要7ヵ国（Ｇ７）は対ロシア新規投資を制限、日本もロシア企業への10％以上の投資を禁じている。株式の新会社移管は制裁措置に抵触する可能性がある。それに加えて、日本側が権益を保持し続けても、契約どおりにＬＮＧが日本に輸出されるかどうかは不透明である。ロシアは一方的に契約を反故とする信用できない国であることを忘れてはなるまい。お人好しの日本政府は「悪魔の国ロシア」

を信用しているようだ。情けない。

ロシア撤退を決定した仏トタルエナジーズ

「サハリン・プロジェクト」以上に深刻なのが「アークティックLNG2・プロジェクト」である。「アークティックLNG2・プロジェクト」とは、独立系天然ガス会社のノバテックが西シベリアの北の果てにある北極圏ギダン半島に建設中の巨大LNG生産基地プロジェクトのことである。年間1、980万トンのLNGを生産する「アークティックLNG2・プロジェクト」の事業規模は210億ドルに達する。

北極圏ヤマル半島に建設された「ヤマルLNG・プロジェクト」に次ぐ超大型資源事業案件となる。「ヤマルLNG・プロジェクト」と「アークティックLNG2・プロジェクト」とはオビ湾を挟んで向かい合っている。一体化されたLNG生産事業である。

ノバテックが60％を出資するほか、フランスのエネルギー大手トタルが10％、三井物産と石油天然ガス・金属鉱物資源機構（JOGMEC）が計10％、中国石油天然ガス（CNPC）が10％、中国海洋石油（CNOOC）が10％をそれぞれ出資している。国際協力銀行（JBIC）は融資を担当する。[22]ノバテックにはトタルが19・4％を出資していた。[23]北極圏のLNG開発事業には商船三井も参画している。[24]

だが、この資源開発プロジェクトにも暗雲が垂れ込めてきた。対ロシア経済・金融制裁で金融機関から送金できず、投資が凍結されてしまった。欧州連合（EU）はロシアエネルギー分野への新規投資を禁止している。オランダにある共同出資会社から送金できない。[25] 資金調達が滞り、操業開始の遅延はもちろんのこと、完工にまで漕ぎ着けるかどうか、先行きを見通せなくなった。

ロシアの資源事業でありながら、日本政府がプロジェクトを牽引してきた理由は何か。「北方領土案件」だからだ。[26] 日本政府は「アークティックLNG2・プロジェクト」を呼び水に、北方領土交渉を促進しようと画策した経緯がある。

日本政府は日露経済協力の目玉と位置づけ、採算性が疑問視される「危険な賭け」であるにもかかわらず、三井物産に参画を働きかけた。論より証拠。2019年6月に開催された「主要20ヵ国・地域（G20）大阪サミット」の日露首脳会談に合わせて挙行された調印式では、当時の安倍晋三首相とプーチン大統領も同席していた。

明らかに日本政府はミスリードしている。ウクライナ危機でプロジェクト頓挫に拍車がかかってきた。ロシアの資源エネルギー事業は「血塗られた」事業と化してしまっている。

EUがLNG関連技術の輸出を禁止したことから、賢明なことに、トタルは減損損失を計上して（2022年1～3月期決算で40億9、500万ドルの減損損失を計上[27]）、早々に撤退を決めた。トタルのロシア原油・天然ガス事業はトタルグループ全体の17％を占めていた。ロシア産原油を購入しないことも決定している。[28] トタルは今後一切、対ロシア新規投資しない方針でいる。[29]

「アークティックLNG2・プロジェクト」は2023年の操業開始を予定する。しかし、トタル撤退で稼動時期は大幅に遅れるだろう。事業に参画するCNOOCの経営トップは完成遅延の可能性を指摘している。[30] 中国政府と欧米市場の板挟みとなり、中国企業はロシア事業への対応で苦慮する。[31]

「アークティックLNG2・プロジェクト」の魅力はすっかり色褪せてしまっている。

プーチンが悔やむ英BPのロシア退場

石油メジャーの一角を占めるBPはロシアと決別する道を選んだ。BPはプーチン政権誕生以降、積極的にロシアビジネスに乗り出していた。コーカサス（カフカス）地方のアゼルバイジャンでの石油関連事業とともに、ロシア事業もBPにとっての主柱となった。

2003年に英国の首都ロンドンで開催された英露エネルギーサミット。ここでは当時のBPトップのジョン・ブラウン氏、ブレア元首相、プーチン大統領が同席した。ブレア元首相とプーチン大統領は個人的にも親しかった。この親密な人間関係を背景として、BPのロシア石油ビジネスが展開されていく。

当初、BPはチュメニ石油会社（TNK）と石油合弁企業TNK－BPを立ち上げた。この合弁企業からの配当金は190億ドル（2003年）に達した。この配当金がBPの財務実績に大きく寄与したことは言うまでもない。

BPは2006年にはすでに、ロスネフチに資本参加している。その後の紆余曲折を経て2013年、TNK－BPはロスネフチに譲渡され、両社は合流することになる。BPはロスネフチ株19・75％を保有する大株主となる。2013年から2022年に受け取ったBPの配当金は50億ドルにのぼる。[32] ロスネフチでの産油量はBP全体の3分の1を占める規模に膨れ上がった。[33]

しかしながら、ロシアのウクライナ侵攻でBPとロシアの蜜月時代に終止符が打たれる。ロシアに深入りしてきたＢＰだが、軍事侵攻というロシアの暴挙を見逃すことはできない。ＢＰは断腸の思いでロシア撤退を決断する。ただ、深入りしてきただけに、撤退の代償は巨大である。

ＢＰは２０２２年５月３日、２０２２年１～３月期決算を発表した[34]。ロシアからの事業撤退に伴う損失として、税引き前ベースで２５５億２、０００万ドルを計上した。保有するロスネフチ株の価値をゼロに切り下げたほか、ロスネフチとの合弁事業の減損損失も同時に計上している。同時期の最終損益は２０３億８、４００万ドルに及び、四半期としては過去最大規模の損失になっている。

欧米石油メジャーでＢＰの損失額は突出する。ただ、ＢＰの自己資本は損失計上後で６３０億ドルもあり、財務体質は健全である。損失額の大半はロスネフチ株の処分によるものであって、資金流出はない。ＢＰは事業ポートフォリオを見直し、再生可能エネルギー事業への積極的投資に踏み切っている。オーストラリアのグリーン発電事業に新規投資するなど、攻めの経営を徹底する[35]。

崩壊するロシアの石油・天然ガス産業

ロシア退散を決定したのは欧米石油メジャーだけでない。世界的な資源商社トラフィグラ・グループ（本部シンガポール）も保有していたロシア石油事業「ヴォストーク・オイル」の株式10％を香港企業に売却した[36]。

トラフィグラはロスネフチが生産する原油の海上輸送で最大規模の原油を輸出してきた。ロシア事業はトラフィグラ世界ビジネスの６％を占めていた。トラフィグラもロシアを見切ったことで、原油関連の主要な外資系企業はロシアから姿を消したことになる。

ロシアの原油生産量、天然ガス生産量は今後、激減していくに違いない。資源エネルギー輸出による収入は徐々に枯渇するだろう。[37] 開発・生産は停滞をきわめ、新規の販売先を開拓することはロシアにとって至難の業となる。一部の原油、天然ガスは中国やインドが購入するかもしれない。割安となったロシア産原油に飛びつく新興国も存在するだろう。

しかし、際限なく代替可能先を開拓できるわけではない。契約条件、産地による品質の違い、サプライチェーン（供給網）のボトルネックなど問題点は多い。[38] たとえば、ロシアから中国に陸上パイプラインで原油や天然ガスの輸出を増やす場合、既存のパイプラインに加えて、新規パイプラインを建設する必要がある。これにはコストと時間とを要する。一朝一夕にできるものではない。

欧州市場はロシア産原油・天然ガス企業にとって最大の輸出先であった。ロシアは重要な欧州市場を失った。欧州諸国はロシア産資源エネルギーを新規購入しない。ウクライナ軍事侵攻、「戦争犯罪」の代償は途方もなく甚大である。石油・天然ガス産業の斜陽とともに、ロシア経済からは太陽が消えていく。ロシア経済の凋落は避けられない。

ESG経営を重要視する株主からロシア事業を継続する企業に厳しい視線が向けられている。[39] ロシア事業を継続する企業よりも撤退を表明した企業のほうが株価は上昇しているとの調査結果もある。[40] 一方で、ロシア撤退が株主利益に反するケースも散見されるという。

継続か撤退かを決めることは企業の経営判断にとって難しい決断となるが、ロシアのプーチン政権は独裁色を強めて、民主主義を度外視している事実を軽視すべきでない。[41] プーチン政権が早晩、戦略的基幹産業の国有化を断行する可能性を斟酌すると、[42] ロシア撤退は賢明な選択である。いずれにせよ、リスク管理の一環として、地政学リスク、カントリーリスクを分析する体制を企業内部に構築することは、グローバル企業にとって喫緊の課題となっている。[43]

ロシアを脱出する欧米大手金融機関

米銀大手でロシア向け投融資残高（79億ドル）が突出するシティグループ。[44] シティはロシアで展開してきた商業銀行業務を対象に、ロシア事業の売却を決めている。ロシア地元銀行エキスポバンク、保険会社レゾ・ギャランティア、ロスバンクと売却協議を進めているという。[45]

同じく米銀大手のＪＰモルガン・チェースの場合、対ロシア与信残高は6億ドル、ゴールドマン・サックスでは2億ドルとシティに比べると小さいものの、ロシアから全面撤退できていない。銀行免許を返上する計画はないという。[46]

ロシア与信残高では米銀よりも欧州の金融機関のほうが圧倒的に多い。シティに先立って、ロシア撤退を決めた銀行がフランス大手のソシエテ・ジェネラル（ソジェン）である（対ロシア与信残高は２０２１年末時点で１８６億ユーロ）。

ソジェンはロシアでの銀行と保険事業から撤退すると発表した。傘下のロスバンクとロシアでの保険子会社の全株式をオリガルヒ（寡占資本家）のウラジーミル・ポターニン氏が所有する新興財閥「インターロス」のインターロス・キャピタルに売却する。[47] 投融資残高１８６億ユーロのうち１５４億ユーロがロスバンク向けである。[48]

ソジェンよりも対ロシア与信残高が多い金融機関はオーストリアの大手銀行ライファイゼンである

(対ロシア与信残高225億ドル)。与信全体に占めるロシア向けの比率は9%と高く、[49]不良債権が膨らむリスクを抱え込む。

対ロシア与信残高が72億ドルのイタリア大手銀行ウニクレディト(ウニクレディト・バンク・ロシア)はロシアからの撤退を検討している。[50]英国の金融大手HSBCホールディングス(対ロシア与信残高14億ドル)はロシア現地子会社をエキスポバンクに売却する交渉を進めている。[51]ドイツ銀行はIT専門家(ソフトウエア開発者)をロシアからドイツに配置転換することを決定した。[52]

日本のメガバンク、すなわち三菱UFJフィナンシャル・グループ(対ロシア与信残高2、700億円)、三井住友フィナンシャルグループ(同31億ドル)、みずほフィナンシャルグループ(同29億ドル)の対ロシア与信残高規模は意外にも多い。[53]日欧米諸国による厳しい経済・金融制裁でロシア国内の事業環境は急速に悪化する。[54]ロシアの金融セクターはグローバルシステムから完全に切り離されている。[55]

急速に悪化するロシアの金融環境

ロシアで事業を手がける企業の倒産件数は増加しており、銀行業界の与信費用は高まっている。[56]ウクライナ侵攻は長期化し、警戒感が高まっているが、たとえ停戦が実現しても対ロシア経済・金融制裁は早期に緩和・解除されることはない。とはいえ、対ロシア債権に損失リスクはあるものの、世界金融危機へと発展することはないだろう。リーマンショック(金融危機)を経験した日欧米諸国の金融機関の経営基盤は強固である。

ロシア経済は外資系金融機関からの融資に支えられてきた。国際決済銀行（ＢＩＳ）によると、対ロシア債権額に占めるフランスの比率は21％、イタリアで20％、米国で16％、オーストリアで15％、日本で８％となっている。[57] 欧州勢の存在が大きいことがわかる。現地従業員ではソジェンが、小口（リテール）取引ではライファイゼンが最も多い。[58]

ロシアのカントリーリスクは頂点に達しており、日欧米企業はロシア事業の撤退・縮小に動いている。ロシア国内での新規融資は凍結され、ロシアビジネスは崩壊の危機に直面している。ロシアの危険性はロシアがクリミア半島を強制併合した直後から高まっていた。にもかかわらず、日本の政府、企業、金融機関は揃って無頓着だった。

世界公的金融のロシア対応を点検すると、日本の警戒度が低かったことがわかる。米国は２０１４年以降、ロシア産業向けの金融保証などを停止した。[59] ＥＵについても、欧州復興開発銀行（ＥＢＲＤ）が２０１４年以降、新規投融資を停止している。ところが、欧米と違って、日本は対ロシア経済協力を継続してきた。ＪＢＩＣによる投融資の累計承諾額は２０２１年３月末に１兆７、０００億円と２０１５年３月末から１割増えた。日本は人権問題に疎い。

国内に根深い人権懸念を抱え込む中国でさえもロシア事業を見直している。中国カード大手のユニオンペイは経済・金融制裁対象のロシア金融機関との協議を拒否した。[60] クレジットカード大手では米国のビザ、マスターカード、アメリカンエクスプレスがロシア業務を停止している。ロシア市民は電子マネーのアップルペイやグーグルペイも使えない。この空白を埋めようと、台頭するのがロシアブランドの「ミール」である。ただ、「ミール」はロシア国外では原則、通用しない。[61]

中国が主導するアジアインフラ投資銀行（ＡＩＩＢ）はロシア、ベラルーシでの関連活動を保留した。中国ドローン企業ＤＪＩは民生利用に製品の利用目的を制限している関係上、ロシアとウクライナでの事業を見合わせている。[62] 中国石油化学（シノペックグループ）はロシア石油化学大手シブールとの合弁事業協議を中止した。人権問題を無視する中国が対ロシア協力に慎重になっている。

ロシアを脱出するのは外資系の企業や金融機関だけではない。世界を代表する損害保険会社も相次いで、ロシア向け保険事業から撤退している。[63] ロシアが外資系保険会社を排除しており、ロシアに現地法人を持つ欧州保険最大手のドイツ・アリアンツが新規契約を停止、イタリアのゼネラリも撤退した。

世界最大の再保険市場・英ロイズ保険組合はロシア事業の保険引き受けに慎重になっている。ドイツのミュンヘン再保険もロシアからの撤退を発表している。ロシアで事業展開する企業は「無保険」になるリスクを背負う。

また、モスクワ証券取引所が外国人投資家を締め出していることを受けて、世界のファンド会社はロシアから撤退、ファンド業務をロシアで「永遠に」再開しないことを決断している。[64]

ソ連邦崩壊後、新生ロシアは社会主義経済から市場経済へと体制転換した。しかし、真の市場経済はロシアで機能せず、ロシアはひたすら歪んだ国家資本主義の道をたどってきた。外資系の存在がロシアから消滅し、ロシア経済の異質性はますます際立つばかりとなった。

斜陽化するロシア自動車産業

ウクライナ・ゼレンスキー大統領とフランス政府からの要請で、フランスの自動車大手ルノーはロシア事業から撤収することを決めた。(65)保有するロシア自動車メーカー最大手アフトワズ（従業員4万5、000人）の株式67・69％をロシア政府系科学機関「中央自動車エンジン科学研究所（NAMI）」にわずか1ルーブルで売却、ロシア事業と決別する。また、ルノーが所有するモスクワ工場の全株式をモスクワ市に売却した。これをもってルノーのロシア事業は連結決算の対象から外れることになる。

もちろんルノーにとって痛手は大きい。ルノーの世界新車販売台数270万台（2021年実績）のうち、ロシアは48万台と18％を占有する。ルノーのロシア自動車市場におけるシェアは29％に及ぶ。日本ではルノーの影は薄いが、ルノーにとってロシアは本国フランスに次ぐ2番目の市場となっていた。ロシア事業を手放したことで、ルノーは資産評価損23億ユーロを計上している。(66)

ロシア国内で認知度が高い「ラーダ」ブランドを生産してきたアフトワズにとって、この先、茨の道が続く。アフトワズは生産を再開したと胸を張るが、(67)ルノーから派遣された技術者が退去したことに加えて、必要な部品を確保できないことで、事実上、新車を生産できない。

欧州勢ではドイツの自動車大手フォルクスワーゲン（VW）がロシア事業を停止した。(68)ロシアで保有する工場（カルーガ工場、ニジニ・ノブゴロド工場）での生産とロシア向け輸出をVWグループ全体で止めた。カルーガ工場では多目的スポーツ車（SUV）の「ティグアン」、小型車「ポロ」など12万台を生産し、エンジンも生産してきた。ニジニ・ノブゴロド工場では小型SUV「タオス」を生産する。
同じくドイツの自動車大手では、メルセデス・ベンツグループやBMWもロシア現地生産と対ロシア輸出をともに停止している。メルセデス・ベンツは現地子会社の株式を現地自動車販売会社に売却、ロシア市場から撤退した。欧州自動車大手ステランティスはロシア南西部カルーガ州にある三菱自動車との合弁工場の稼動を停止した。[69] 米国勢ではフォード・モーターが合弁工場での商用車の生産を停止した。[70] ゼネラル・モーターズ（GM）は製品の出荷を停止している。[71]
日本勢は自動車大手5社がロシア工場を停止した。トヨタ自動車、日産自動車、マツダ、三菱自動車、いすゞ自動車がロシアに生産拠点を持つが、すべての工場で生産を停止している。[72]
トヨタ自動車は2022年9月下旬、ロシア事業を清算、撤退する道を選んだ。マツダ（東部ウラジオストクの自動車メーカー・ソラーズと合弁工場）も製造終了に向けて、協議に入っている。[73] 日産自動車は現地子会社の株式をNAMIに1ユーロで売却、事実上の無償譲渡することを決断している。
トヨタ自動車は2005年、バルト海に面するサンクトペテルブルクの近郊に生産現地法人を設立した。[74] 従業員2、600人、販売・サービス拠点168に事業は拡大していた。工場の起工式にはプーチン大統領、森善朗元首相が姿を見せ、日露友好の象徴とされた。プーチン大統領はトヨタ自動車のロシア進出を大歓迎した。2006年にはトヨタグループのトヨタ紡織がトヨタ系部品メーカーとして初めてロシア進出を決めた。これを契機に日本基幹産業の対露投資が加速した。
トヨタ世界新車販売に占めるロシアの比率は1・2%（2021年実績で8万台の生産、販売台数は11万台）と決して大きくない。業績への影響は軽微である。しかし、ロシア市民はトヨタブランドを好んだだけに、ロシア経済にとってはトヨタ自動車の撤退は痛手となる。

日産自動車はロシア北西部にある工場で完成車を年間3万5、000台生産していたが、工場を停止した。スズキはハンガリーからSUV「ビターラ」、「S－CROSS」、日本から四輪駆動車「ジムニー」を輸出していたが、停止した。スズキはロシア国内に現地代理店60店舗を展開する。マツダはウラジオストク現地車メーカー・ソラーズと合弁工場を持つが、生産を停止した。(75)

ロシアで人気が高い日本ブランドを含む外車はロシアから姿を消す事態となった。中古車は今もロシアを疾走するけれども、今後は中古車の争奪戦が始まる。価格は高止まりし、憧れのブランドは高嶺の花となる。日欧米ブランドのない生活をロシア市民は余儀なくされる。生活の質は明らかに低下していく。

日本精工は2012年、サンクトペテルブルクに販売拠点を設立、自動車や機械向けの軸受け（ベアリング）を販売していたが、すべて閉鎖した。ポーランドなどの工場からのロシア輸出も停止した。

自動車部品（熱交換器）大手のティラドはロシア現地法人の全株主を保有するオランダ子会社の株式79％を無議決権化する契約をロシア自動車大手GAZと締結、ロシア事業から退いた。(76) 2009年にロシア進出を果たし、熱交換器を完成車メーカーに供給してきた。特別損失5億円を計上する。

外資系メーカーのロシア脱出

車関係では日本郵船がロシア国内の自動車陸送事業から撤退している。(77) 日本郵船のロシア自動車陸送事業は首都モスクワに本社を置く子会社NYKオート・ロジスティックスを通じて手がけてきた。

メーカーでは工作機械大手のＤＭＧ森精機がロシア事業の従業員２７０人を解雇（ウリヤノフスクの組み立て工場２００人、モスクワの販売サービス拠点70人）、ロシア国内での生産、販売を休止した。[78]

クボタは農機に取りつける器具「インプルメント」のロシア向け輸出を停止している。[79]コマツは油圧ショベルなどのロシア現地生産を停止した。[80]日立製作所は建設機械などのロシア事業を停止している。[81]

一方、ドイツ勢ではシーメンスがロシアから完全撤退することを決定している。[82]化学世界大手ドイツＢＡＳＦもロシア事業を停止した。[83]

付言すると、欧州エアバスがロシアの航空会社への部品とサービスの提供を停止した。[84]米ボーイングもロシアの航空会社に対する保守、部品サービスの提供を停止した。アイルランドに拠点を置く航空機リース世界最大手のエアキャップなど日欧米諸国の航空機リース会社もロシア向けサービスを一斉に停止している。[85]航空機リース事業では日本の丸紅、住友商事、オリックスも参入していた。[86]

報復として、ロシア側はリースした航空機を返却せずに没収した。ロシアが押収した航空機は５００機にのぼる。このためにリース事業参入企業は損失を計上している。損失額は最大で１５０億ドルに膨らむという。ロシア上空を迂回する航空会社が増えているものの（迂回で航空貨物は停滞する）[87]、ロシア上空域のリスクは急速に高まってきた。

続々とロシアを去る世界的有名ブランド

外　食

ウクライナ軍事侵攻でロシアの経営環境が急激に悪化した影響で、東西冷戦終結の象徴的存在だった米マクドナルドがロシア事業の売却に踏み切った(88)。ロシア撤退に伴う損失として最大で14億ドルを計上している。ロシア事業から手を引く理由として、「価値観が一致しない」からだとしている。

振り返ると、マクドナルドはソ連邦が崩壊する直前の1990年1月、モスクワ・プーシキン広場に第1号店をオープンした。寒空の下、西側の文化を憧れたモスクワっ子は数時間待ちとなる長蛇の行列に並び、当時、モスクワっ子には割高だったハンバーガーに群がった。

第1号店の内装は「ラテンアメリカ」、「西欧」、「北米」、「日本」という4つのコーナーに分かれていた。ロシア現地でテレビ広告を放送、ドライブスルーも導入された。マクドナルドは西側のファストチェーンとして初めてロシアに進出、西側世界のファストチェーンがロシア事業を手がける先例としての役割を果たした。

マクドナルドのロシア国内店舗数は850店に達し、6万2、000人の従業員に膨れ上がった。このうち2割弱は現地オーナーが運営するフランチャイズチェーン店舗である。ロシア、ウクライナでの事業は売上高の9％を生み出し、営業利益の3％を占めていた。第1号店のオープンから32年目の2022年、マクドナルド・ブランド「ゴールデンアーチ」のロゴはロシアから消えた。マクドナルドがロシアに戻ることはないだろう。

消費財企業では米スターバックス、米コカ・コーラも事業を停止している。驚くことに、消滅ブランドの空白を狙って、模倣ブランドがロシアに登場している。ロシアの飲料メーカー・オチャコボはコカ・コーラを模した「クールコーラ」、ファンタによく似た「ファンシー」、スプライトの配色を模した「ストリート」が店頭に並ぶ。他の飲料メーカーも「グリンク・コーラ」やソーダ「コミ・コーラ」を発売している。(89)

その後、マクドナルドの事業を引き継いだ新たなハンバーガーチェーン15店舗がブランド名やロゴを変更して、モスクワなどで再開店している。(90) 後継店のブランド名は「フクースナ・イ・トーチカ」で、ロシア語の「美味しい」と「それだけ」を組み合わせた店舗名となっている。

食品・飲料

欧州のビール大手もロシア撤退を決めている。オランダのハイネケン、デンマークのカールスバーグがロシア事業から撤退すると表明した。(91) カールスバーグはロシアビール大手バルティカに出資、ロシア事業の売上高は65億デンマーククローネと全体の9％を占めていた。8工場で8、400人の従業員を抱える。

「キットカット」などのブランド商品で知られる食品世界最大手ネスレ（スイス）はロシアでの販売を停止、食品・日用品大手の英ユニリーバもロシア向け輸出入を停止している。フランスの食品大手ダノンは乳製品・植物由来製品の生産工場を譲渡、関連事業を売却した。(92)

スポーツ用品・ファッション・家具

欧米ブランドのロシア退場はまだまだ続く。

米ナイキはロシア国内の店舗を一斉停止、通信販売も取り止めて、ロシア事業から完全撤退した。(93)

世界各国で店舗経営を展開するスウェーデンのカジュアル衣料大手ヘネス・アンド・マウリッツ（H&M）がロシア事業から撤退、(94)「ZARA」ブランドで知られるスペインのインディテックスも全店舗の営業とネット販売を停止したうえに、ロシア事業をアラブ首長国連邦（UAE）のダヘルグループに売却した。(95)

デンマークの大手玩具メーカー・レゴはロシア事業を無期限で停止している。ロシア現地で店舗運営する企業との契約を打ち切り、モスクワを拠点とする90人の従業員は解雇した。(96)

ロシアで1万5、000人の従業員を抱えるスウェーデンの家具世界最大手イケア（親会社はインカグループ）はロシア国内の4工場と家具在庫を売却、モスクワとベラルーシの首都ミンスクにあるオフィスを閉鎖した。(97)

通信・その他

通信分野ではフィンランドの通信機器大手ノキアがロシア事業から撤退、スウェーデンのエリクソンもロシア事業の無期限停止を決定した。(98)通信機器大手はアンテナやシステムなど携帯通信に必須の機器を通信企業に提供している。ノキアとエリクソンのロシア退場で中国の華為技術（ファーウェイ）やZTEの存在感が増すことになる。

ロシア事業からの撤退は欧米企業が先行する。[99] 中国製品を意識して、サムスン電子や現代自動車グループなど韓国勢はロシア撤退を躊躇するが、[100] 日本企業の対応も煮え切らない。

そのなかで、ロシアたばこ市場で37％のシェアを誇った日本たばこ産業（JT）がロシア事業から退却する方向に動いている。[101] JTはロシアで4、000人を雇用し、4ヵ所の工場を保有していた。たばこ大手では米フィリップ・モリス・インターナショナル、英ブリティッシュ・アメリカン・タバコも撤退する方針を表明している。ソニーグループはロシアでの音楽事業から撤退した。第一三共はロシアでの医薬品販売を中止した。[102]

日欧米ブランドが大挙してロシアから姿を消した。ロシア市民は外国ブランドのない質の低い生活に甘んじることになった。潤いのある市民生活を二度と再び取り戻すことはできない。先進的な医療関連の財・サービスが打ち切られたことで、ロシア国民の平均寿命も短くなるだろう。哀れである。

2 祖国を去る貴重な人材

急速な少子高齢化に直面するロシア社会

ソ連邦崩壊以降、ロシアでは一貫して出生数が死亡者数を下回って推移してきた。この傾向は現在進行中である。ロシアの人口規模は1億4、700万人。ジョージア（旧グルジア）軍事侵攻で南オセチア自治州とアブハジア自治共和国の住民がロシアに追加カウントされ、ウクライナ領クリミア半島を略奪したことで260万人がロシア総人口に組み込まれたものの、その後も人口は減少し続けている。[103]

米政府はウクライナからロシア側が90万～160万人を強制連行したと報告している。[104]ウクライナの占領地域ではロシアのパスポートが配布されている。ジュネーブ条約に違反する戦争犯罪となるが、ロシア政府は警告を無視するだろう。ウクライナからの強制移住者やパスポート新規配布数もロシアの人口としてカウントされている。

ロシアの人口学者によると、ロシアの人口は2035年までに1、200万人減少するという。[105]ロシアのGDPはイタリアや韓国を下回る。ロシアの国力低下は明らかに深刻の度を増している。ロシア社会は今、人口危機に直面しているのである。ウクライナ軍事侵攻では多くの兵士の命が失われた。言うまでもなく、犠牲となった兵士は皆、働き盛りの若者である。

プーチン大統領の愚かな戦争でロシア社会は貴重な人材喪失に直面する事態となった。[106]兵士だけでない。高度専門職や富裕層も祖国ロシアを見捨て、プーチン大統領と縁を切り、大挙してロシアを脱出している。

祖国ロシアを脱出する「頭脳」

ロシアのウクライナ軍事侵攻は反ロシア感情を国際的に高め、ロシアは世界の「嫌われ者」になった。それだけではない。軍事侵攻を支持しないロシア市民は黙ってロシアから去っている。二度と再びロシアの土は踏まない覚悟である。

経済成長に不可欠の高度人材の「頭脳流出」はロシア社会にとって中・長期的に致命傷となる。「頭脳流出」の規模は2022年2〜3月だけで30万人を突破している。[107] 同年9月に発令された「動員令」を契機に、少なくとも70万人がロシア国外に退避したとされる。高学歴、高収入の高度人材が続々とロシアを出国した。IT系技術者、コンサルタント、起業家などの人材流出は今に始まった事態ではない。[108] ロシアがクリミア半島を侵略した2014年以降、30万人以上の人口が毎年のようにロシアから流出してきた。

ロシアIT分野の人材は100万人程度とされるだけに、人材の国外流出はロシアIT産業にとって大打撃となる。ロシアでインターネット検索、ポータルサイトや配車サービスを手がける「ヤンデックス」は、ハイテク人材向けビザの取得が可能かをイスラエル当局に打診したという。[109] イスラエル側はロボット工学、航空工学、ナノテクノロジー関連の人材獲得に期待する。[110]

「ヤンデックス」は制裁対象企業でないが、アルカジー・ヴォロジ最高経営責任者（CEO）が制裁リスト含まれていることから辞任している。[111] 「ヤンデックス」は個人情報がロシア政府に流出することも懸念する。[112]

プーチン政権は産業基盤を整備しなかったうえに、中小企業も含め成長産業を育成できずにいる。最早、ロシア社会の構造問題となっている。雇用機会が増えず、若者は行き場を失う。ある調査によると、24歳以下で外国永住を希望するロシア市民の割合は5割に達するという。ロシア社会にとって、まさしく緊急事態である。プーチン大統領がウクライナ侵攻に執着する理由の一つでもある。

ロシア国外に流れ出た人材はUAEのドバイやイスラエル、ジョージア、アルメニア、トルコ、ウズベキスタンなど中央アジア諸国といったロシア周辺国に移住している。[113] ウクライナ侵攻直後はフィンランドに入国したロシア市民も大勢いる。[114]

ジョージアに移住したロシア市民は7万人を超え、1、200件のビジネスが産声を上げている。首都トビリシの不動産価格は2～3倍に急騰したという。ジョージア政府はEU加盟を標榜してきたが、今もって実現できていない。ウクライナとモルドバはEU加盟候補国としてEU当局に承認されたが、ジョージアは加盟候補国にもなっていない。これに対する反発であろうか。ジョージアは対ロシア経済・金融制裁を見送っている。その結果、ロシア市民の大量流入を招いた。アルメニアにも8万人のロシア市民が流入している。[115]

ただ、ジョージアでは反ロシア感情が高まり、ロシア市民の受け入れを拒絶するケースが多い。ロシア市民が続々と祖国から逃避した理由は、日欧米諸国による経済・金融制裁による経済的苦境から抜け出したいことや、反戦といった政治的信条にある。一旦、脱出したロシア市民が祖国に戻ることはない。

国外逃避するロシア富裕層

異変を即座に察知した新興財閥のオリガルヒは、所有するプライベートジェットで矢継ぎ早にロシアを出国した。その目的はもちろん、資産保全。ロシアの大富豪は国内外で巨万の富を保有する。経済・金融制裁が科される前、つまり没収される前に資産を確保しようと素早く動いた。

英国のロンドン、南フランスのニース、ラトビアのリガ、スイスのジュネーブ、ドバイなどにオリガルヒは巨額の資産を保有していた。ある調査の推計によると、プーチン大統領のインナーサークル

（取り巻き）に巣食う富裕層は2016年以降、英国内に累計で15億ポンドの資産を取得したという。[116]

2022年にロシアから国外に流出し、外国に定住する富裕層は1万5、000人に達すると予測する民間調査もある。[117]富裕層とは資産100万ドル以上を所有する資産家である。1万5、000人はロシア富裕層の15％に匹敵する。戦争被害が拡大しているウクライナでも、富裕層は4割減少すると予測されている。

日本、米国、英国、EU、台湾、韓国などの半導体大手はロシアへの半導体販売を全面的に停止した。半導体の多くを輸入に依存してきたロシアは、たちどころに「技術危機」に直面する事態となった。クラウド市場が拡大する今日、高性能の半導体が不足するとロシアのテクノロジー産業は窮地に陥る。情報化が進む世界からロシアだけが取り残されてしまうのである。[118]

ロシアからは外資系企業、高度専門職人材、富裕層がロシアを見限った。ロシアに戻ってくる可能性は皆無に等しい。外資系企業の撤退は資源エネルギー、ハイテク、金融機関、自動車製造、飲食など多岐の分野にわたる。[119]ロシアの経済社会は深刻な構造問題に苦しむことになる。ソ連邦時代に逆戻りすることはないかもしれない。だが、大混乱の近未来が待ち受けていることだけは確かである。

3　悲惨な状況に追い込まれたロシア産業

最大顧客・欧州市場を喪失したロシア石油産業

実質的にエネルギー共同体だったソ連邦圏は政治・外交的には空中分解したものの、ロシア産原油は中・東欧諸国に供給され続けてきた。「ドゥルージュバ（友好）原油幹線パイプライン」は中・東欧諸国の製油所と繋がっている。ベラルーシ、ポーランド、ドイツ、スロバキア、チェコ、ハンガリー、セルビア、クロアチアの製油所ではロシア産原油が精製されてきた。[120]

同時に、原油タンカーによってもロシア産原油は輸送される。タンカー輸送によるロシア産原油の輸出比率は中国が最も高い一方、オランダ、イタリア、ポーランド、フィンランド、リトアニア、ルーマニア、トルコ、ドイツ、ギリシャ、フランス、ブルガリア、英国など欧州各国にロシア産原油はタンカーで出荷されてきた。韓国、米国、日本もロシア産原油をタンカー輸送で受け入れてきた。

しかしながら、ロシアのウクライナ軍事侵攻を受けて、自由世界の多くの国は「血で赤く染まった」ロシア産原油を禁輸する方向に大きく舵を切った。ロシアの代表的な油種「ウラル原油」は国際指標となる欧州の北海ブレントよりも3割安く取引されるようになっている。[121]

ロシア産原油の需要が3割減少していることで割安となった。[122] 割安なロシア産原油を中国やインドが積極的に調達している。行き場を失ったロシアの原油タンカーは経済・金融制裁を科していない中国、インドなど新興国に吸い込まれていく。[123] 一部のロシア産原油はスワップ取引され、[124] また一部は「オイルロンダリング（石油洗浄）」されて新たな市場に向かう。ロシアは原油生産を調整して供給量を3割も減らしているものの、[125] 結果として、一時騒いだ原油逼迫による「石油危機」、「供給ショック」[126]には至っていない。

外資系石油大手はロシアから撤退した。掘削機器や運用サービスを提供していた資源開発サービス大手の米ベーカー・ヒューーズ、米ハリバートン、米シュルンベルジュといった世界3強もロシアから引き揚げた。[127] ロシアの油田は老朽化する一方となり、産油量は今後、減少の一途をたどる。早晩、「血塗られた」ロシア産原油は自由世界から姿を消す。

ロシア産原油の穴埋め作業は難事業である。[128] 原油輸出再開が期待されるベネズエラやイランはいずれも制裁対象国である。米シェールオイルの増産が急がれるが、環境問題との整合性が問われる。サウジアラビアやUAEの原油増産余力を維持するには、油田の老朽化を回避する必要がある。

世界貿易は資源エネルギー分野を中心に変質し、日欧米諸国を軸とする西側経済圏と中露を核とする東側経済圏へと世界経済は分断、ブロック化が進むことだろう。国際関係の新しい現実である。サプライチェーンの組み換えが一巡するまで、資源エネルギー価格は高止まりするかもしれない。だが、組み替え作業が進むにつれて、国際価格は落ち着き、平時に戻っていく。[129] 石油輸出国機構（OPEC）やロシアの国際原油市場に及ぼす影響力はやがて色褪せ、いわゆる「OPECプラス」産油国は原油価格支配力を失い、存在感を低下させていくことだろう。[130]

欧州市場から姿を消すロシア産天然ガス

ガスプロムは痛手を承知で、欧州各国に天然ガスの供給を大幅に絞り込んでいる。ドイツ政府はガスプロムのドイツ子会社「ガスプロム・ゲルマニア」を管理下に置き、政府系金融機関が融資、救済措置を講じる。[131]「ガスプロム・ゲルマニア」はドイツ最大の天然ガス事業企業であるだけに、ロシア政府が制裁対象とした経緯もあり、ドイツ政府は手厚く処遇する。ドイツの納税者は天然ガス供給の保障と税金投入の効果に関心を寄せる。[132]

原油と同様に、天然ガスもソ連邦時代から中・東欧諸国を中心に、「ヤマル欧州天然ガスパイプライン」など陸上パイプラインで欧州に供給されてきた。しかし、ウクライナ危機を境として、ロシアは反ロシアの急先鋒であるポーランド、ブルガリア、北欧のフィンランドなど欧州への天然ガス供給を停止した(133)。北大西洋条約機構（ＮＡＴＯ）加盟を決断したフィンランドに対しては、ロシアは送電も停止した(134)。

ドイツへの天然ガス供給量も激減している。ロシアからバルト海海底に敷設された天然ガスパイプライン「ノルドストリーム」の流量をロシアが制限していることが原因となって、天然ガス供給は停止同然となった(135)。ルーブル払いを拒否したことによるロシア側の報復である(136)。

ロシアは自ら最大となる欧州市場という「お得意先」と供給契約を打ち切っている。この先も新規契約が結ばれることはないだろう(137)。確かにロシア産天然ガスの供給途絶は欧州経済にとって重荷ではある(138)。しかしながら、欧州市場を失ったガスプロムにとっての痛みは想像を絶する。

財務状況が急激に悪化したことで、ガスプロムは配当金を支払えなくなった(139)。また、ロシア政府が外国取引所に預託証券を上場することを禁じたことを受けて、ガスプロムは外国での預託証券の上場廃止に追い込まれた。ズベルバンク、ガスプロム、ノバテックといったロシア主要企業の株価は外国証券取引所で大暴落、紙くずとなった(140)。ロシア企業は日欧米諸国など自由世界で資金調達する道が閉ざされている(141)。

ロシア産石炭の禁輸措置で消費国は代替先を模索、その結果、発電用のオーストラリア産石炭価格が急騰する場面があった(142)。日本企業はオーストラリア産に加えて、インドネシア産石炭に切り替えている。[143]同様に、原油や天然ガスの国際価格も乱高下する。そのなかで欧州各国はロシア産天然ガスの代替調達先の確保を急ぐ。

ロシア産天然ガスに4割を依存するイタリアは、北アフリカのアルジェリアと天然ガスの供給拡大で合意、イタリア石油天然ガス大手エニ（ENI）がアルジェリア国営炭化水素公社（ソナトラック）と契約を結んだ。[144]バルト3国の一角を占めるリトアニアはロシアからの天然ガス輸入を停止した。

ドイツはLNG生産輸出国のカタールと長期契約を締結している。ドイツはまた、アルジェリア産の天然ガスを調達すべく、フランスとスペインとを結ぶパイプラインの新規敷設計画を提起した。この天然ガスパイプラインが完成すれば、スペイン、ポルトガルからLNGを調達する道も開ける。[145]

欧州諸国がロシアからパイプライン経由で調達してきた天然ガス輸入量は2021年実績で1、550億立方メートルにのぼる。[146]LNGに換算すると、1億1、000万トンである。[147]世界LNG貿易量は3億7、000万トン（2021年実績）であるから、ロシア産の天然ガスをLNGに置き換えることはきわめて困難な作業となる。

それでも米国からのLNG輸入を増やす（実際、米国産LNG輸入は急増している）、ノルウェー産天然ガスを確保する、アゼルバイジャン産やトルクメニスタン産などカスピ海沿岸諸国からの天然ガスを調達する、地中海に眠る天然ガス田から供給する、など代替の方策は複数ある。トルコは地中海海底天然ガス田開発を急ぐべく、外交方針を急転換、イスラエルとの外交正常化に舵を切った。莫大な時間とコストを要するが、欧州諸国は最後までなし遂げる必要がある。そうでないと「悪魔の国ロシア」と縁は切れない。

中国とインドは「救世主」になるか

ロシア産原油

買い手が減り、割安となったロシア産原油に中国とインドが群がる。

インド商工省によると、ロシア産原油をスポット市場で購入したことで、ロシアからの原油輸入量は2022年4月に日量39万バレルとなった[148]。同年5月で日量65万バレル、同年6月で同100万バレルと膨張し続け、過去最高規模に達した。2021年1ヵ月平均の原油輸入量は日量9万バレルに過ぎなかった。急増していることがわかる。

2022年4月初旬に実施されたインド・ロシア外相会談でロシア側はインドの通貨ルピーを貿易決済に利用する方針を示していた[149]。資本流出、貿易赤字、米ドル高によるルピー安でインフレが高進し、インド経済への打撃となっている[150]。それゆえにルピー建ての決済はインドにとっては好都合である。一方のロシア側はルピーでインド産財・サービスを輸入できる。

インドは石油消費大国だが、インドで精製された石油製品が米欧諸国に流れているとの指摘もある。インド財閥企業リライアンス・インダストリーズの旗艦製油所などでロシア産原油が精製されて、欧米諸国に輸出されているという[151]。これは典型的な「オイルロンダリング」である。

ロシア産原油は中国に陸上パイプラインで供給されてきた。シベリア産の原油が中国北部に届けられる。これに加えて、原油需要の7割を外国に依存する中国はインドのように、タンカー輸送によるロシア産原油の輸入を増やしている。原油のタンカー輸送が急増したことで、運賃は上昇傾向にある。

タンカー輸送のロシア産原油は「ウラル原油」ではなく、「東シベリア太平洋原油パイプライン（E

SPO)」で送油される「ESPO原油」である。「ウラル原油」は重質油だが、「ESPO原油」は軽質油である。「ESPO原油」はロシア極東のコズミノ港から出荷される。原油貿易の決済通貨は人民元である。ロシアは中国製品を人民元で輸入できる。[152]

中国は2022年5月に日量198万バレルのロシア産原油を輸入した。対前年同月比では55%増である。ロシア産原油は中国原油輸入全体の2割に及び、サウジアラビア産を抜いて、ロシアが原油輸入国トップに躍り出た(ロシア産841万トン、サウジアラビア産781万トン)[153]。

また、中国企業は日欧米企業の空白を狙って、ロシアビジネスに熱を入れ、事業拡大に走っている。[154] 中国北部の黒龍江省黒河とアムール川対岸のロシア極東アムール州ブラゴベシチェンスクを結ぶ自動車橋が2022年6月上旬に完成。[155] 中露国境貿易をはじめ、ロシアと中国との経済関係がより一層、深まると思われる。

対中国輸出で得た人民元を有効利用して、ロシアは中国から資本財、日用品を調達するようになった。ウクライナ軍事侵攻を契機に、ロシアの対中国輸入は停滞したものの、2022年7月には増加に転じている(対前年同月比2割増)。パソコンなど一般機械は20%増、自動車部品など輸送機械も43%増を記録した。スマートフォンなど電気機械も大幅に増えている。化学製品は3倍、ゴム製品は2倍に急増している。[156] ただ、こうした人民元建て貿易が持続するかどうかは見通せない。

ロシア産天然ガス

中国は陸上パイプライン「シベリアの力」でロシア・東シベリア産天然ガスを調達してきた。価格交渉が折り合わず、当初の予定よりも遅れたが、「シベリアの力」は２０１９年にようやく稼動し、天然ガスの年間輸送能力は３８０億立方メートルである。ロシアから中国に天然ガスが直送されるルートである。

この「シベリアの力」に加えて、今、「シベリアの力２」（総延長２、６００キロメートル）の建設プロジェクトが具体化されている。西シベリアと東シベリアの天然ガスをモンゴル経由で中国に供給する壮大な構想である。年間５００億立方メートルのロシア産天然ガスが中国に供給される予定となっている。モンゴルには通過料収入が舞い込むことになる。(157)

さらにサハリンからロシア極東を経て中国に供給する、天然ガス陸上パイプラインの建設工事の準備が進められている。この新規パイプラインでサハリン産天然ガスが年間１００億立方メートル追加供給される。ロシア・シベリアから新疆ウイグル自治区を通過する「アルタイ・パイプライン」計画もある。天然ガスの輸入依存度が46％の中国はロシア産天然ガス調達ルートの多様化を急ぐ。(158)

ロシアにとっても中国は欧州市場に代わる有力な天然ガス輸出市場となる。ただ、失った欧州市場のすべてを中国だけで賄うことはできない。送ガス能力は実際の天然ガス供給量を示すものではない。あくまでも最大能力ということだけである。

実は、「シベリアの力」はまだ完成に至っていない。最終到着地点は上海市であるが、河北省までしか繋がっていない。上海市にまで到達し、完成するのは２０２５年まで待たなければならない。「シベリアの力」の中国国内の配管計画は3、３００キロメートルに達する。(159)

また、「シベリアの力２」の建設着工は早くても２０２４年以降、稼動は２０３０年以降となる。(160)

そもそも欧州向けのパイプラインを中国向けに切り替えるためには、巨額の資金と時間が必要となる。中露両国の経済力から考えると、不可能である。

中国、インドに加えて中東新興国のトルコもロシア産原油を追加で調達している（2022年5月実績で日量10万バレル増）[161]。資源エネルギーを輸入に依存するトルコは、黒海海底に敷設されたパイプラインでロシア産天然ガスを間断なく輸入してきた。トルコも中国、インドと同様に、対ロシア経済・金融制裁に参加していない。それゆえにロシア市場の新規開拓に熱心で、2022年5～7月期の対ロシア輸出額は対前年同期比で4割以上も増えている[162]。

とはいえ、中国もインドもトルコも産業基盤が脆弱な新興国である。プーチン大統領は天然ガス輸出ルートの多様化を急ぐ構えだが[163]、実現するのはきわめて困難である。新興国市場を開拓しても、日欧米諸国に取って代わるには力不足である。天然ガスはロシア国内に滞留し、生産調整は避けられない。自由世界が科す経済・金融制裁が効き始めるには一定の時間が必要となる。しかし、新興国だけで自由世界の空白を埋められない以上、必ずや制裁はロシア経済を蝕んでいく。

ロシアは液化石油ガス（LPG）を値引きして、アフガニスタンやパキスタンに輸出するようになった[164]。LPGは家庭の利用が多く、プロパンは主として都市ガスが普及していない地域で給湯や暖房に使われる[165]。

制裁が科されているイランはアフガニスタン、パキスタンに加えて、イラク、トルコ、アゼルバイジャンにLPGを輸出する。ロシアの安値売りはイラン産LPGにとっての圧力となる。値引き競争はロシア、イラン双方の体力を消耗させる。

世界経済の不都合な現実：国際商品大国ロシア

非鉄金属・希少金属（レアメタル）

ロシアのアルミニウム大手ルースアル（ルサール、ロシアのアルミの意）は中国勢を除くと、世界最大のアルミニウム生産企業である。２０２１年には３７６万トンのアルミニウムを生産、世界全体の５・６％のシェアを誇った。スイスにあるルースアル子会社が輸出入を担当し、欧州、日本、米国などに輸出してきた。[166]

アルミニウムを生産するには電力を大量に消費する。そのため電気料金の高い国で生産するよりも、ロシアといった電気料金が安価な国で生産するほうが効率は良い。ウクライナ危機当初、供給不安から国際指標となるロンドン金属取引所（ＬＭＥ）のアルミニウム３ヵ月先物価格が急騰、その後も乱高下を繰り返したが、価格は落ち着いてきている。

このＬＭＥはロシア産非鉄金属の新規受け入れを禁止することを検討している。[167]ＬＭＥの現物受け渡しにロシア産を使えなくなる。いわばＬＭＥによる対ロシア制裁である。ただ、ロシア産非鉄金属の多くはＬＭＥを介さずに売買されている。それでもＬＭＥは価格形成に絶大な威力を発揮する。

脱炭素の鍵となる電気自動車（ＥＶ）生産の場合、車体の軽量化に大量のアルミニウムを必要とする。ロシア産アルミニウムの輸出が停滞すると、間違いなく自動車のサプライチェーン（供給網）は混乱する。

その一方で、ロシアはアルミナ（酸化アルミニウム）需要の６割強を輸入に依存する。[168]アルミ地金は鉱石のボーキサイトから精製したアルミナを電気分解してつくる。ルースアルは英豪資源大手リオティントとオーストラリアでアルミナを合弁生産する。ところが、オーストラリア政府はアルミナ、ボーキサイトなどアルミ原料の対ロシア輸出を禁止した。また、ルースアルはウクライナにアルミナ工場を保有するが、ロシアの武力侵攻で生産は停止されている。ちなみにインドも世界有数のアルミニウム一大供給国である。

銅の用途は幅広い。「ドクターカッパー」という言葉が物語るように、銅の値動きは景気の先行きを見通す際に重宝される。銅価格が低迷するときは景気先行き不安を示している。景気動向の指標となる銅の生産でロシアの世界シェアは3・5%である。

ロシアの世界シェアが9・3%に及ぶ希少金属のニッケルはステンレスやEVの電池材などに使われる。(169) ニッケル価格の上昇はステンレス鋼版やEVの値上げに波及する。(170) EV総コストの3分の1を電池が占める。(171) リチウムの主産地はオーストラリアや南米であるが、炭酸リチウムは電池材に使われる。レアアース(希土類)はEVなどのモーター磁石に使われる。ネジウムは高性能磁石の原料となる。

ロシアのニッケル、パラジウム生産大手ノリリスク・ニッケルはロシア新興財閥の一角を占め、ロシアを代表するオリガルヒ、ポターニン氏が率いる。このノリリスク・ニッケルがルースアルと合併交渉に乗り出している。対ロシア経済・金融制裁で体力が消耗するなか、合併交渉がまとまれば、600億ドルの市場価値となる「ロシア金属チャンピオン」が誕生する。(172)

リチウムイオン電池の正極材に使われる水酸化リチウム生産のロシア世界シェアは6%、航空機の機体やエンジンの部品、腕時計、人工関節などに使われるチタンでは4割超、精密機械製造などに使われるヘリウムでは3%、半導体製造の光源に使われるクリプトン(希ガス)ではロシア・ウクライ

ナ合計で8割と、希少資源におけるロシアの影響力は大きい。(173)

貴金属

ガソリン車などの排ガス浄化触媒に使用される白金族貴金属のパラジウム。ロシアのパラジウム生産世界シェアは42・8％に達する。ロシア産パラジウムの存在価値はきわめて高い。パラジウムは歯科用合金や半導体用のメッキにも使われる。白金やニッケルの副産物であるために産出量は少ない。

日本のパラジウム輸入先は南アフリカ（48％）、ロシア（35％）、米国（6％）、ベルギー（3％）、その他（8％）となっている（2021年実績）(174)。日本は50・6トンのパラジウムを輸入したが、ロシアから多くのパラジウムを輸入してきたことがわかる。

プラチナは主としてディーゼル車などの排ガス浄化に使うが、パラジウムの代替としてプラチナが珍重される。(175)プラチナは宝飾用にも使用されるが、産業向けが圧倒的に多い。プラチナ生産のロシア世界シェアも14・2％と大きい。ロシアは白金生産で南アフリカに次いで世界第2位である。

英国は2022年5月にロシア産白金、パラジウムの輸入関税を引き上げる方針を発表している。(176)また、欧州貴金属業界団体のロンドン・プラチナ・パラジウム・マーケット（LPPM）はウクライナ軍事侵攻への制裁として、ロシア産のパラジウムと白金を認定リストから除外した。(177)

ロシアには安全資産・金（ゴールド）も埋蔵される。金世界生産ではロシアが1割前後を占有する。(178)

4　経済・金融制裁で疲弊するロシア経済

虚構の経済回復

ウクライナ軍事侵攻直後、株安・通貨安・債券安の「トリプル安」に見舞われたロシア経済であったが、[179] 表面的には回復基調にある。ルーブル安を食い止めるために、ロシア中央銀行は政策金利を一気に引き上げ、年20％とした。

しかし、国外送金や外貨引き出し制限、輸出企業の外貨収入へのルーブル両替義務づけといった資本規制でルーブル相場が落ち着いたことで、段階的に政策金利を引き下げ、現行では年7・5％とウクライナ侵攻以前を下回る水準に戻っている。金融機関の低迷する貸し出しベースなどを利下げで緩和する思惑がある。

ルーブル高がロシア経済にとって好ましいわけではない。通貨高誘導は輸入インフレを阻止するには有効な手段だが、資源エネルギー収入はルーブル高で目減りしてしまう。ルーブル暴落を避ける必要はあるものの、今のロシア経済社会にとって通貨高のメリットは乏しい。

ただ、現行の金利水準では悪性の物価上昇（2022年7月15日時点の年間予測で15・5％）[180] を抑制することは難しい。インフレが市民生活にとっての重石である事態は改善しない。つまり財政出動が不可能なロシアの場合、政策金利の果たす役割は本来と異なっているということなのである。[181]

国営ロシア鉄道が発行する債券は国際スワップ・デリバティブズ協会（ISDA）によってデフォルト（債務不履行）認定された。ロシア国債は発行停止を余儀なくされている。ロシアのシルアノフ財務相は借り入れコストが天文学的になるため、国債発行の意味がないと説明している。[182]

正確な経済統計数値が公表されておらず、ロシア経済の先行きを見通すことは難しいが、マイナス成長に転落することは間違いがない。世界銀行、国際通貨基金（ＩＭＦ）、ロシア中央銀行はロシア経済の成長率を予想しているものの、的中するとは思われない。[183] ロシア経済を取り巻くさまざまな要因が刻一刻と変化し続けているからである。国際物流網から排除されるなどロシア経済がグローバル経済から孤立している以上、[184] 健全な状況への回帰は不可能である。[185]

ロシア市場からは高級品が姿を消している。外国のスーパーブランドはロシア国内のブティックをすべて閉鎖した。ロシア市民は最早、最新モデルのブランド商品や化粧品には接触できない。[186] 世界各地で人気のある、ドイツのメルセデス・ベンツなど日欧米諸国の外資系自動車メーカーが発売する新車は入手困難となった。[187] 日欧米製中古車の価格も鰻登りの急騰を演じている。

スマートフォンでも人気の米アップルの「ｉＰｈｏｎｅ」やノートパソコンは入手できず、「悪かろう、安かろう」との定評がある中国製に取って代わっている。武器・兵器からオフィス用品に至る深刻な「モノ不足」を中国製やロシア国産で補う構図である。ロシア市民は中国製で我慢しなければならない。[188]

ロシア経済は「戦時下」にあるため、市民は金やダイヤモンドを購入し、自己防衛に奔走している。外国のＳＮＳ（交流サイト）が制限され、利用者は規制の厳しいロシア版ＳＮＳに移行せざるを得なくなっている。[189] 市民生活の負担が増し、食料品や日用品の「万引き」が横行しているという。[190] 失業率の上昇と相まって（２０２２年２月で４・１％、２０２２年末には７％へ悪化の見通し）[191]、治安が悪化する恐れもある。

2桁の物価上昇で生活費に窮するロシア国民の不満が高まっていることから、プーチン大統領は最低賃金の10％引き上げ（月額で1万5、278ルーブルに）、年金増額を実施している。[192] 社会福祉予算として2022年に6、000億ルーブルが組まれているとシルアノフ財務相は述べている。[193]

ロシア市民の本音

ウクライナ侵攻直後、ロシアでの反戦デモが話題となったが、治安当局による厳しい取り締まりもあって反政府キャンペーンは広がっていない。とはいえ、ロシア市民が取り締まりや統制強化を恐れて息を潜めているのかと言うと、必ずしもそうではない。

若い世代は相対的に戦争反対の姿勢だが、ロシア市民全体として「プーチンの戦争」を支持している。[194] ただ、苦戦するロシア軍の姿を目の当たりにするようになったロシア市民は「動員令」を契機に、戦争が他人事ではなくなったと痛感するようになった。停戦を支持する声がにわかに大きくなりつつある。

経済・金融制裁は日欧米の陰謀だと吹聴するなど、政治的プロパガンダ（印象操作）の効果は軽視できないが、[195] ロシア市民の大半がウクライナとロシア、ウクライナ国民とロシア国民を同一視する。ロシア国民のウクライナ、ウクライナ国民蔑視姿勢は強い。結果として、急落したとはいえ、プーチン大統領の支持率も相変わらず高い。

ロシア正教会もプーチン政権を支える。ロシア正教会はモスクワ総主教庁が監督する。ロシア正教会のキリル総主教はプーチン政権下での団結を国民に訴え、ウクライナ軍事侵攻に正統性を付与する。キリル総主教はスラブ民族と正教の下で領土を再統一すると主張、プーチン大統領に寄り添う。当然のことながら、激怒したウクライナ正教会はロシア正教会と断絶した。(196)

5　内部崩壊に向かうプーチン帝国

ロシア敗戦のシナリオ

合同軍事演習を繰り返し、軍事の相互運用を拡大して、蜜月関係を強調するロシアと中国。(197)しかし、この2国間関係に変調が生じている。確かに中国人民軍はロシアの赤軍をモデルとして鍛えられてきた。中国は多額の武器・兵器をロシアから調達して、防衛力を強化してきた。しかし、2000年代半ばをピークとして、中国のロシア製武器・兵器輸入は減少している。さらに中国の防衛費はロシアの3倍以上に拡大した。(198)立場が逆転し、ロシアが中国の軍事的脅威を意識するに至っている。

それでもプーチン大統領は北京にひるまない。プーチン大統領が北京冬季五輪・パラリンピック開会式に出席した際、習近平国家主席と会談したが、ウクライナ軍事侵攻計画について詳細には報告しなかった。中国指導部を信用していないからである。習主席もプーチン大統領の本心を判読できなかった。ホワイトハウス（米大統領府）は侵攻計画の詳細を見抜いていたが、中国指導部は判断を誤り、無能さを露呈してしまった。

ロシア軍はウクライナで民間施設、民間人への無差別破壊・攻撃を重ねる。残虐さはナチス・ドイツと変わらない、否、それ以上である。次世代重量級大陸間弾道ミサイル（ＩＣＢＭ）「サルマト」の試射や飛び地カリーニングラード州空軍基地に極超音速ミサイル「キンジャル」を装備したミグ31戦闘機3機を配備するなど、(199) 欧米を執拗に威嚇する。だが、国際法廷がプーチン大統領を裁けるかどうかはともかくも、プーチン大統領のウクライナ軍事侵攻作戦は失敗し、ロシア軍は敗走することになるだろう。

しかし、プーチン大統領が敗北を認めることはない。おそらくはアンカラか北京に停戦の仲介を求めるだろう。弱体化したロシアは自由世界だけにとどまらず、トルコにとっても中国にとっても好ましい。

機能しない弱小連合

中国、ロシアが加盟するＢＲＩＣＳも上海協力機構（ＳＣＯ）も多国間協議の枠組みである。政治的にも経済的にも世界を牽引できる具体的な能力を備え合わせていない。美辞麗句に彩られた合意文書には実質的な意味はなく、実行力が伴わない。

中米ニカラグアのオルテガ政権はロシア軍の駐留を認める。(200) キューバもベネズエラも対ロシア関係を重要視する。東南アジアのベトナムはロシアの伝統的な友好国である。付言すれば、北朝鮮もロシアの友好国である。

ところが、権威主義国家、強権国家は一致団結できない。損得勘定のみで繋がっているからである。協力関係が機能しない以上、束になって対抗しても民主主義陣営には太刀打ちできない。

日欧米諸国はウクライナ軍事侵攻に反発して、ロシアの外交官・スパイを国外追放した。追放されたロシア外交官・スパイは、どうやら永世中立国スイスに逃げ込んでいるようだ。スイス連邦情報庁（ＦＩＳ）はロシアによるスパイ活動がスイス国内、ことにジュネーブで活発化していると報告した。[201]ＦＩＳはスイスで活動するロシア外交官の４人に１人はスパイだと推定する。

日欧米諸国が警戒するのはロシアだけでない。中国を含めた強権国家すべてに警戒の眼を向ける。プーチン大統領はソ連邦時代の国家保安委員会（ＫＧＢ）出身である。いわばプロフェッショナルのスパイ、工作員だ。プーチン大統領はスパイとしての発想しか持ち合わせていない。プーチン大統領は時代錯誤の全体主義に埋没している。近未来を描けない。

プーチン大統領の軍事目標はウクライナ制覇・支配にある。しかし、軍事目標を達成するための具体的な戦略、戦術、作戦を描けない。ゆえに前線の兵士と戦争の目的を共有できない。ロシア軍兵士の士気が低く、戦線離脱が目立つゆえんである。進軍と退軍を繰り返して、無闇に戦闘を長引かせているだけである。プーチン大統領はスパイであって、最高指揮官になれない。これがプーチン大統領の現実であり、限界である。

独裁者・皇帝プーチンの末路

戦争のプロであれば、最高司令官プーチンの戦術を酷評するに違いない。ロシア政府要人、プーチン・インナーサークルのオリガルヒはロシア軍の敗戦後を見据えていることだろう。シロビキ（治安機関）、軍部はハードパワーを持つ。

ネット上の反政府キャンペーンがプーチン政権を転覆に追い込むことはできない。実態のある真のリーダー、武力が欠落しているからだ。一方、治安機関、軍部は武器・兵器を保有する。銃口をプーチン大統領に向けることができる。プーチン大統領の最側近は毒殺できる距離にいる。

仮にシロビキ、軍部、最側近がウクライナ侵攻の失敗を憂慮しているとすれば、プーチン大統領なきロシアの実現を目指すだろう。だが、プーチンなきロシアが民主主義に傾くことはない。ロシアが日欧米流の民主国家に生まれ変わることは絶対にない。プーチンなきロシアも強権国家なのである。

Ⅳ　ウクライナ社会再建の課題

1　ロシアのウクライナ軍事侵攻を検証する

ロシア軍の敗戦が濃厚となった戦況

共産主義国家だったソ連邦が崩壊する直前の1991年8月24日、ウクライナは独立し、共産主義、ソ連邦との決別を誓った。それから31年後の2022年2月24日、失ったウクライナを奪還しようと、ロシアは独立国家ウクライナに軍事侵攻した。しかし、侵攻初日から数えて10ヵ月後、ロシアのプーチン大統領が軍事目標とするウクライナ制圧は失敗する様相を呈している。

ロシア軍は侵略作戦当初、ウクライナを北方面、東方面、南方面から同時に攻め、首都キーウ（キエフ）を攻略し、ウクライナのゼレンスキー政権を転覆することを目論んだ。しかし、キーウ攻略、ゼレンスキー政権転覆のいずれも達成できず、やむなく退散。兵力をウクライナ東部に集中させた。

ところが、ウクライナに高性能の欧米製武器・兵器が届けられるにつれて、ロシア軍はウクライナ東部でも劣勢に追い込まれていく。仕方なく、ロシア軍はウクライナ南部の黒海や2014年に強制併合したウクライナ領クリミア半島からのミサイル攻撃を多用するようになった。それでも、反転攻勢できず、戦況は膠着状態に陥る。ウクライナ軍はロシア側が強引に進める「ロシア化」を阻止すべく、猛攻撃に打って出ている。(1)

防衛省が２０２２年7月に公表した『２０２２年防衛白書』はロシア軍の「敗因」として三つの分野、すなわち作戦、指揮統制、ハイブリッド戦にあると指摘する。(2)

作戦面では、ミサイル攻撃を徹底しなかった点が挙げられている。ロシア軍はウクライナ軍の防空システムや戦闘機などの航空戦力を徹底的に破壊しないまま、地上侵攻に突入。ウクライナ軍の攻撃力を楽観的に見通し、その結果、反撃され、退散を余儀なくされた。

指揮統制面では、ロシア軍は地上軍と航空宇宙軍との間で連携できておらず、一元的指揮が欠如していた。この指揮統制の乱れにより、地上部隊の分散や逐次投入を招いてしまった。ロシア軍だけでなく、国家親衛隊、連邦保安庁（ＦＳＢ）なども途中参戦し、指揮統制の混乱を助長した。

ハイブリッド戦の面でもロシア側は常に劣勢に立たされた。軍事侵攻以前から米国や英国がインテリジェンス（諜報活動）情報を開示、ロシア軍の企図がウクライナ軍に漏れていた。ウクライナ軍がロシア軍の手の内を的確に把握できたことで、ロシア側の偽情報流布は通用しなかったのである。

防衛白書はロシア極東地域に配備されている核ミサイルの脅威についても警鐘を鳴らす。ロシア軍は極東地域に兵力8万人、艦船２６０隻、作戦機３２０機を展開する。(3) 巡航ミサイル「カリブル」を搭載する新型フリゲート艦はロシア太平洋艦隊の拠点ウラジオストクに配備されている。太平洋艦隊は原子力潜水艦13隻を保有、オホーツク海を中心とする海域には弾道ミサイル搭載原子力潜水艦（ＳＳＢＮ）３隻も配備される。

ロシアは米国と同盟国・日本とを同一視する。極東地域に配備、展開されるロシア軍は日本列島と駐留米軍を標的とする。北朝鮮の核ミサイルも日本を標的に据える。ロシアと中国は合同軍事演習を頻繁に実施している。日本列島はロシア、北朝鮮、中国の軍事的脅威に包囲されている。

ウクライナ有事が台湾有事を誘引し、尖閣諸島有事に発展することが声高に叫ばれるが、日本列島は直接的な脅威に晒されていることに留意すべきである。日本は一刻も早く防衛力を強化する必要に迫られている。

果敢に攻めるウクライナ軍

疲弊する一方のロシア軍にウクライナ軍は総攻撃を仕かけた。プーチン大統領が「聖なる地」と呼ぶクリミア半島を攻撃、ロシア軍が生命線とする武器・兵器・弾薬、食料の補給ルートを断ち、出撃拠点を無力化することにウクライナ軍は集中した。

ウクライナ軍はクリミア半島にある弾薬庫などロシア軍の施設、変電所を相次いで爆撃し破壊。(4) ロシア側はクリミア半島攻撃に「破壊工作」だと猛反発したが、(5) 弱体化したロシア軍にはなす術がない。

ウクライナ軍によるロシア軍殲滅作戦は、最前線部隊の前進を阻むと同時に、後続の第2、第3の部隊も長距離攻撃で無力化し、敵部隊を孤立に追い込み、粉砕するものである。(6) これは北大西洋条約機構（ＮＡＴＯ）軍が想定する対ロシア軍攻撃を模倣している。つまりウクライナ軍はＮＡＴＯ軍から「戦う方法」を学習しているのである。

10万人におよぶ兵力を死傷で失い、敗戦の危機に直面するプーチン大統領は、ロシア軍の兵員を13％増となる13万7、０００人増やして、兵力の定員を１１５万人に増強すると明言したが、虚しく響く。(7) 予備役の投入にも踏み切ったものの、戦局の打開には繋がっていない。

新鋭の武器・兵器が欧米諸国から潤沢に供与されるウクライナ軍とは対照的に、ロシア軍側は兵士だけでなく、武器・兵器も喪失している。武器・兵器を新たに製造するにしても、眼前の戦争には間に合わない。否、部品不足に苦悩するロシアは武器・兵器を製造できない。修理することもメンテナンスすることもできない。ロシア軍は戦力を日々消耗しているだけなのである。

ロシアでは半導体の国産化が極度に遅れている。ウクライナ侵攻以前、ロシアは半導体の製造を世界最大のファウンドリー（受託生産）企業、台湾積体電路製造（ＴＳＭＣ）に委託していた。しかし、ＴＳＭＣはウクライナ侵攻を受けて、ロシア向けの生産、出荷を全面停止した。ロシアは半導体の追加供給を中国に依頼した模様だが、明らかに制裁違反である。

中露貿易では決済をロシアの通貨ルーブルと中国の人民元による貿易決済に切り替えている。[8] 国際決済手段を失ったロシアの苦肉の策だが、貿易の実態は「物々交換」に過ぎない。やがては縮小均衡の道をたどるだろう。ロシアが中国に対する依存度を高めてしまうと、中露間の上下関係は固定化してしまう。[9]

トルコはロシア産天然ガスを黒海海底に敷設されたパイプラインで大量に輸入してきた。また、ロシア産の武器・兵器も購入している。加えて、トルコにはロシア国営原子力独占体ロスアトムが原子力発電所を建設する。トルコとロシアの関係は重層的である。そしてここにきて、トルコは輸入するロシア産天然ガスの支払いをルーブルで支払うことになった。トルコは誤った金融政策で通貨トルコリラが暴落、外貨不足に直面する。外貨が不要な貿易取引はトルコにとってもメリットがある。[10]

切羽詰ったロシアは制裁対象国のイランから軍用ドローンを大量に調達した。だが、早くも不具合が発生している。死と向き合う戦場で武器・兵器に不具合が頻発するようでは、劣勢を挽回することは不可能である。

深刻な武器・兵器・弾薬の供給不足に直面するロシアは恥ずべきことに、「ならず者」国家のシリアや北朝鮮からも緊急調達している。北朝鮮からは数百万発におよぶロケット弾や砲弾を購入しているという。[11]その見返りは朝鮮半島有事の際、ロシアから確実に支援を得ることである。[12]

ロシアの軍需産業が想定外の戦争長期化に翻弄され、武器・兵器・弾薬の生産増に対応できていないことがわかる。武器・兵器・弾薬の供給という基本中の基本がロシア軍の「急所」となっている。

ロシアを軸に中国、シリア、イラン、北朝鮮が結託している。しかし、弱小国家同士の企みは所詮、「傷の舐め合い」である。建設的な連携ではない。早晩、行き詰ることは間違いがない。

クレムリン（ロシア大統領府）はウクライナ侵略を皮切りとして、モルドバ東部に広がる親ロシア派支配地域の沿ドニエストル地方も勢力下に収める魂胆だったに違いない。だが、ロシア軍は最早、大規模に攻撃する能力を喪失している。ＮＡＴＯと対峙することは不可能となった。

卑怯なロシア軍の「危険な賭け」

ウクライナ軍は米国から提供された、射程が長い高機動ロケット砲システム「ハイマース」を有効利用する。[13]ロシア軍と違って、ウクライナ軍の軍事作戦は洗練されていて巧妙である。米英から提供された軍事情報を活用できている。ただ、ロシア軍はウクライナ南部にあるザポリージャ原子力発電所を軍事拠点に仕立て上げて、ウクライナを攻撃する。紛れもない戦争犯罪である。ザポリージャ原

発の安全確保は喫緊の課題となっている。(14)

安全性を懸念する国際原子力機関（IAEA）は急遽、調査団を現地に派遣、ザポリージャ原発の炉心溶融（メルトダウン）を防ぐための措置を講じた。調査団は原発施設の損傷、安全システムの稼働状況、職員の労働環境などについて調べた。

ザポリージャ原発はウクライナ国内総電力の2割を担う。IAEAのグロッシ事務局長は調査団の専門家2人を常駐させると表明している。(15)ザポリージャ原発とその周辺を「安全保護地帯」にするようIAEAは訴え、国連のグテレス事務総長も「非武装地帯」の合意確保が必要だと述べたが、ロシア側が反対している。(16)

クリミア半島のセバストポリにはロシア黒海艦隊の基地や司令部がある。ウクライナ軍精鋭部隊の攻撃で黒海艦隊の戦闘機は損傷、航空戦力を半減させている。黒海艦隊はクリミア半島に二十数機で編成される二つの航空部隊を持つ。クリミア半島にはさらに二つの航空基地がある。

黒海艦隊の旗艦「モスクワ」がウクライナ軍の対艦ミサイル「ネプチューン」で撃沈され、黒海海底に沈没した。これを契機にロシア側の制海権は弱まった。イーゴリ・オシポフ黒海艦隊司令官は失脚、後任にビクトル・ソコロフ副司令官が就任している。(17)

ウクライナを軍事的に支える欧米諸国

欧州諸国ではウクライナ支援疲れが目立つものの、米国や英国は間断なく計画的にウクライナを全面支援する。欧州各国がウクライナに大量の武器・兵器を供与、在庫は乏しくなっている。そこで、欧州連合（ＥＵ）は武器・兵器を共同で調達することに加え、開発・生産でも連携する。[18] 欧州諸国の軍事関連企業内には米国軍需企業だけが潤うとの不満が充満しているという。[19]

米国防総省（ペンタゴン）は２０２２年8月19日、ウクライナ軍に対する7億7、５００万ドルに及ぶ追加の軍事支援を公表した。[20]「ハイマース」のほかに、無人偵察機「スキャンイーグル」15機の供与が決定された。その直前にはバイデン米政権はウクライナ南部防衛のために、10億ドルの追加軍事支援を表明していた。[21] その直後にも29億８、０００万ドル相当規模の武器・兵器を供与すると明らかにしている。[22] ここには配備までに数年かかる武器・兵器も含まれており、ワシントンが長期戦を見据えていることがわかる。

さらにブリンケン米国務長官は２０２２年9月8日、キーウを予告なしに訪問、ウクライナや欧州諸国に28億ドル規模の追加軍事支援を実施すると発表した。ウクライナには6億7、５００万ドル相当の武器・兵器を供与する。榴弾砲、弾薬も含まれる。これとは別にウクライナと欧州諸国向けに22億ドルの軍事支援も付与する。[23]

一方、英国のジョンソン元首相は２０２２年8月24日にキーウを電撃訪問、５、４００万ポンド相当の追加軍事支援を表明した。英国の対ウクライナ軍事・経済支援総額は23億ポンドにのぼる。[24]

ウクライナ軍はロシア軍を追い詰め、見事、奪われた領土奪回に成功している。ロシア軍は報復として、核兵器など大量破壊兵器でウクライナを攻撃し、戦局を打開するつもりなのか。もってウクライナ市民の意気をくじき、恐怖を広げるのか。[25] 世界が注視する。

独立記念日を控えて、キーウ中心部にウクライナ軍が破壊したロシア軍の戦車や軍用車両が展示された。[26] もちろん、ウクライナ国民の国威発揚が狙いである。その一方で、ロシア軍には胸を張れる戦果がまったくない。

プーチン大統領の長期目標が何なのかは釈然としない。[27] 一方、ゼレンスキー政権の軍事目標は明確だ。ロシア、親ロシア派武装勢力によって奪われたウクライナ東部地域、クリミア半島を奪還、ロシア軍の占領から解放することにある。ゼレンスキー大統領は「戦争はクリミアで始まり、クリミアの解放で終わる」とロシアと徹底抗戦する構えで、その決意も固い。[28] すべての軍事目標が達成されたその日、終戦を迎える。

ウクライナ国土の惨状と経済的疲弊

士気の高いウクライナ軍は果敢に卑怯なロシア軍と戦っている。とはいえ、戦争によってウクライナは多大な被害を受けている。ロシア軍の容赦ない無差別攻撃でウクライナのインフラが破壊され、集合住宅、発電所・送電網、教育機関、鉄道、道路、空港、港湾、橋梁、企業・工場、自動車などが炎上、国土は焦土と化した。

軍事侵攻からの半年間で、ウクライナ側の死傷者は民間人の死亡者で5、587人、負傷者で7、890人、ウクライナ兵の死者で9、000人にのぼる。ただ、実際の死傷者は数字よりもかなり多い。他方、ロシア兵の死者は米中央情報局（CIA）によると約1万5、000人（2022年7月時点）、負傷者と合わせると7万～8万人に達する。[29]

ウクライナの避難民は国外で延べ1、115万人、国内で664万人規模に膨れ上がっている。全人口の3人に1人が避難民となった。国内避難民については6割が失業を余儀なくされる。当然、ウクライナ経済の惨状は凄まじい。国際通貨基金（IMF）はウクライナ実質国内総生産（GDP）の成長率が2022年で対前年比35％減と予測する。世界銀行は45・1％減になるとの見方を示す。[30]

米格付け会社S&Pグローバルは2022年8月12日、ウクライナの外貨建て発行体格付けを「選択的デフォルト（SD）」に格下げした。SDは一部に不履行が生じたことを示す。[31] 格付投資情報センター（R&I）は財政運営が厳しさを増していると判断、ウクライナの外貨建て発行体格付けを「シングルBマイナス」から「トリプルC」へと2段階も引き下げている。[32]

国際労働機関（ILO）によると、ロシアの軍事侵略で職場を離れたウクライナの失業者は全雇用の3割に相当する480万人に達する。[33] ウクライナは1、104億ドルにのぼるインフラの被害を受けた。[34] ウクライナGDPの半分に匹敵する経済的損失である。ウクライナ政府は戦後復興に7、500億ドル、すなわち100兆円が必要だと見積もる。[35] 一方、世界銀行と欧州委員会は復旧・復興に少なくとも3、490億円の資金が必要だと推計する。ただ、戦争が長期化していることから、復旧・復興に必要な資金規模は一段と膨らむとの見通しも同時に示している。[36]

急がれる経済活動の正常化

明るい兆しもある。

ロシアで展開していた店舗を全面閉鎖した米マクドナルドはウクライナでも店舗を営業している。

ロシアによる侵攻を受けて、ウクライナ国内の109店舗も一時閉鎖していたが、2022年8月11日、段階的に再開する方針を発表した。マクドナルドは閉鎖後も従業員支援のための基金を設立、1万人超の給与を支払い続けてきた。(37)

ウクライナのビール生産会社オボロンは軍事侵攻後も生産を続け、市場に届けている。「オボロン」はソ連邦時代からのビールブランドで、ウクライナビール市場20億ドルに占めるシェアは17・5%に及ぶ(2020年)。(38)

ウクライナの西部、中部では経済再開の動きが続く。ウクライナ全国レストラン協会によると、キーウでは2022年初時点で2、567軒のレストラン、カフェが営業していたが、2022年6月には1、500軒が営業できるようになったという。(39)キーウの地下鉄は通常運行が可能となり、配車サービス「ウーバー」もキーウでサービスを再開している。

ウクライナGDPの1割を占める製造業でも操業を再開できている。欧州鉄鋼最大手アルセロール・ミタルはウクライナ中部ドニプロペトロフスク州の工業都市にある高炉を2022年4月11日に再稼動した。ウクライナ最大の鉄鋼プラントを運営するアルセロール・ミタルはウクライナ輸出主導ビジネスの象徴的大企業である。(40)

欧州の製鉄企業は石炭、鉄鉱石などの原材料をウクライナに依拠してきた。(41)欧州最大級のシームレスステンレス鋼管メーカー・セントラビスもドニプロペトロフスク州で操業を再開、自動車向け製品を出荷している。

ドニプロペトロフスク州に隣接するザポリージャ州ではウクライナで第4位の製鋼能力を持つザポ

リスタール製鉄所が順次操業を再開していた。ドイツの自動車大手フォルクスワーゲン（ＶＷ）の子会社「シュコダ」はウクライナ国内の生産取引先に半製品を提供できるようになっている。

欧州に近く、人件費も安いウクライナには世界の有力企業が生産拠点を構築してきた。ベアリング世界大手でスウェーデンのＳＦＫ、エレベーター大手の米オーチス・ワールドワイド、産業用フィルターのマン・ウント・フンメル（ドイツ）、ドイツの自動車部品大手ボッシュ、同じくドイツの電装部品大手レオポルド・コスタルなど多くの外資系企業がウクライナに進出している。ワイヤーハーネス（組み電線）の製造では矢崎総業、住友電気工業、フジクラ、レオニ（ドイツ）、アプティブ（アイルランド）がウクライナで操業してきた。(42)

日本たばこ産業（ＪＴ）はたばこ製造工場をウクライナで保有、スズキは自動車販売店を展開する。(43)57社の日本企業がウクライナに進出、そのうち28社が製造業である（２０２２年1月時点）。デンマークのビール大手カールスバーグはウクライナに醸造所を持つ。ドイツのルフトハンザはドイツとキーウを結ぶ便を運航する。

ウクライナが抱える社会問題

戦場となったウクライナの経済が多大な痛手を被っていることは事実である。世界中に配信されたメディアの映像からもウクライナ経済のダメージは認識できる。美しかったウクライナは瓦礫の山と化した。

ただ一方で、ウクライナ社会がデジタル化され、強靭なことも事実だ。見事にデジタル化された税制と社会保障制度は戦時下でさえ立派に機能し続けた。(44) 充分とは言えないが、国際社会からは援助の手が差し伸べられている。

ウクライナ中央銀行のニコライチュク副総裁（景気分析・金融政策担当）は物流の寸断で輸出活動が停滞したと指摘する一方、金融システムは正常に稼動していると語っている。(45) 燃料、食料品を中心に物不足は深刻で、物価が急進。(46) 主要政策金利は25％に引き上げられている。

ウクライナの人口はソ連邦からの独立当時、5、146万人であった。(47) ところが、2020年には4、373万人に大幅減少している。さらに、国連人口予測によると、2050年には3、522万人にまで減少するという。

ウクライナ市民の平均寿命は男性で68歳、女性で78歳である。男性の短命が際立つ。ここには飲酒が影響する。ウクライナでガンと診断される人は年間16万人で、そのうち8万人がガンで命を落とすとされる。人口減少は中・長期的にウクライナの国力を低下させてしまう。さまざまな角度からの国際支援が求められる。

ウクライナ市民が自由世界の「身代わり」を強いられていることを考えると、自由民主主義陣営はウクライナ経済社会の再建について真剣に取り組む必要がある。その一方で、ウクライナは国内の汚職を一掃する必要がある。

オリガルヒ（寡占資本家）が基幹産業を牛耳る構造を打破し、政治的影響力も排除しなければならない。オリガルヒは戦場となったウクライナでの立ち位置を見定められないでいる。(48)

ゼレンスキー政権は2021年に「反オリガルヒ法」を成立させたが、(49) 実際に運用できないと意味はない。戦後の国家再建プロジェクトでオリガルヒが権益を独占する事態になれば、自由世界は本気でウクライナ社会の再建に協力できない。

農業大国としてのウクライナと世界食糧危機

ウクライナは肥沃な黒土（チェルノーゼム）に恵まれ、穀倉地帯が広がる。ウクライナという国名はウクライナ語で「国土」、すなわち「肥沃な国土」という意味である。商品市場では小麦、コメ、トウモロコシを「三大穀物」、大豆を加えて「四大穀物」という。[50] ウクライナは「欧州のパン・バスケット」と呼ばれてきた。[51]

にもかかわらず、ロシア軍の侵攻で穀物の作付面積が縮小、特にロシアやベラルーシと国境を接するウクライナ北部のチェルニヒウ州で69％減、ジトーミル州で67％減となった。[52] 結果、収穫量が半減する危機に直面する。[53]

安定的な輸出ルートが確保されないと、農家は作付けに消極的となり、悪循環に陥ってしまう。[54] 業界団体「ウクライナ穀物協会（UGA）」は2022年の穀物収穫量が2021年の3、300万トンから42％減少し、1、920万トンになると見通していた。[55]

ロシア軍は卑怯にも、ウクライナ産穀物の略奪を繰り返していた。[56] 穀物や肥料の不足による危機は周辺国のみならず、世界の食糧需給逼迫に発展したことは記憶に新しい。[57] 穀物輸出国は自国を優先して、輸出量を制限する。食糧危機には供給とアクセス双方のリスクという要因が潜む。[58] 穀物保護主義政策が蔓延し、供給源とアクセスに混乱が生じると、価格急騰を招くことになる。[59] 調達先の切り替えで、世界穀物貿易のフローは根底から変わる事態となる。

ウクライナは世界小麦・トウモロコシ輸出量の1割を担う農業大国である。トウモロコシ輸出で世界第4位、小麦輸出で世界第5位であることに加え、ヒマワリ油輸出の世界シェアは47%に達する。[60]ウクライナは菜種の世界輸出市場で13%のシェアを握り、カナダの59%、オーストラリアの21%に次いで世界第3位である。[61]

食用、家畜の飼料向けだけでなく、燃料用のバイオエタノール、接着剤向けのコーンスターチなどトウモロコシの用途は幅広い。[62]バイオディーゼル燃料の原料として植物油を使う動きが欧米諸国を中心に広がっている。[63]供給不安懸念が長期化すると、価格は高止まりする。

ロシア軍が妨害して長期間、ウクライナ産穀物の輸出が停滞してきたが、２０２２年8月に入って、ようやく輸出再開に漕ぎ着けることができた。ただ、出荷されているのはトウモロコシが中心で、小麦の輸出本格化は２０２２年秋以降となった。[64]加えて、ロシアからの攻撃が続き、危険度は軽減されていない。港湾が閉鎖されたことで、農作物生産の先行きは見通せない。[65]

割安なことからモルドバ、レバノン、リビア、チュニジア、パキスタン、バングラデシュ、エジプトなどの低所得国がウクライナ産穀物を輸入してきたが、[66]再開された輸出分はトルコ、イラン、韓国、中国、アイルランドに出荷されている。[67]開発途上国では穀物高騰が原因で暴動が発生することが多い。２０１１年の民主化運動「アラブの春」も穀物価格の急騰が一因となった。

軍事侵攻前の穀物出荷ピーク時には、月６００万トンの穀物が輸出されていた。このうち9割は黒海上の商船による海運が占めていた。南部オデーサ（オデッサ）州にあり、黒海に臨むオデーサ、チョルノモルスク、ユズニーの三つに出荷港が限定され（アゾフ海に面するベルジャンシクとマリウポリはロシア軍が占領）(68)、農作業や労働力にも制限がある今、穀物の輸出量が侵攻前の水準を回復するには相当程度の時間が必要となる。

米農務省は2022～23年度でウクライナの小麦収穫量が対前年度比4割減の2、000万トン、UGAの穀物収穫量見通しである1、920万トンと同水準に落ち込むと予測する。(69) ウクライナの小麦輸出量は1、000万トンと対前年度比で5割も減ると見通されている。(70) ウクライナ農業にとって試練の日が続く。

2　ウクライナ経済再建の道筋

欧州主導の戦後復興構想

2022年7月5日、スイス南部のルガノで開催されていた「ウクライナ復興国際会議」が、復興の指針をまとめた成果文書「ルガノ宣言」を採択して閉幕した。(71) 復興担当国が地域別に支援する構想が提示されている。「ウクライナ版マーシャルプラン」と呼ばれる「復興プラットフォーム（基盤）」を設置して、ウクライナが得意とするデジタル化を軸に、社会・経済の再興を図っていく。(72)

ウクライナではすでに、デジタル化を加速するための新構想「自由のためのデジタル」が立ち上がっている。(73) 米グーグル、米マイクロソフトなどIT（情報技術）大手と協力して、2024～25年をゴールに据え、行政のデジタル化で復興・発展を目指す。

具体的には、司法手続き、国民投票など公共部門の電子化が挙げられ、「人口の95％に高速ネット網を提供する」、「政府情報の3割をクラウド上に移動する」といった目標が掲げられた。外国人でもバーチャル空間で「国民」として登録できる制度の新設も検討する。2025年までにＩＴ分野の対ＧＤＰ比率を1割に高める。

ウクライナ政府は地政学リスクを回避するために、衛星ネットのサービスを開始した。衛星ネットであれば、地上のネット回線が不測の事態で切断されても通信可能となる。ウクライナに通信端末のセットが届けられたことで、戦時下でも衛星通信システム「スターリンク」のサービスは機能している。(74)「スターリンク」サービスと専用通信設備を提供したのは、米起業家イーロン・マスク氏が率いるスペースＸである。(75)情報通信インフラの面でもウクライナはロシアに負けていない。

通信インフラの維持では通信業界が一致団結する。携帯大手3社のキーウスター、ボーダフォン、ライフセルは2022年3月に他社から回線を借りるローミング（相互取り入れ）を開始、ユーザーは別の会社に切り替えて、ネットや電話を使用できる。通信容量の拡大、避難所のネット環境整備なども携帯大手が寄与している。

民主主義と法の支配を重視すると明言したフィンランドの通信設備大手ノキアはロシアから撤退した一方で、ウクライナ事業は継続。ウクライナ現地の通信事業者と協力して、通信ネットワークを維持するために尽力する。ノキアのルンドマルク最高経営責任者（ＣＥＯ）は通信ネットワークが国家の安全保障に関する戦略的なインフラだと力説する。(76)

復興費用総額は7、500億ドルと試算されている。復興重点分野として15分野が示され、ここには防衛・安全保障、ビジネス活性化、エネルギー、医療保険などが含まれる。復興には最大で1兆ユーロの支援が必要になるとの見立てもある。

財源については、ウクライナの復興に使い道を限定する、債券「ソーシャルボンド（社会貢献債）」を発行する動きが広がっている。欧州評議会開発銀行（CEB）は20億ユーロを発行、国際協力機構（JICA）も200億円を起債した。ESG（環境・社会・企業統治）を重視する投資家が購入している。(77)

欧州復興開発銀行（EBRD）は20億ユーロのウクライナ支援パッケージを発表した。この支援パッケージはウクライナの民間企業や大規模公共部門企業の倒産回避に焦点が当てられる。EBRDのルノーバッソ総裁はウクライナ向け融資への政府保証を提唱する。(78) EU内には「ウクライナ復興基金」を創設する、あるいは加盟国の共同債券を発行する案もある。(79)

ウクライナのシュミハリ首相が2022年9月4日、ドイツの首都ベルリンを訪問、シュタインマイヤー大統領、ショルツ首相と会談した。EUは経済支援、軍事支援、冬季の燃料代として50億ユーロをウクライナに拠出する。(80) また、法的な制約はあるものの、軍事侵攻した懲罰として日欧米諸国が凍結、没収したロシアの資産をウクライナ復興に活用するとの声もある。(81)

インフラの再建事業、低所得者向けの住宅建設、教育・職業訓練、避難民の受け入れに充当される。各国からの支援、市場での資金調達によって必要な支援を集める。「社会貢献債」の発行は2020年以降、急増してきた。

各国別の地域支援については、首都のあるキーウ州には英国、リトアニアが、キーウ州に隣接するジトーミル州にはエストニア、リトアニア、ラトビアが、北東部のハリコフにはトルコが、南東部のマリウポリにはギリシャが、南部のミコライウにはデンマークがそれぞれ復興支援する。担当各国が主導して、集中的に復興を進める。

重層的な支援が求められるウクライナ再建

ウクライナ政府は日本や米国にも支援を期待する。日本では地震や津波など自然災害が多発し、復興のノウハウが蓄積されている。米国は軍事支援で国際社会を牽引、武器・兵器を間断なく提供してきた。ＥＵは２０２２年７月18日、５億ユーロの追加軍事支援を決定した。(82) この段階でＥＵの対ウクライナ軍事支援総額は25億ユーロとなった。

戦後復興に加えて、財政赤字に苦しむウクライナの国庫に財政支援する必要もある。ウクライナ政府は財政ギャップが月間50億〜70億ドルだと訴える。(83) ウクライナは保有する金（ゴールド）資産を市場で売却、資金調達している。(84) ウクライナ政府は債権国と外貨建て債務支払いの一時猶予で合意している。(85) 食料や兵士向け装備品（防弾チョッキ、ヘルメット、ライフル銃用スコープ、食料キット）などの購入には、寄付として世界各国から集まった暗号資産（仮想通貨）が利用されている。(86)

ウクライナを破壊した張本人はロシアである。ロシアが全面的にウクライナの復興を担うことが本筋ではある。(87) しかし、ロシア主導のウクライナ復興はウクライナの「ロシア化」を許容してしまう。戦犯ロシアには莫大な賠償金とロシア領土の割譲を請求するだけで良い。いずれにせよ、ウクライナ支援には短期、中期、長期の視点で取り組むことが求められる。

3　自由主義陣営にウクライナを融合できるか

NATO加盟を一時は断念していたウクライナ

欧州世界への仲間入りはウクライナの悲願である。ウクライナの東部地域と西部地域とでは歴史的な経緯の違いもあり、国民性に開きがある。西部では欧州志向が強いが、東部は強くない。西部地域の市民は個人主義的な傾向があるが、東部では集団主義的な考え方が支配的である。西部では軽薄短小型の産業が立地するのに対して、東部では重厚長大型産業が広がる。

東部地域はソ連邦時代から有数の重工業地帯であった。いわゆる産業コンビナートを中核として、コミュニティーが構築されていた。武器・兵器の生産拠点が点在し、航空母艦も建造された。その名残が今もある。世界最大級の航空貨物機「アントノフＡｎ－２２５」はウクライナ製である。残念ながら、この「夢の飛行機」はロシア軍の攻撃で大破してしまった。(88)

ただ、これは全体的な印象に過ぎず、居住する民族や使用言語は複雑に入り乱れている。ロシアによる軍事侵略以降、ウクライナ全土が反ロシア色に染まった。ウクライナ市民は一様にロシアやプーチン大統領に敵意を抱く。遅ればせながら、ロシアの軍事侵攻を契機に、ウクライナ国民はアイデンティティー（自己同一性）の重要性を認識し、一致団結できるようになった。(89)

ウクライナ政府はようやくＮＡＴＯに加盟申請することを決断した。ＮＡＴＯ加盟はウクライナの生命線となる。現状を放置すると、ウクライナの緩衝地帯化が定着してしまう。ＮＡＴＯと対峙するロシアにとって、ウクライナはバッファー（緩衝）である一方、ＮＡＴＯにとってもバッファーとなる。この常態化はウクライナにとって危険である。中立は詭弁に過ぎない。中立政策はロシアに通用しない。

ウクライナはEU加盟を実現できるか

ＮＡＴＯ加盟申請を決断したウクライナだが、ＥＵ加盟については申請を終えている。ＥＵ側は２０２２年６月にウクライナを「加盟候補国」に認定、加盟のための手続きが２０２３年から開始されることになった。ただ、加盟条件は厳しく、実現するには多くのハードルを越えていく必要がある。当然、時間もかかり、通例、加盟実現は10年後となる。

ウクライナの人口規模はドイツ、フランス、イタリアに続き、スペインと肩を並べる。その一方で、国民１人当たりＧＤＰはＥＵ加盟国で最も低いブルガリアの半分にも満たない。[90] 経済力の差は歴然としている。

法や自由、環境、金融サービス、人の移動など35分野でＥＵ基準「コペンハーゲン基準」を満たす改革がウクライナに求められる。[91] 裁判官の透明な選考といった司法分野、資金洗浄（マネーロンダリング）を防止する体制、少数民族の保護など、ウクライナ政府は改革に取り組む必要がある。[92] 特に、ウクライナの場合、公職者の汚職問題が深刻である。汚職根絶の進展度ランキングによると、ウクライナは１８０ヵ国中１２２位と低い。

オリガルヒがウクライナの政財界に癒着を広げ、賄賂が横行してきたからである。[93] これはソ連邦時代から蔓延する負の遺産でもある。ロシアの軍事侵攻以前のウクライナでは、国民の立法府、行政、司法に対する信頼度は極端に低かった。ゼレンスキー大統領も不人気で、有権者は無能扱いしていた。防衛機関、治安機関もウクライナ国民に信頼されていなかった。由々しき事態である。(94)

ウクライナ情報機関の保安局（SBU）のバカノフ長官と検察トップのベネディクトワ検事総長が更迭された。(95)SBUと検察の職員が機密情報をロシア側に提供していたからである。バカノフ氏はゼレンスキー大統領のビジネスパートナーだった人物である。ベネディクトワ氏はロシアを戦争犯罪で訴追する職務を担っていた。ロシアによるウクライナ国家機関への浸透工作が健在であることがわかる。ウクライナ内部に「裏切り者」が潜んでいるようでは、国家機関は機能しない。

あろうことか、欧米諸国がウクライナに提供した武器・兵器が欧州のブラック・マーケット（闇市場）に流入しているという。(96)公職者による犯罪ではないものの、ウクライナ軍が戦場で使うはずの武器・兵器が犯罪者グループの手に渡り、密輸されているのであれば許されない。

ウクライナのオリハ・ステファニシナ副首相はオリガルヒによる政治献金などを禁止して、メディアへの影響を弱める「反オリガルヒ法」を2022年中に施行すると説明している。司法にメスを入れ、「特別汚職対策検察長」を決定、若い世代の裁判官の登用を進め、司法の信頼を取り戻すという。

ステファニシナ副首相はEU加盟の交渉責任者である。EU単一市場にウクライナが参加することで、戦後復興を促進し、ウクライナ経済の競争力が飛躍的に強化されると期待する。戦時下にあるにもかかわらず、ウクライナは2022年6月末からEUに電力供給を開始している。これはウクライナのEU加盟が大欧州社会の一員となるための「必要条件」ではある。「十分条件」はウクライナ側の本気度、真剣度である。

待ったなしの自由主義陣営への融合

対ロシア経済・金融制裁が効果を発揮するには時間を要する。つまりタイムラグが発生するのである。[97] それでもロシアの物価上昇率は15%前後と高く、実質可処分所得も低下している。[98] ロシアの国力が衰退することは確かだが、制裁を科したからといって、プーチン大統領がウクライナ攻略を断念することはない。プーチン大統領のウクライナ支配、ソ連邦圏復活、ロシア帝国復活は超長期戦である。自由主義陣営はこの点を肝に銘じて、ウクライナ復興を実現しなければならない。

ウクライナのEU加盟を実現するには相当程度の歳月が必要となる。ウクライナはEU加盟を果たす前に、グローバル経済との関係を強化していかねばならない。国際社会も総力を上げて、協力する姿勢を示さねばならない。

ウクライナは常にロシアの脅威と圧力に晒されてきた。18世紀後半にポーランドが分割された際、ガリツィア地方（現在のウクライナ西部）はハプスブルク帝国に併合され、と同時に、ウクライナ東部はロシア帝国が併合した。1919年にオーストリア＝ハンガリー帝国が崩壊すると、東西ウクライナは統合されたものの、間もなくソ連邦に組み込まれてしまう。ウクライナが宿願の完全独立を達成できるのは1991年に入ってからのことである。[99] ウクライナは若い青年国家なのである。

この歴史的な流れからわかるように、ウクライナ西部地域では欧州、ことにドイツ文化の空気が宿り、ウクライナ人を自覚できる民族意識が醸成された。[100] 一方、ウクライナ東部地域はスラブ文化の影響が色濃く残る。ここにウクライナ軍事侵攻という嵐が吹き荒れ、ウクライナ全体が渾然一体となった。反ロシア意識がウクライナ一帯に浸透し、ロシアを排除する世論が支配的となった。

二度と再び、時計の針を過去に戻す過ちを繰り返してはなるまい。ウクライナ市民は名実ともにロシアと決別し、中国肝煎りの広域経済圏構想「一帯一路」も拒否しなければならない。ロシアのウクライナ侵攻以前、中国政府・企業はウクライナに触手を伸ばしていた。中国はウクライナの宿敵ロシアを支援する。また、ロシア産の原油を買い増し、ロシアの戦費調達に貢献してきた。[101]ロシアのために援護射撃する中国はロシアと同罪である。ウクライナはA級戦犯の中国とも決別する必要がある。

そのうえでウクライナは自由主義陣営の一員であることを誓う必要がある。この誓いの果実が自由民主主義陣営によるウクライナ復興であり、経済協力である。これを出発点としてウクライナの繁栄が実現されていく。ウクライナのEU加盟は繁栄の一里塚に過ぎないのである。

V 「プーチンの戦争」がもたらす世界新秩序

1 ロシアによるウクライナ軍事侵攻の国際政治経済学

歓迎されるべき自由主義陣営が独裁主義陣営に挑む姿勢

東西冷戦期、「対共産圏輸出統制委員会（Coordinating Committee for Multilateral Export Controls・COCOM：ココム）」が機能して、共産主義諸国に自由主義陣営の軍事技術・戦略物資が流出することを阻止する防波堤となっていた。ソ連邦が消滅して東西冷戦にピリオドが打たれたことから、「ココム」は1994年3月に解散した。

今思えば、「ココム」の解散は誤った意思決定だった。自由民主主義陣営は今、政治的権力が一部の指導者に集中する、強権国家、権威主義国家の手に最先端技術が渡ることを警戒する。米国と中国との鋭い対立は貿易戦争からハイテク競争、覇権闘争へとヒートアップしていった。自由主義圏の盟主である米国と強権国家の先頭を走る中国とが正面衝突する構図である。この対立構図は固定化している。ここにロシアのウクライナ侵略行動という変数が付加される。消耗するロシアは中国に急接近、中露両国が結託の度合いを強める。新興国には自由主義圏に賛同するのか、独裁主義圏に加わるのかという「踏み絵」が突きつけられている。

強権主義国家では政治指導者を国民が選出できない。人権は極度に軽視される。独裁者の命を国民全員で守り抜くことが強制される。日本では政府が国民の生命と財産を守り抜く。だが、強権主義国家では国民が独裁者の犠牲となることが要求されるのである。

「世界の分断」、「グローバル化の後退、逆回転」と嘆く声が響き渡るが、中露両国との対決はむしろ大歓迎したい。今こそ「ココム」を復活させるべきである。「ココム」の適用で中国を締め出すのである。確かに経済相互依存のサプライチェーン（供給網）が構築され、経済活動が活発化したことは事実である。しかしながら、そのサプライチェーンは自由主義陣営にとって不適切な繋がりであったことを反省すべきである。

今後は自由民主主義陣営が信頼できるパートナー・友好国と相応しいサプライチェーンを新たに構築していくことを決意し、行動すべきであろう。イエレン米財務長官は「フレンド・ショアリング」の発想が必要だと説く。(1)「フレンド・ショアリング」とは同盟国、友好国に限定するサプライチェーンの構築を意味する。信頼できるパートナーと多様な関係を構築し、相互のリスクを軽減していくのである。

政治・外交的に信頼できない国は経済面でも信用すべきでない。中国は軍事侵攻を断行したロシアと「無制限の友好」を誓う。ロシアも中国も信頼できない代表選手である。中国は産業スパイを社会全体に浸透させる手法で自由主義陣営に送り込み、最先端技術を盗み出す。米政府が警鐘を鳴らすように、中国はロシア以上に経済、安全保障への脅威となっている。(2)経済的な関係を深めてはならない国である。

主要7ヵ国（G7）は役目を立派に果たすが、中国やロシアが加盟する20ヵ国・地域（G20）は機能不全に陥っている。G20内では共通の意思決定すらできない。機能しない枠組みは解体してしまえば良い。

国際社会がブロック化すると、世界生産額の5％、すなわち4兆ドルが吹き飛ぶと世界貿易機関（WTO）は警告する。だが、そのWTOも機能しなくなった。WTOは存在理由を失っている。たとえ世界がブロック化されても、ブロック内で効率性の高い相互依存関係を再構築していくべきだ。

ホワイトハウス（米大統領府）が打ち出す「ミニココム」構想

バイデン米政権が打ち出した、日本、米国、オーストラリア、インド、韓国、ニュージーランド、インドネシア、タイ、マレーシア、シンガポール、ベトナム、ブルネイ、フィリピン、フィジーの14ヵ国で構成する新経済圏構想「インド太平洋経済枠組み（Indo-Pacific Economic Framework：IPEF）」、日本、米国、インド、オーストラリアが参画する「Quad（クアッド）」は「フレンド・ショアリング」の典型例である。

「IPEF」は世界経済の4割を占め、半導体や重要物資を念頭に、サプライチェーンの途絶に備えて参加各国が窓口を設け、情報共有や代替調達を要請しやすい仕組みを整える。貿易、供給網、クリーン経済、公正な経済の4分野での協力体制が構築される。すべての項目に同意が必要な「環太平洋経済連携協定（TPP）」と異なり、「IPEF」の場合は分野ごとに参加できる。

貿易分野ではデータ流通の透明性向上、関税手続きの電子化を目指す。クリーン経済では再生可能エネルギーへの移行に必要なインフラの支援を強化する。公正な経済では、グローバル企業への二重課税を防止する租税協定の遵守を求める。[3] 少々趣旨は異なるが、「ＩＰＥＦ」は「ミニココム」的な枠組みとなる。

地政学リスク・国家リスクに鈍重な日本

ロシア極東の資源開発事業「サハリン１・プロジェクト」を主導してきた米石油大手エクソンモービルは事業からの撤退を表明した。エクソンモービルはロシア政府が外資の撤退を制限していることを理由に、ロシア政府を提訴、ロシア国外の裁判所で争う構えでいる。[4] エクソンモービルが誇る技術と技術者を欠くと、原油生産量は確実に激減する（すでに原油生産量は日量22万バレルから同１万バレルに急低下）。

「サハリン１・プロジェクト」には日本の官民も参加、出資する。エクソンモービルが撤退すれば、プロジェクトの意義や魅力は大きく損なわれる。にもかかわらず、日本政府はあくまでも権益を保有する方針でいる。権益の売却先を確保すること――これが日本政府の仕事である。ロシアとの友好関係を保つインドやブラジルの石油大手に日本政府は売却を打診すべきである。

「サハリン２・プロジェクト」についても同様だ。このプロジェクトには英石油大手シェルが携わっていたが、エクソンモービルと同じく撤退することを明言している。シェルが撤退した空白をロシアの独立系天然ガス大手ノバテックが埋める。

シェルが技術と技術者を引き揚げると、天然ガス生産量は急減する。三井物産と三菱商事がこの開発事業に出資する。シェルが撤退する以上、「サハリン２・プロジェクト」に固執する理由は見当た

らない。だが、「サハリン2・プロジェクト」の権益も日本政府は三井物産と三菱商事に維持するように要請している。(5)

経営への懸念に配慮して、フランスのエネルギー大手トタルエナジーズはノバテックとの原油・天然ガス生産合弁事業を解消している。合弁会社テルネフチェガスの株式49%をノバテックに売却した。(6)トタルはロシア北極圏にあるハリヤガ油田からの撤退を決定、ロシア石油大手のザルベジュネフチに保有権益20%を譲渡している。(7)付言すると、ロシアでサーバーを提供してきた米デル・テクノロジーズはロシアのオフィスを閉鎖し、全事業を停止した。(8)

欧米企業は日本企業よりも格段に国家リスクや人権懸念に敏感である。逆に、日本の政府や企業は地政学リスク、国家リスクに鈍感だ。ロシアの地政学リスク、国家リスクを察知できなかった。愚かなことに、日本政府は「サハリン・プロジェクト」に執着する。日本のエネルギー安全保障に必要だと連呼するものの、ロシアの軍事的脅威を思い知った日本の国民には響かない。日本政府は今もって新しい現実と向き合っていない。これが日本政府の限界である。

持続不可能な「中立」姿勢

欧米諸国が参加する集団安全保障体制の北大西洋条約機構（NATO）には加盟しないものの、スイスは経済面の中立政策を返上、対ロシア経済・金融制裁に加わる。中国の脅威に直面する台湾は自由主義陣営の一角を占める。日欧米諸国からの政府要人を迎え入れ、中国との対決姿勢を鮮明にする。同時に、ロシアに制裁を突きつけ、半導体の対ロシア出荷を停止した。台湾の安全を懸念する日欧米諸国は、さまざまな分野で台湾を支援する。

ロシアのウクライナ侵略を目の当たりにしても、中立姿勢を保持する国々は英誌『エコノミスト』の調査部門EIUによると、世界人口の32％を占めるという。(9)『日本経済新聞』は世界新秩序が日欧米などの西側陣営、中露陣営、中立パワーの「3極体制」に移ったと表現する。東西冷戦時代、東側、西側、第3世界の「3極」であったことに酷似する。ただ、その中身は異なる。現在の自由主義陣営は東西冷戦期よりもより一層、結束を深め、強靭になっている。

中立パワーの代表国として挙げられる国はトルコ、インド、南アフリカ、サウジアラビア、ブラジルといった国々である。こうした中立パワーは民主主義という価値観よりも損得勘定を最優先する。中東の大国を自称するトルコはNATOの加盟国であるにもかかわらず、対ロシア制裁を発動していない。ロシアから武器・兵器、原子炉、資源エネルギーを受け入れ、関係を深める。その裏でウクライナを軍事支援する。トルコのエルドアン大統領はさながら自国が「一つの極」を形成するかのように外交を展開する。

インドは「Quad」に参加し、日本、米国、オーストラリアと軍事面で結束する。長らく中国と軍事的に対決するインドは対中国連携を力説する。その一方で、インドにとってロシアが伝統的な友好国であることから、対ロシア制裁には賛同しない。インドは実利のみを貪欲に追求する。

戦後の国際秩序を無視する厚顔無恥なロシアと中国

武力を行使して国境線を塗り替える暴挙は断固として許されない。第二次世界大戦の結果、確定した国境線は神聖なる国際公共財である。国民の総意による独立であれば、容認されるけれども、武力による侵略行為や軍事クーデターは国際世論の賛同を得られない。独立であっても国際社会による国家承認が必要だ。国家承認という手続きを踏まなければ、独立国家だとは見なされない。

モスクワは無謀にもウクライナを軍事侵略した。北京は台湾の独立を阻止すべく、軍事力の行使を画策する。国際世論の警告を無視して、侵略を強行した国は国際社会から追放される。

ロシア、中国、インド、ベラルーシ、タジキスタンなどがロシア極東（バイカル湖の東側、日本海沿岸部、北方領土など陸上7ヵ所、サハリン周辺、北方領土北部などオホーツク海と日本海の二つの海域）を舞台として、大規模合同軍事演習「ボストーク（東）2022」を2022年9月1〜7日に実施、日本を恫喝した。[10] プーチン大統領はウラジオストクで軍事演習を視察した。ロシアは軍事演習「ボストーク」を2010年から4年ごとに実施している。

ロシア国防省は2022年9月3日、北方領土の択捉島と国後島で軍事演習を実施と発表した。[11] 9月3日はロシアで対日戦勝を祝う「第二次世界大戦終結の日」に相当する。北方領土は日本の領土である。終戦後であるにもかかわらず、ソ連邦が混乱に乗じて、強引に上陸して占領を続ける。

また、同じく9月3日にはロシアと中国の艦艇6隻（ロシア海軍フリゲート艦3隻、中国海軍ミサイル駆逐艦1隻、フリゲート艦1隻、補給艦1隻）が北海道沖、北海道・神威岬の西190キロメートルの日本海海域で機関銃射撃している。6隻とも射撃したことが確認されている。[12]

日本政府は「わが国の立場と相容れず、到底受け入れられない」と抗議するが、ロシア政府は聞く耳を持たない。ロシア政府の態度はきわめて挑発的、挑戦的で、日本国民を愚弄、侮辱している。「金持ち喧嘩せず」の姿勢を決め込むのも良いが、力の信奉者には力で対抗する断固とした態度も時として必要である。日本は8月を「国防強化月間」に定め、定期的に軍事演習を実施してはどうか。

ロシアと「連合国家」を形成するベラルーシのルカシェンコ大統領は、ベラルーシ軍が保有するスホイ24戦闘爆撃機に核兵器の搭載が可能になったと明らかにしている。ロシアはベラルーシに核弾頭が搭載可能な戦術ミサイルシステム「イスカンデルM」を供与する。ベラルーシはロシアの「核の傘」にあることを強調して、ウクライナを威嚇している。(13)

表面的にはロシアと中国は蜜月関係を謳歌しているかのように見える。しかし、内情は異なる。今や北京はモスクワを格下の国家と見下げるようになった。歴史的にロシアは大国意識が強い。ロシアと中国とは互いに相容れることのできない間柄なのである。独裁者同士はやがて正面衝突する。中露関係に亀裂が生じる可能性は高い。(14)

軍事的に中国と対峙する自由主義陣営

情けないことに、日本政府は警戒を強めるだけである。軍事的な対抗措置を一切講じていない。日本が対ロシア経済・金融制裁を発動した報復として、クレムリン(ロシア大統領府)は2022年3月、北方領土問題を含む平和条約交渉の打ち切りを一方的に宣言した。また、ロシア政府は北方四島在住のロシア市民と日本国民とが旅券やビザ（査証）なしで相互訪問できる枠組み「ビザなし交流」も一方的に失効、破棄した。(15) 日本を侮辱するロシアを放し飼いにはできない。

日本の軍事同盟国・米国は英国、オーストラリアとの安全保障枠組み「AUKUS（オーカス）」

を推進する。米国はまた、日本、オーストラリア、インドと「Ｑｕａｄ」も推し進める。もちろんロシアと中国の大胆な軍事行動を封じ込めることを目的とする。

ただ、インドがロシアとの軍事演習に参加する事態は放置できない。インドとロシアの行き過ぎた接近を阻止すべく、日本政府はインドと外務・防衛担当閣僚協議（２プラス２）を重要視、中国の海洋進出を念頭に海洋安全保障で協力関係を深める。自衛隊とインド軍の共同訓練を拡充する。[16]

ロシアのウクライナ侵攻を国連は止めることができなかった。国連は武力の前に無力である。国連のグテレス事務総長はウクライナを主戦場とする戦争が長期化すると嘆くだけである。[17] 中国が台湾軍事侵攻を断行しても、国連は台湾を救えない。国連が介入できないことを世界はウクライナ侵攻で思い知ったことだろう。何よりも国連では安全保障理事会が機能しない。ロシアも中国も拒否権を特権であるかのように行使する。

北京が台湾を軍事侵略する日

北京は台湾を武力で統一すると息巻く。中国軍は侵略当初、電子戦で台湾のインフラを破壊、同時に台湾軍の通信も遮断する。中国軍は現在、東部戦区と南部戦区の沿岸で飛行場を拡張している。台湾空爆を強化するための戦略だろう。サイバー攻撃、情報工作も駆使して、ハイブリッド戦で台湾を統一することを目論む。[18]

中国船舶集団（ＣＳＳＣ）が最新鋭の０５２Ｄ型ミサイル駆逐艦５隻、江南造船が駆逐艦１隻を建造するなど、中国は海軍の増強を加速、台湾に猛烈な圧力をかける。０５２Ｄ駆逐艦の垂直発射装置（Ｖ

LS）は巡航ミサイルを搭載できる。中国は現在、052D型と052DL型の合計25隻の駆逐艦を就役させている。他の型を含めて2019年に10隻、2021年に8隻の駆逐艦を投入した。

駆逐艦の任務として空母の護衛が想定されている。中国は3隻の空母（「福建」、「遼寧」、「山東」）を保有する。[19] さらに5隻の空母を建造する計画がある。[20] ただ、中国の空母は不具合を頻発する欠陥品である。

台湾海峡では国際法の下で航行や上空飛行の自由を含む公海自由の原則が保証されている。国連海洋法条約は国際海域の自由な航行を認めている。中国政府による身勝手な解釈は国際社会では通用しない。自由主義陣営は現状変更を決して認めない。

その盟主・米国は幾度となく軍艦を台湾海峡に派遣、通過させている。英国やカナダの軍艦も台湾海峡を通過するようになった。米政府は2022年9月2日、台湾に総額11億ドル相当の武器を売却することを決めた。[21]

米海兵隊のデビッド・バーガー司令官は2020年に、「遠征前線基地作戦」と呼ばれるコンセプトを中核とする「フォース・デザイン2030」構想を発表した。有事の際、小規模部隊が中国軍のミサイルの射程内にある離島や沿岸部に分散展開して拠点を設営、対艦ミサイルや対空防衛、海洋の情報収集・監視・偵察などの拠点とする。

海兵隊は戦闘の最前線に展開し、中国軍による序盤の攻勢に対抗する。米軍の艦船や戦闘機が中国周辺に近づきやすい環境を作る役割を担う。機動性の高い地上発射型の対艦ミサイルを使い、敵の艦船に打撃を与える任務も担う。もちろん日本など同盟国の協力も不可欠となる。[22]

米軍が台湾有事に対応する場合、フィリピンは軍事基地の使用を米軍に認める方針を示している。フィリピンは台湾に近く、フィリピンからの軍事協力を得ることで米軍は柔軟的に作戦を展開できる。米軍は防衛力強化協定に基づいて、フィリピン国内5ヵ所の基地で巡回駐留できる。[23]

インド海軍も中国の海洋進出に対抗する。インドは2、000億ルピーを投じて、初の国産空母「ビクラント」（全長262メートル、30機の戦闘機を搭載可能）を建造、就役させた。戦闘機も搭載した完全運航の体制を整備する。インドは2013年にロシア製の空母を購入している。[24]

長期停滞に向かう中国経済

中国が台湾に侵攻すれば、ロシアと同様に経済・金融制裁が発動される。グローバル経済への悪影響は計り知れないことから、北京は自由主義陣営が制裁を発動できないと勝手に思い込んでいる。北京は甘い幻想を抱くべきでない。世界は中国の経済力を過大評価している。中国の市場が広大であることは確かだが、中国経済は「中進国の罠」という高い壁を乗り越えられない。

何よりも共産党一党独裁体制が経済発展の足枷となる。市場経済は本来、独裁体制と相容れない。共産党総書記が居座る限り、中国経済のさらなる成長は不可能である。[25] 傍若無人の中国と決別する時期が迫っていることを認識する必要がある。

ロシアの軍事的脅威を再認識した北欧のスウェーデンとフィンランドは賢明にも中立政策を放棄、NATOの傘下に収まることを決断した。スウェーデン、フィンランドはNATO加盟でロシアに対抗する。

ところが、アジア地域にはNATOのような集団安全保障の仕組み、受け皿がない。アジアでは第二次世界大戦後、朝鮮戦争、ベトナム戦争と熱戦が相次いだ。朝鮮半島も台湾海峡も南シナ海も東アジア地域の「火薬庫」である。アジアでは日本と米国とが安全保障の中核となる以外に道はない。日米安全保障条約はアジアの安全を守り抜くためにも必要なのである。

2 プーチンの戦争が招く経済的大混乱

経済力が毀損する新興国

米ドル独歩高の煽りを受けて、インドのルピー、チリのペソ、トルコのリラ、ブラジルのレアル、韓国のウォン、フィリピンのペソ、タイのバーツなど新興国通貨の下落が止まらない。(26) ウクライナ危機で資源エネルギー市場、穀物市場が撹乱され、食糧難や政情不安、財政危機といったリスクが新興国経済に重くのしかかる。(27)

天然ガス価格は史上最高値圏を舞う一方で、原油や石炭の価格は下落に転じている。合成樹脂などの基礎原料となるナフサ（粗製ガソリン）や銅、アルミ二次合金、アルミ地金、鉄鉱石などは値下がり傾向にある。また、世界的な景気不安で産業資材の代表である「熱延コイル」など鋼材は世界的に値下がりしてきた。(28)

他方、ステンレス鋼版や異型棒鋼、自動車部品や食品容器に使うポリプロピレンといった鋼材や石油化学製品は高値が続く。通貨安は面状に波及して、資源エネルギーの国内価格上昇を増幅する。「コストップッシュ型」インフレが通貨安国を苦しめる。[29]

中国や米国の景気先行き懸念も新興国経済の重荷となる。米国を筆頭に、世界各国の中央銀行は軒並み、利上げに踏み切る。利上げドミノは新興国経済の強い下押し圧力として作用する。

新興国は通貨防衛、資金流出阻止のために金融引き締め策を講じている。それでも通貨安に歯止めがかからない。通貨安は直線的に輸入インフレを顕在化させる。輸入物価が高騰すると、貿易収支、経常収支を悪化させる。貿易赤字、経常赤字は資金流出を意味するため、通貨売りの要因となる。金利高は企業の投資意欲を削ぎ落とす。利上げと物価高が同時進行し、一段と景気を悪化させる。この見通しが通貨売りを誘う。「負のスパイラル現象」が定着してしまった。

新興国は通例、国内の赤字を貯蓄で埋められないので、外国から借り入れる。平時では問題はないが、通貨安が極度に進行すると、外貨建て債務の元利払い負担が増す。新興国・開発途上国が抱える官民（政府、企業、家計）債務規模は、対国内総生産（GDP）比で新型コロナウイルスのパンデミック（世界的大流行）が猛威を振るった2020年に207％を記録している。

国際金融協会（IIF）によると、新興国の債務総額は官民で98兆6、000億ドル（2022年3月末時点）に達する。[30] 持続可能な範囲を大きく超えてしまった。債務危機を誘発する可能性は十二分にある。

対外債務の返済が滞ると、最終的にはデフォルト（債務不履行）に追い込まれる。デフォルトに陥る国が局所的であれば、傷は深くないが、連鎖反応を引き起こしてしまうと、世界経済全体のリスクになる。

連続ドミノ利上げの恐怖

基軸通貨国・米国の連邦準備理事会（ＦＲＢ）は大幅な利上げを継続する。パウエルＦＲＢ議長はハト派からインフレファイターとしてタカ派に大変身、インフレ抑止を完遂すると宣言した。金融引き締めを続ける方針を高らかに掲げる。[31] 利上げの幅は物価と雇用データの動向に応じて決められる。物価は高止まりし、雇用動態も好調で、賃上げ圧力は強まるばかりとなっている。

物価上昇がピークアウトし、雇用者数が減少傾向になることを確認できない限り、金利は引き上げられることになる。金利の上昇、成長の鈍化、労働市場の悪化は確実に家計や企業の懐を圧迫することになる。[32] ＦＲＢは量的引き締めにも着手、マネーを金融市場から吸収する姿勢も強める。

利上げを強行するのはＦＲＢだけでない。ユーロ圏の物価上昇は米国を超える勢いであることから、欧州中央銀行（ＥＣＢ）も金利の引き上げでインフレを抑制しなければならない。[33] ＥＣＢのシュナーベル専務理事はインフレを容認しない考えを示す。[34] 要するに、主要国の中央銀行は物価高騰を軽視して、金融緩和策を継続してきたことを誤りだったと認めるようになったのである。

英国は米国に追随して利上げを実施する。スウェーデン中央銀行も利上げを断行する。スイスやデンマークの中央銀行も金利を引き上げ始めている。スイス国立銀行（中央銀行）は２０２２年９月22日、政策金利をマイナス０・25％からプラス０・５％に引き上げることを決定、マイナス金利政策に終止符を打った。[35] デンマーク中央銀行も２０２２年９月にマイナス金利政策から脱却しており、マイナス金利政策を継続するのは日本銀行のみとなった。

米欧諸国以外の主要国でも利上げが相次ぐ。カナダ中央銀行は大幅利上げに踏み切っている。

例外は日本、トルコ、ロシア、中国などごく一部の国に限定される。日本円と米ドルの金利差は拡大する一方である。当然、金利を見込めない日本円にマネーは流入しない。むしろ日本円で資金を借り入れ、高金利通貨を購入して運用する取引が広まる。政策金利差が拡大すればするほど、円安に拍車がかかる。メディアでは「24年ぶりの円安」とのヘッドラインが踊る。

米国の金融市場では長期金利が上昇基調を強める。これは債券が売られていることを意味する。短期金利の上昇も止まらない。通常であれば、長期金利が短期金利を上回って推移するが、足元では短期金利のほうが高い。長短金利の逆転現象、すなわち「逆イールド」が発生する。これは景気後退のシグナル、サインとされる(36)。

金融引き締めによる景気悪化懸念が強まると、市場はリスク回避に動く。株式などリスク資産からはマネーが引き揚げられることになる。株式市場はリスク回避姿勢に直撃され、世界同時株安が発生する。

成長期待から買われてきたＩＴ（情報技術）関連銘柄などハイテク株は特に売られやすい。金利が上昇すると理論株価は下がってしまう。予想ＰＥＲ（株価収益率）が高いハイテク株は割高感が意識され、売却の対象となる(37)。

景況感悪化に苦しむ欧州経済

ロシアという国家リスクの悪影響を受ける欧州、ことにドイツの経済が痛んでいる(38)。周知の通り、ドイツ経済は欧州全体を牽引する。屋台骨のドイツが風邪を引くと、欧州は肺炎を患う。欧州連合（Ｅ

U）を英国が離脱した今、欧州におけるドイツの存在感は強まっている。

ドイツは積極的に中・東欧諸国に投資してきた。ドイツ経済の不調はウクライナからの避難民を引き受ける中・東欧諸国に波及する。南欧諸国では金利が急騰、財政悪化リスクが強まっている。欧州はユーロ安、株安、債券安の「トリプル安」に見舞われる。(39)

ドイツをはじめ欧州諸国はロシア産資源エネルギーに過度に依存してきた。その副作用が一気に噴出している。ドイツのウルフ元大統領はロシア産天然ガスをドイツに送る「ノルドストリーム２」は過ちだったと吐露する。(40)

世界屈指のビール大国ドイツでは、１５１６年に制定された「ビール純粋令」に基づいて、ビール原料に水、麦芽、ホップ、酵母以外を使わないという。(41)麦芽原料として使う大麦はロシアとウクライナが世界生産シェアで２割を占める。ウクライナ危機の今、大麦の供給が不安視される。ビール瓶のガラス加工には高熱が必要で、光熱費がかさむ。このような制約がビールの小売価格をどうしても押し上げてしまう。

欧州諸国は資源エネルギー高と苦闘する。ロシアのウクライナ軍事侵攻を受けて、英国や欧州諸国は揃ってロシア産の石炭、石油、天然ガスを締め出す方針を徹底してきた。その結果、資源エネルギーの供給制限から価格の上昇が続き、資源エネルギー価格、特に天然ガス価格は史上最高値圏で推移する。深刻なエネルギー危機が欧州大陸全体を覆う。

資源エネルギー危機を打開すべく、欧州各国はさまざまな対策を模索する。ドイツを筆頭にオランダ、バルト３国、スロベニア、クロアチア、イタリア、ギリシャ、フランス、英国は液化天然ガス（L

NG）受け入れターミナルの新増設を加速する。[42] 早速、オランダに新しく建設されたLNG受け入れターミナルにLNGが到着している。[43]

ドイツはカナダ政府にカナダ産LNGの供給を要請した。[44] カナダは天然ガス生産量で世界第6位の産ガス国である。輸出ルートを確保できればカナダは欧州に出荷できる。フランスは北アフリカのアルジェリアに天然ガスの供給増を働きかける。フランスはアルジェリアの旧宗主国で、アルジェリア移民を受け入れてきた。アルジェリアではフランス語が広く通じる。[45]

米国はLNG世界需要の急増を視野に、LNG生産に力を入れてきた。その結果、米国は世界首位のLNG輸出国に躍り出た。[46] ただ、LNGを大量に輸出することで米国内のガス価格が上昇すると懸念する声が米国から聞こえてくる。[47]

北欧の一角を占めるノルウェーは原油と天然ガスに恵まれる。ノルウェーは今や、欧州市場にとって最大の天然ガス供給国となった。地中海には巨大な天然ガス田が眠る。関係各国が協力して、開発・生産できれば、欧州にとって心強い味方となる。カスピ海西岸に位置するアゼルバイジャンは原油と天然ガスを産出し、欧州諸国にもパイプラインで輸出する。アフリカも有力な資源エネルギーの調達先である。南部アフリカのモザンビークでもLNG生産が進む。欧州は資源エネルギーにアクセスしやすい地理的優位性を持つ。

景気の過熱によるインフレではないものの、中央銀行は物価上昇を放置できない。世界各国中央銀行の最優先課題はインフレの鎮圧で、景気への配慮が後回しにされている。景気後退を回避してソフトランディング（軟着陸）できれば良いが、クラッシュ（墜落）してしまう恐れは十二分にある。景況感は悪化する一方で、物価高と景気後退が同時進行するスタグフレーションに陥る確度が高まる。

3 拡大する日欧米・中露対立の舞台

アフリカ大陸にも投影される中国、ロシアとの激突

人口増加と技術革新を追い風として、アフリカは「最後のフロンティア」と世界的に認識されるようになった。アフリカの人口は現在の14億人から2050年には25億人に激増すると見通されている。(48)アフリカの新興企業には日欧米諸国からの資金も流入する。アフリカ現地発のユニコーン（企業価値が10億ドルを超す未上場企業）も育っている。アフリカは原油、天然ガスといった化石燃料だけでなく、鉱物資源にも恵まれる。ところが、この有望大陸アフリカにロシアと中国が触手を伸ばす。

西アフリカのマリから旧宗主国フランスの駐留軍が完全撤収した。この間隙を突いて、ロシア軍の「別動隊」とされるロシアの民間軍事会社「ワグネル・グループ」の傭兵が存在感を増す。

プーチン大統領の指令を受けて、「ワグネル・グループ」が軍事クーデターを主導したゴイタ大佐を支える。西アフリカでは国際テロ組織アルカイダ系の武装勢力が活動する。(49)「ワグネル・グループ」はスーダンや中央アフリカの指導者も支援してきた。ブルキナファソではクーデターが勃発、ロシアが触手を伸ばす。(50)ロシア側の目的は資源権益獲得にある。

ロシアはアフリカに軍事協力や食糧供給で接近する。アルジェリアやアンゴラにとってロシアは最大の武器・兵器供給国となっている。ウガンダ、南スーダンなどもロシアから武器・兵器を調達する。

アフリカ諸国はロシア産の小麦や肥料を輸入する。

中国は豊富な資金力を背景に、インフラへの投融資で存在感を強める。アフリカへの輸出額では中国が首位を独走する。強権主義に浸るロシア、中国は人権問題や腐敗体質を問題視しない。結果、米欧・中露対立と距離を置くアフリカ諸国は多い。

「欧州の火薬庫」・バルカン半島に飛び火する対立構図

バルカン半島の小国コソボは2008年2月にセルビアからの独立を宣言した若い国である。日本をはじめ100ヵ国以上がコソボを国家承認したが、セルビア、ロシアなどごく一部の国は独立を認めていない。コソボでは1998～99年にセルビアとの紛争が繰り広げられた。コソボ紛争とはコソボの独立戦争でもあった。セルビアはコソボを軍事攻撃し、コソボのアルバニア系住民を大量虐殺した。

コソボはユーゴスラビア時代からセルビアの自治州だった。しかし、自治州とはいえ、アルバニア系住民による自治という実体はなかった。セルビアの属州に甘んじていた。セルビア系はアルバニア系を弾圧、主要機関のトップはセルビア系が独占していた。アルバニア系とセルビア系との対立の芽はユーゴスラビア時代から潜在的に存在していた。

ユーゴスラビアからスロベニア、クロアチア、ボスニア・ヘルツェゴビナ、マケドニア（現北マケドニア）が戦火を交えながらも矢継ぎ早に離反できたが、コソボとモンテネグロはセルビアによって束ねられた。その後、モンテネグロがセルビアから独立を達成できたけれども、セルビアはコソボを手放そうとしなかった。業を煮やしたコソボのアルバニア系はセルビアとの武力闘争を決意する。それを阻止すべく、空爆に踏み切ったのがセルビアだった。

米国は座視しなかった。「人道」上の見地からNATO軍が出動してセルビアを空爆、敗戦に追い込んだ。紛争後もNATOはコソボを支援、4、000人規模の平和維持部隊がコソボに駐留する。通貨セルビア・ディナールを排除して、コソボではユーロが法定通貨として流通する。

ただ、セルビアとの国境沿いのコソボ北部には、今もセルビア系住民が居住する。ここではセルビア系住民を保護するという名目でロシア軍部隊が突入した経緯がある。そして今再び、このコソボ北部地域がホットスポットに浮上してきた。

コソボ政府は2022年7月末、コソボ北部に住むセルビア系住民にセルビアの車両ナンバープレートと身分証明書を無効と決定、変更を求めた。(51) この決定に対して、セルビア系住民は猛反発、周辺の道路を封鎖する事態に発展した。同年8月18日にベルギーの首都ブリュッセルでコソボのクルティ首相とセルビアのブチッチ大統領がEUの仲介で会談したものの、EUのボレル外交安全保障上級代表は合意に至らなかったことを認めた。

NATOのストルテンベルグ事務総長はコソボとセルビアの緊張が高まった場合、部隊を必要な場所に配置して増強させると言明する。一方、セルビアの背後にはロシアが控える。ロシアとセルビアは合同軍事演習を実施してきた。ロシアはセルビアとの軍事協力を強めている。(52) ロシアは常にセルビアの立場を支持する。中国もセルビアに食い込もうと画策する。

見当違いの専門家

セルビア・コソボ紛争の際、ロシアはスラブ系のセルビアを軍事支援した。だが、NATO軍の猛攻に慄き、セルビアを見捨てた。江戸の敵を長崎で討つ。コソボが念願の独立を達成すると、ロシアはコソボの独立を承認できないと言い放った。

雪辱を果たすべく、ロシアはウクライナ領クリミア半島を強制併合した。だが、クリミア半島の独立を日欧米諸国は承認しなかった。モスクワは「ダブル・スタンダード（二重基準）」だと自由主義陣営を非難した。情けないことに、この誤ったモスクワのメッセージに与《くみ》する専門家がいる。

クレムリンも専門家も間違っている。確かにモスクワはコソボ独立を自由主義陣営が認めたことに反発して、クリミア半島を独立させ、ロシアに併合したのかもしれない。しかしながら、コソボが独立を果たせなかったとしても、モスクワはクリミア半島を略奪していたに違いない。「ダブル・スタンダード」と決めつけるのは、ロシアがクリミア半島併合を正当化するための口実に過ぎない。

セルビアとコソボとの対立は根深い。セルビアはユーゴスラビアで問題児だった。セルビアはコソボ在住のセルビア系住民保護を錦の御旗に、アルバニア系住民を大量虐殺した。この暴挙を止めるためにNATOは立ち上がり、アルバニア系住民を解放した。

しかし、クリミア半島在住のロシア系住民をウクライナ当局が虐待した事実も大量虐殺した事実もない。「ダブル・スタンダード」と非難するロシアもロシアに同調する専門家もコソボ紛争の本質を見落としている。

NATOがコソボ紛争に軍事介入したのは、ロシアの介入を阻止するためであり、ロシアを牽制するためである。この介入目的を正確に理解できない識者もいる。コソボのアルバニア系住民が長年にわたってセルビアに抑圧されてきた事実を無視してはならない。コソボとセルビアの対立は根深いのである。[53]コソボがセルビアから独立した事実とクリミア半島がロシアに併合された経緯とは「完全に異なる」のである。

ジレンマに直面するEU

コソボが独立を達成した2008年の8月、ロシア軍はジョージア（旧グルジア）に軍事侵攻、南オセチア自治州とアブハジア自治共和国をロシアの勢力下に置いた。この延長線上にウクライナ領クリミア半島の併合、ウクライナ侵攻があることを忘れてはならない。コソボはNATO・ロシア対立の縮図である。コソボ・セルビア国境紛争が勃発する火種は今なお残る。

EU当局はバルカン諸国やウクライナを念頭に、「準加盟」構想を打ち出した。EUへの正式加盟には全会一致の承認が必要なため、合意形成に時間がかかるからだ。北マケドニアとアルバニアのEU加盟については、2022年3月に交渉開始が承認された。だが、交渉は始まっていない。モンテネグロのEU加盟交渉では開始から10年が経過する。[54]

新規加盟問題に慎重なフランスは「欧州政治共同体」の設立を提唱する。経済水準よりも民主主義の尊重などEUの価値観を共有する緩やかな連合体構想である。ただ、安全保障機構である欧州安保協力機構（OSCE、57ヵ国）や人権などの問題を扱う欧州評議会（46ヵ国）はすでに存在する。

欧州にはロシアを擁護するハンガリー、ロシアとの協力関係を強化するセルビアやボスニア・ヘルツェゴビナがある。ＥＵとしては異質な国も取り込みたいところだが、ウクライナ危機も重なって、身動きが鈍いことも事実だ。

コソボはＥＵとＮＡＴＯへの早期加盟を切望する。[55] しかし、加盟交渉は遅々として進展しない。バルカン半島の北マケドニアとアルバニアはＥＵと加盟に向けた交渉を開始している。ＥＵはモンテネグロとセルビアとも加盟交渉を始めているが、いまだに実現していない。ウクライナとモルドバについては、加盟候補国にすると決定されている。[56]

民主主義を重視すればするほど、その呪縛が足枷となる悪循環に陥っている。突破口を開くのは困難な状況である。

4　瓦解に向かうプーチン帝国

不審な点が多い殺害事件がロシアで発生している。モスクワ郊外で２０２２年8月20日、走行中の乗用車が爆発、炎上。政治評論家のダリア・ドゥーギナ氏が死亡した。[57] 暗殺の標的はドゥーギナ氏の父アレクサンドル・ドゥーギン氏だとされる。ドゥーギン氏は極右の思想家として知られる。ドゥーギン氏はロシアのウクライナ侵略を思想面で支えてきた。

ウクライナ側は殺害事件への関与を否定したが、ロシア連邦保安庁（ＦＳＢ）はウクライナ情報機関の仕業だと断定。ウクライナ国籍の女が犯人で、事件後に隣国エストニアに出国したと主張した。事件の真相は依然として解明されていない。なぜ、ドゥーギン氏が狙われたのか。

ドゥーギン氏はモスクワにある士官学校で上級将校に欧州の地政学を教えた。その著書『地政学の基礎』は士官学校のテキストになった。そこには「ユーラシア」という概念でソ連邦を再構築する構想が紹介されていた。ウクライナは地政学的に存在する理由がないと説いた。プーチン大統領の政治観と軌を一にする。プーチン大統領が政権の座に就くと、民族主義集団「ユーラシア青年同盟」が設立された。設立以降、ドゥーギン氏はロシア政府公認の政治活動に取り組んだ。

ウクライナ東部で活動する親ロシア派武装勢力「ドネツク人民共和国」はウクライナ領クリミア半島の併合宣言以前、「ユーラシア青年同盟」と同じ建物に入居していた。ドゥーギン氏の極右思想はクリミア半島併合宣言、ロシアのクリミア半島侵攻の原動力となった。

このような経緯から本来であれば、ロシア極右勢力は殺害事件に反発するはずである。ウクライナへの軍事攻撃を強化するようにロシア政府に求めるはずである。ウクライナ側の仕業であれば、ウクライナでの戦闘がロシアにも飛び火していることを意味する。ロシア市民は安寧に暮らせなくなる。ウクライナ側の攻撃が激化するクリミア半島からはロシア系住民が続々と脱出。治安悪化で不動産価格は大暴落している。

ドゥーギン氏は欧米の極右勢力とも通じる。そして、ロシアと中国が連帯して多極的な世界秩序を構築し、米国による覇権に終止符を打つべきだと論じる。大陸国家と海洋国家との対立は必然だとも解説する。ロシアがウクライナで核兵器を使用することも擁護する。[58]

ウクライナにとって、ドゥーギン氏は思想面での敵である。ウクライナがドゥーギン氏を恨み、スパイをロシアに送り込んで、排除しようとしても決して不思議でない。ウクライナ工作員による犯行とみなすほうが自然だろう。ウクライナにとっては殺害が貴重な功績となる。ただ、事件後の処理が非常に手早いことから、ロシアの工作員がドゥーギン氏を標的にしたのかもしれない。この場合、内ゲバ的な様相を呈する。あるいは反プーチン勢力による犯行かもしれない。いずれにせよ、腑に落ちない点が多い不可解な事件である。

ウクライナ側の対ロシアテロ工作がこの先、頻発するのか。ロシア側のウクライナ攻撃が卑劣さを増すのか。それともロシア国内で反プーチン破壊工作が勢いを増すのか。プーチン大統領の周辺で不穏な動きがあるのか。クレムリンが不安定化し始めていることは確かである。

プーチン大統領はウクライナ攻撃の手を緩めるわけにはいかない。愚かにもプーチン大統領自らがウクライナからの退路を断ち、引くに引けなくなった。ウクライナ側の勝利はプーチン帝国が破裂する時期を急速に早めることになる。

Ⅵ 「プーチンの戦争」と世界経済大混乱

1 「プーチンフレーション」に覆われた世界経済

「プーチンの戦争」が招く地殻変動

案の定、ロシアのウクライナ軍事侵攻を境として、世界中に衝撃が走り、世界経済は地殻変動に見舞われた。新型コロナウイルスのパンデミック（世界的大流行）で世界各国がパニック状態となったが、ＩＴ（情報技術）にあらためてスポットが照射され、グローバル化の恩恵を享受したＩＴ業界は時代の寵児となった。

しかし、ウクライナ危機がＩＴ業界の宴に終止符を打つ。グローバル化の潮流は急速に勢いを失い、世界は「分断」に身構えるようになった。ウクライナ危機が食糧・資源危機へと発展、マネーの奔流は根底から激変した。ＩＴ・ハイテク部門からマネーが引き揚げられ、燃料、航空・防衛、農業、原子力と再生可能エネルギー、金・金属・鉱物の５分野に向かった(1)。

そして、２０２２年８月末に開催された国際経済シンポジウム「ジャクソンホール会議」をきっかけとして、マネーの激流はさらなる変化をみせる。米連邦準備理事会（ＦＲＢ）のパウエル議長が講演でインフレーションを徹底的に退治すると「宣戦布告」。中央銀行の資産を圧縮する量的引き締め（ＱＴ）は急ピッチに進められているが、これに加えて、躊躇なく金利を引き上げる姿勢を強めた(2)。米国の隣国、カナダも追随して連続利上げを余儀なくされている(3)。

この「ジャクソンホール・ショック」が瞬く間に世界金融市場を襲い、金融市場の景気先行き楽観論は一気に吹き飛んだ。パウエル議長が「タカ派」に豹変すると、世界の投資家は身構え、リスク回避へと一斉に動いた。と同時に、世界各国の中央銀行は自国通貨防衛のためにＦＲＢに追随、連続利上げの道を選択する。世界同時利上げの様相を呈している。

株式などリスク資産からマネーが緊急脱出、景気敏感株は総崩れ状態となった。バリュエーション（投資指標）が高いハイテク株の調整に加えて、資源・非鉄金属などの「素材」、建設機械、製造装置などの「資本財」へも株式の売りが広がった。景況感の悪化が意識され、市場は景気後退による企業業績の悪化を警戒するからである(4)。

「分断」の世界では、経済はブロック化し、食糧・資源輸入国は調達先の確保に奔走することになる。「プーチンフレーション（プーチンの戦争が原因の物価上昇）」の煽りを受けて、食糧価格は跳ね上がり、資源エネルギー価格にも押し上げ圧力が作用する。世界各国は有事を意識するようになり、国防費の積み上げに頭を悩ますことになる。

直撃される低所得国

ウクライナ危機の煽りで低所得国が経済苦境に喘ぐ。米利上げの規模とスピードに翻弄され、投資マネーは逃げ足を速めた(5)。貿易赤字、経常赤字が意識され、投資家は低所得国からマネーを引き揚げる。外貨準備金を取り崩して、現地通貨の買い介入を試すが、通貨安に歯止めがかからない(6)。その結果、低所得国は株安・債券安・通貨安の「トリプル安」に苦しめられることになる。

国内貯蓄が不足し、外国からの買い入れに頼らざるを得ない国は対外債務が積み上がる。通貨安は外貨建て債務を膨張させてしまう。新興国からの資金流出は加速、通貨安に拍車がかかり、輸入インフレを顕在化させる。

新興国の通貨当局は利上げをせざるを得なくなる。利上げで債務負担は増す。[7] 新興国の債務残高が国内総生産（ＧＤＰ）に占める割合はすでに２５２％に達している（２０２２年４～６月期）。[8] 世界銀行は重い債務負担を抱え込む新興国、ことに最貧国が多重危機に瀕する事態を懸念する。[9]

低所得国に金融支援を実施する国際通貨基金（ＩＭＦ）は２０２２年９月、ウクライナの西隣にあるモルドバに２、０００万ＳＤＲ（Special Drawing Rights：特別引き出し権）を拠出した。[10] モルドバはＳＤＲと引き換えに外貨を受け取ることができる。モルドバ政府は外貨不足を補い、経済再建に有効利用する。ＩＭＦは２０２２年７月にトンガやケニアにも資金を拠出している。食料や資材の輸入額増で経常収支が悪化することに備える。

ＩＭＦの支援残高は２０２２年７月末時点で1、０８３億ＳＤＲに膨らんでいる。対２０１９年末比で47％増となった。特に、最貧国支援に長期・低利の資金を注入する「貧困削減・成長トラスト（ＰＲＧＴ）」は２・３倍の１５２億ＳＤＲに達している。

南アジアのスリランカはすでにデフォルト（債務不履行）に陥っている。スリランカから近いパキスタンの通貨ルピー相場は急落、10年債利回り（長期金利）が急上昇している。株価も低迷し、「トリプル安」となった。インドの通貨ルピーも対米ドルで一時、最安値を記録していた。[11]

西アフリカのガーナでも通貨セディが急落、「ジャンク通貨」とみなされるようになった。ガーナの公的債務は対GDP比で80％と急速に悪化している。10年債利回りが10％を突破する国はトルコ、カザフスタン、コロンビア、アフリカ8ヵ国など15ヵ国にのぼる。

トルコは低所得国の範疇には入らないけれども、通貨トルコリラ安で物価上昇が止まらない。トルコの消費者物価指数（ＣＰＩ）は対前年同月比で２０２２年4月69・97％、同年5月73・5％、同年6月78・6％、同年7月79・6％、同年10月80％超と加速。最大都市イスタンブールのインフレ率は99％を記録している。卸売物価指数（ＰＰＩ）は２０２２年5月で１３２・16％に達している。(12)

トルコの主要政策金利は年10・5％（２０２２年10月時点）であるから、物価上昇率を勘案すると、実質金利は大幅なマイナスとなる。現金の価値は目減りするので、トルコ市民は財・サービスを買い急ぎ、個人消費は活況を呈する。ただ、この動きは持続可能でない。

北アフリカのエジプトでは通貨当局がエジプト・ポンドの切り下げに踏み切り、アルゼンチンの中央銀行は政策金利を大幅に引き上げている。(13) 新興国が揃って通貨防衛に奔走している姿が浮かび上がる。

国際商品高が定着すると、輸入に頼る国の負担はかさみ、調達コスト増は新興国を苦しめる。(14) インフレが加速すると、個人消費が下押しする懸念が強まる。(15) 民主化運動「アラブの春」の背景には食糧価格急騰への不満があった。価格高騰が原因で暴動に発展、「アラブの春」は独裁者が命を落とす導火線となった。(16) それだけにパンを主食とする国は小麦高に敏感である。補助金を拠出するとしても、低所得国の場合、財源が乏しい。打てる対策の選択肢は限られている。

先進国にも波及する物価高

経済協力開発機構（ＯＥＣＤ）は加盟38ヵ国の物価上昇率が２０２２年に８・５％になるとの見通しを公表している[17]。ウクライナ侵攻前となる２０２１年12月時点の予想よりも４・３ポイントも高い。ロシアのウクライナ侵攻が物価上昇に拍車をかけたことがわかる。経済成長率に関しては、２０２２年で３・０％とし、下方修正している。２０２３年の成長率は２・８％と予想する。中国のいわゆるゼロコロナ政策も成長に悪影響を及ぼす。

インフレ進行の原因として、ＯＥＣＤは新型コロナウイルス禍からの需要急回復（需要爆発）、ウクライナ侵攻に伴う供給制約を挙げている。懸念材料は新興国を中心に農産物、肥料が不足する事態である。

アフリカのマダガスカルやチュニジアはトウモロコシをウクライナに依存、モンゴルやアゼルバイジャンは肥料輸入をロシアに全面依存する。欧州諸国はロシア産資源エネルギーに依拠してきた。ＯＥＣＤは人道的悲劇についても警鐘を鳴らす。

世界銀行は２０２２年における世界経済の実質経済成長率を２・９％と予想、物価高と景気後退が同時進行する「スタグフレーション」のリスクを懸念する。主要国で政策金利の引き上げが相次ぎ、利上げドミノは新興国の資金調達を妨げる。

国際商品高と供給制約とが連鎖すると、コストを押し上げ、「コストプッシュ型」インフレが顕在化する。日本では相対的に落ち着いているものの、欧米諸国は揃って物価高と人手不足による賃金上昇が顕著となっている。賃金の上昇は新たな物価高圧力となる。食料品・光熱費・家賃・住居費といった生活費は世界中で上昇する。[18]なかでも光熱費は歴史的な急騰を記録している。[19]

日本が慣れ親しんできた低インフレ・低金利の時代は終幕を迎えている。[20]生活費の急上昇は政治指導者の力量を試す。[21]世界経済は景気後退の崖をさまよう。[22]世界は新しい現実と向き合う局面に突入した。

現実味を帯びる欧州発の世界同時景気後退

「プーチンの戦争」はロシア産資源エネルギーとの決別を宣告した欧州とロシアとによる「エネルギー戦争」、「経済戦争」へと発展してきた。自由主義陣営は「プーチンフレーション」との戦いに勝利しなければならない。欧州諸国、英国の家庭は程度の差こそあれ一様に、光熱費の急騰に悲鳴を上げる。

主要7ヵ国（G7）はロシア産原油の輸入価格上限制度を導入することで合意した。[23]ロシアの戦費調達に歯止めをかけるためである。さらに欧州連合（EU）は原油に加えて、ロシアから輸入する天然ガス価格に上限を設定する構想を披露した。

この構想には、価格高騰の恩恵で多大な超過利益を得るエネルギー企業に課税すること、電力価格の急変動が負担となる電力事業者に政府保証を供与すること、といった措置も含まれる。[24]課税で吸収した税金を財源として家庭や企業を支援する。

当然、ロシアは猛反発、化石燃料を「武器・兵器化」して、欧州への天然ガス供給を大幅に減らした。[25]エネルギー需給の逼迫は改善されず、欧州経済に対する悲観ムードが一段と拡大する。資源高による景気圧迫の不安は解消できていない。欧州天然ガス価格の指標となるオランダＴＴＦ（Nymex Dutch TTF）は急上昇、高止まりする。[26]

資源エネルギー価格の高騰は物価を押し上げる「主犯」となった。欧州中央銀行（ＥＣＢ）は物価の安定という中央銀行本来の役割を果たすべく、政策金利の大幅な引き上げを強いられている。[27] 物価高、金利高による景気後退懸念で、欧州大陸に覆う霧は晴れず、弱気ムードが漂う。事実、金融市場では「欧州売り」一色に染まっている。

インフレと金融引き締め、財政悪化、景気減速の懸念から、リスク資産の筆頭である株式は売られ、投資家の売りは共通通貨ユーロにも波及する。国債も売られ、国債利回りは高水準で推移する。[28] 弱いユーロは輸入インフレを誘発する。ユーロ売りと物価上昇が連鎖して、悪循環を断ち切れないでいる。[29]

「イタリアは単独では決して強くない」とイタリアのマリオ・ドラギ前首相が認めるように、イタリアはＥＣＢに依存する。イタリアの場合、財務健全性の目安となる政府債務残高の対ＧＤＰ比は１４０～１５０％に達する。[30] 財政出動が財政赤字を膨らませているからだ。ＥＣＢが連続的に金利を引き上げると、金利上昇で債務負担は増す。南欧債務問題が表面化すると、欧州経済全体へと危機が波及する。

北欧のフィンランドはユーロ採用国である一方、ロシアと国境を接する。ウクライナ侵攻でロシアの軍事的脅威を再認識したフィンランドは賢明にも、北大西洋条約機構（ＮＡＴＯ）に加盟することを決断したが、ロシア・リスクを解消できたわけではない。地政学リスクを意識する投資家はフィンランド国債売却に動く。ロシアと国境を接するバルト3国も国債売りの洗礼を浴びる。バルト海沿岸諸国の長期金利に上昇圧力がかかる。[31]

なお、バルカン半島の小国クロアチア（人口400万人）は2023年からユーロを採用する。クロアチアの法定通貨はクーナからユーロに切り替わる。クロアチアのユーロ採用でユーロ圏は20ヵ国に拡大する。[32]

英国社会の憂鬱

偉大なるエリザベス女王を失った英国社会は深い悲しみに浸っている。その衝撃は英国だけでなく、英連邦、そして世界中を駆け巡った。英国社会のもう一つの苦悩が経済混乱である。英金融街シティーのロードメイヤー（市長）は対ロシア経済・金融制裁が長期化しても、英国の金融業界に負の影響はないと言い切る。[33] それでも、英国経済も乱気流に巻き込まれていることは否定できない。

英国経済社会はエネルギー価格の高騰で急激な物価上昇に苦しむ。労働力不足といった要因もインフレ圧力を生む。物価抑制のため、イングランド銀行（中央銀行）はECBと同様に、連続的に利上げを実施。QTにも踏み切っているものの、利上げ効果は限定的である。加えて、イングランド銀行は過去に買い入れた英国債を市場で売却して、資金を吸収する。市場での売却ペースは四半期当たり100億ポンドが見込まれている。[34] 金融緩和の手じまいが急がれている。

ロンドン外国為替市場では英通貨ポンドが下落、歴史的な安値圏に沈む。[35] 英国は北海油田に恵まれる。国際石油資本（メジャー）の一角を占めるBPやシェルといった世界屈指の石油大手はグローバルに事業を展開する。欧州諸国に比べると、ロシア産資源エネルギーと決別することは相対的に容易ではある。

それでもインフレに苦しむ姿は欧州諸国と変わらない。景気の先行き不透明感は根強く、米ドル独歩高の影響で通貨ポンド売りが続く。英政界ではジョンソン元首相が退陣し、トラス前政権が誕生した。トラス前首相はエネルギー価格高騰への対策、つまり家計や企業の支援策、さらには大規模減税策を表明したことで、市場は公的支出による財政悪化に懸念を募らせた。これがポンド急落を誘発した。国債の大幅増発懸念で英長期金利は跳ね上がってしまった。

物価急騰対策では、標準世帯が支払う光熱費が値上がりしないように抑え込む。[36] 英当局が供給事業者の調達コスト、利潤などを考慮して、電気・ガスの販売価格に設定する「プライス・キャップ」という上限を2年間、年換算で2、500ポンド（標準世界のモデルケース）に固定する。

光熱費の一部を占める気候変動対策向けの課徴金も一時的に停止する。光熱費から400ポンドを差し引く対策も加えて、光熱費が現状を維持できるように工夫されている。合わせて、エネルギー企業を支援する枠組みも新設される。

要するに、力技で物価高騰を封じ込めようとする対策である。当然、財政支出は急増する。石油・ガス会社の利益に25％を追加課税される措置は講じられているが、財源捻出には力不足。どうしても赤字国債の増発が必要となる。借り入れコストの負担は利上げの影響で増す一方となる。[37]

英当局が進める金融政策と財政政策には一貫性がなく、矛盾をはらんでいた。通貨安は輸入物価を押し上げ、インフレ退治は困難となる。「スタグフレーション」を恐れる市場の懸念は払拭されない。[38]

こうした経済政策の混乱でトラス前政権は退陣に追い込まれ、スナク新政権が誕生することになる。スナク新首相は早速、増税策を打ち出した。

EU当局も家計・企業支援策を講じる。電力料金高騰の恩恵を享受する電力会社が創出する利益の一部を徴収し、これを財源として支援に回す。グリーン投資にも有効利用できるように設計する。水素の普及に向けて「水素銀行」を新設し、30億ユーロを投じて水素市場を整備する。(39)

天然ガスで発電する事業者は流動性危機に直面する。金融システムを維持できない可能性もあるという。(40) こうした事業者には救済措置を講じ、電力供給に支障がないようにする。1メガワット時200ユーロを上限として、上限を超えた利益を徴収する。化石燃料を販売する事業者にも「連帯貢献」を求め、税引き前利益を基準に一定の利益を上げた企業から徴収する。(41)

下落基調にある欧州の「非ユーロ」通貨

ウクライナに近接する中・東欧諸国はウクライナとの連帯を表明し、積極的にウクライナ避難民を受け入れてきた。その一方で、中・東欧諸国の経済力は強くなく、危機への耐性は低い。難民受け入れで経済的負担は増した。投資家はこの脆弱性を懸念、投資マネーを中・東欧諸国から退避させた。

中・東欧諸国や北欧諸国のなかには、単一通貨ユーロを採用せず（採用できず）、独自通貨を流通させる国がある。独自通貨採用国の通貨はユーロよりも下落幅が大きい。具体的には、ハンガリーの通貨フォリント、ポーランドの通貨ズロチ、スウェーデンの通貨クローナなどを挙げることができる。(42)

スウェーデンでは物価上昇率が2022年8月に9・0％（対前年同月比）を記録、1991年以来の高水準となった。リクスバンク（スウェーデン中央銀行）は２０２２年5月にゼロ金利政策を解除、連続大幅利上げで対応する。リクスバンクは資産買い入れ策に終止符を打ち、保有資産の縮小にも踏み込む(43)。

フィンランドとスウェーデンの国債は「安全資産」として広く認知されてきた。米格付け会社S＆Pグローバルによると、フィンランドの国債格付けは債務の履行能力が高いとされる「AAプラス」、スウェーデン国債はさらに上位の「AAA」でドイツ国債と同ランクである。公的債務の対GDP比も欧州全体よりも低く、財務の健全度が評価されてきた(44)。

しかし、地政学リスクの高まりで、フィンランド、スウェーデン両国の長期国債利回りが急上昇、「安全資産」としての地位が揺らぐ。南欧諸国の信用リスクに加えて、北欧諸国のリスクが追加されてしまうと、欧州全体が高リスクになる。

ハンガリーはEUとNATOに加盟するものの、オルバン政権は親ロシア的な外交スタンスを貫徹する。オルバン首相とプーチン大統領との距離は近い。ハンガリーはロシア産原油・天然ガスに全面依存する。このためにEUは新型コロナウイルスの復興基金をハンガリーに拠出していない。

独自路線を疾走し、EUとの政治的緊張の高まりがハンガリーの信用不安を増殖させる。米格付け会社S＆Pグローバルはハンガリー国債の格付け見通しを「安定」から「ネガティブ」に引き下げた。

人手不足に直面するポーランドでは平均賃金が急上昇、賃金を引き上げても人手不足を解決できないでいる。と同時に、ポーランド国立銀行（中央銀行）は政策金利を連続的に引き上げているが、消費者物価は16・1％（２０２２年8月時点、対前年同月比）に達する。利上げの効果は限定的でエネ

ルギー価格の高騰が止まらない。賃金上昇とインフレとがスパイラル現象を引き起こし、沈静化に向かう兆しはない。(45)

中・東欧諸国の景気不安で短期金利に上昇圧力がかかる。インフレの長期化懸念で政策金利が引き上げられ、短期金利を押し上げる悪循環に陥っている。金融引き締めの出口が見えないでいる。利上げは企業収益を圧迫する。対外与信全体に占める中・東欧諸国向け残高はオーストリア、ベルギー、ポルトガルが多い。不良債権が積み上がる懸念を払拭できないでいる。(46)

中・東欧、北欧とユーロ圏との貿易取引は多い。ユーロ圏の景気が悪化すると、たちどころに悪影響が及ぶ。ノルウェーは産油国であることで通貨クローネ相場は堅調に推移している。ただ、ノルウェーの経済社会もインフレに揺さぶられる。消費者物価は5％を突破し、ノルウェー銀行（中央銀行）は政策金利を引き上げた。(47)

資源エネルギーに恵まれない中・東欧、北欧諸国の通貨や株式、それに国債が売られ、下落するのは当然の帰結である。

2 物価は「ピークアウト」したのか

下落に転じる金（ゴールド）・白金（プラチナ）

物価高に対処する方法の一つとして、価値が目減りしにくいとされる金（ゴールド）の購入を挙げることができる。金は希少性や実物としての裏づけがあることから、「安全資産」とされてきた。経験則では日本円の対米ドル相場と金相場は連動している。つまり円高と金相場上昇とが同時に進行してきた。円、金の双方とも「安全資産」と位置づけられてきたゆえんである。「物価の天井」が意識されると、金価格は下落に転じる(48)。

一般論として、インフレ局面や景気後退期に金は選好されてきた。金の価値は相対的に安定しているからだ。ところが、米ドルの独歩高が際立つと、金利がつかない金の魅力は低下、マネーは米ドルに惹きつけられる。数年先を見据える期待インフレ率の低下も金の売りを誘う。

国際指標となるニューヨーク先物は2022年3月上旬、1トロイオンス2、078・8ドルを記録したが、足元では2、000ドルを大幅に下回る。金価格の過去最高値は2、089・2ドルである。

インフレが「ピークアウト」したのではなく、各国中央銀行による連続利上げで、数年先、5年先には物価は下落するだろうという見通しから金価格は下落に転じている。これは市場が「物価の天井」を意識する証拠である。

中国とインドは世界金消費の半分を占める。宝飾向けや婚礼用に金が購入される。だが、中国では債務の激増から金の販売は伸び悩む。インドでは貿易赤字の縮小のため、金の輸入関税が引き上げられた。国内販売価格が上がるため買い意欲は乏しくなる。

ただ、市場は「万能の神」ではない。市場の判断が常に正しいとは限らない。「市場の失敗」は過去にもある。

金と同じ貴金属ながら、白金（プラチナ）の用途はまったく違う。白金の用途は宝飾品向けよりも産業用、自動車向けが圧倒的に多い。世界的な経済失速の警戒感を先取りする投資家は上場投資信託（ＥＴＦ）や地金、コインへの投資を減らしている。[49]

白金の需要は中・長期的には旺盛になるとの見通しだが、国際価格は安値圏で推移する。世界的な景気減速が意識されると、白金への投資妙味は希薄化する。景気悪化で自動車販売が伸び悩むであろうという予想も絡む。自動車の排ガス触媒に使うパラジウムからの代替、自動車向けの白金配合量増加は白金の相場に好影響を及ぼすが、白金の供給過剰感が高まると、白金相場は軟調になる。

白金の用途は近い将来、燃料電池車の電極や「グリーン水素」を製造する際の電極槽などに広がっていく。環境問題が脚光を浴びるようになると脱炭素のトレンドが強まり、白金に見直し買いが入る期待は高まる。

産業向け金属の価格低下が示唆する景気不安

ロシアがウクライナに軍事侵攻した当時、資源エネルギーや希少金属（レアメタル）、穀物の調達難が世界経済全体を揺さぶった。[50]「プーチンフレーション」が世界経済の懸念材料として急浮上したけれども、市場は景気の先行きを警戒するようになる。

国際指標となるロンドン金属取引所（ＬＭＥ）の金属先物価格。産業用金属の価格は軒並み低下してきた。[51]中国は世界銅消費の半分を占める。中国で企業活動が停滞すると、銅の需要は減少、国際相場の押し下げ要因となる。つまり「需要の破壊」で金属市場は縮小することになる。[52]

銅の先物価格はロシアによるウクライナ侵攻直後の２０２２年３月上旬、１トン１万６７４ドルに急上昇、史上最高値を記録した。だが、その天井から徐々に低下し、反転のきっかけをつかめないでいる。

中国では銅を多用する自動車の生産や半導体（集積回路）の生産など、主要産業の生産が大きく落ち込む。その結果、中国の銅在庫は急増している。中国国内での銅需要は減少していることを物語る。欧州でも銅需要は低下する。銅の供給面では生産は順調で、供給過剰が意識される。

もちろん景気持ち直しの兆しが点灯すれば、銅需要は上向く。白金と同様に、電気自動車（EV）など脱炭素対応の動きが強まると、銅需要は確実に増える。増えるのは銅やアルミニウムだけでない。重要鉱物も不可欠となる。

ネオジムなどのレアアース（希土類）はEVやハイブリッド車（HV）のモーターや高性能風力タービンの永久磁石に欠かせない。リチウムとコバルトはEV用リチウムイオン電池の主材料となる。[53]米国ではグリーン・テクノロジーに必要なリチウムなど鉱物の生産が急ピッチで進む。[54]

国際相場の急落は銅にとどまらない。すず、アルミニウム、銀、ニッケル、亜鉛など産業用金属の国際価格が軒並みに低下している。[55]ただ、アルミニウムなど非鉄金属の在庫は消化されつつある。[56]

LMEではアルミニウムの先物価格、ニューヨーク市場では白金や銀の先物価格が下落基調にある。市場、特に投機筋は中国経済の停滞が世界景気を冷やし、非鉄金属や貴金属の需要が伸び悩むと警戒を強める。

中国の消費量はアルミニウムで世界全体の5割、白金と銀で3割を占める。人民元安は輸入価格を押し上げる。通貨安も非鉄金属・貴金属の購買力を削ぐ。[57]半導体不足が解消され、自動車生産・販売が増加基調に戻れば、アルミニウム相場は再び、堅調に推移することになる。

「プーチンフレーション」に勝利できたか

ウクライナ危機の煽りでロシア産木材が市場から消滅したことで、木材価格は急騰し、ティッシュペーパーなど家庭紙の原料となるパルプ価格も跳ね上がった。[58] だが、世界的な金融引き締めで長期金利が急上昇、連動して住宅ローン金利も上昇基調が続く。そうなると、消費者の住宅購入意欲は減退する。[59] 中国の不動産業界では連鎖倒産が相次ぐ。集合住宅の販売に急ブレーキがかかっている。サプライチェーン（供給網）の大混乱で輸送が停滞をきわめていたが、解消に向かっている。輸送網が正常化していること、住宅建設の着工が停滞している事態が重なれば、否応なく木材価格は低下する。

その一方で、国際相場が高値圏に張り付いているのは天然ガスと石炭。欧州など輸入国、消費国はロシア産の代替調達に四苦八苦する。新たな調達先が定まり、新規サプライチェーンが構築されるまで、相場は低下に向かわない。

建設資材の代表格であるセメントの用途は幅広い。世界景気の先行き不安はセメントの消費を抑え、価格押し下げ要因となる一方、資源高はセメントの生産コストを押し上げ、販売価格に転嫁されてしまう。

セメント生産には一般に石炭を使う。トラック運転手の不足や賃金増を背景とする物流費の高止まりはセメント調達コスト増の要因となる。石炭の高騰を背景に、セメント業界は石炭価格の動向をセメント販売価格に反映させる「サーチャージ制」を導入した。[60]

穀物危機は緩和の方向に動いていることは確かである。農産物価格は急騰から下落に転じ、ウクライナ侵攻以前の水準まで落ち着いてきている。それでも穀物危機の解消には至っていない。[61]

小麦はパンや麺類に必須であり、トウモロコシや大豆は食肉生産を支える。[62] ロシア産・ウクライナ産の穀物は黒海から出荷、輸出されることから、グローバル供給網の「急所」となっている。[63]

ロシア産・ウクライナ産の穀物を調達してきたアフリカ諸国は、ロシアの金融機関が国際決済網から締め出されたことを受けて決済に支障が生じ、購入の妨げとなっていると不満を漏らす。[64] トルコ、エジプト、レバノン、イエメンなどの中東・アフリカ諸国、パキスタン、バングラデシュなどのアジア諸国といったイスラム教国がロシア産・ウクライナ産の穀物に依存してきた。[65]

世界の胃袋を満たす農業大国ウクライナ

ウクライナ経済にとって農業セクターは「心臓部」である。耕作農地はウクライナ全土の57％を占める。農地では農産物が生産され、ウクライナは「欧州のパン・バスケット」と呼ばれてきた。ウクライナの国土が戦場となったことで、農業生産は打撃を被る。ウクライナ経済全体を傷つけていることは想像に難くない。[66]

食糧危機で飢餓と貧困の恐れが高まると、人道支援が必要となる。暴動など社会不安が起こる懸念もある。[67] G7が新興国への食料安定供給に乗り出したほか、世界銀行、IMF、国際農業開発基金（IFAD）、アジア開発銀行（ADB）と連携する。[68] 対ロシア経済・金融制裁の効力を高めるためである。

肥料やディーゼル車の排ガス浄化に使う尿素についても、欧州がロシア産に依存してきた。(69) 尿素価格の上昇は肥料の値上げ要因となる。

化学肥料は主として三つの要素から成る。三つの要素とは植物の成長を促進する窒素（N）、開花・結実を助けるリン酸（P）、根の発育を支えるカリウム（K）である。日本の場合、塩化カリウムの輸入先はカナダ（59％）、ロシア（16％）、ベラルーシ（10％）、ヨルダン（5％）、ウズベキスタン（5％）、その他（5％）となっている（2020年7月～2021年6月期実績）。ロシア産とベラルーシ産で26％と3割近くを占め、日本は敵国に依存していたことがわかる。中国産も含め、肥料危機は中国、ロシアを震源地とする。(70) 日本政府はカナダやモロッコなどからの代替調達を急ぐ。(71)

ウクライナ軍は大健闘し、ロシア軍を劣勢に追い込んでいる。自由主義陣営も「プーチンフレーション」との戦いに挑む。勝利まで時間を要するが、自由主義陣営は一致団結できている。

ロシアの友好国・中国は「戦争保険（軍事行動によって生じた損害の補償を受けられるようにする保険商品）」を負担して、ロシアや欧州と結ぶ国際貨物列車「中欧班列」を支援、ロシア経済を下支えする。(72) 中国がロシアに加担することは、ウクライナ侵攻に中国も参戦したことを意味する。

まだまだ道半ばだが、勝利に近づいていることは確実である。ロシアが完敗するまで戦いは続く。

3 ヒートアップする「プーチンとの戦い」

急速に高まるロシアのカントリーリスク

格付投資情報センター（R&I）が2022年7月に実施したカントリーリスク調査では、ロシアの評価点が2022年1月の調査から3・1ポイント低下。調査対象国・地域100ヵ国中、ロシアの順位は第93位と前回調査の第58位から大幅に下落している。(73)「デフォルト」を宣言した第91位のスリランカ、政治と経済が不安定なパキスタン（第83位）よりも低位にとどまる。ロシアの外貨建て国債も「デフォルト」認定された。

戦場となっているウクライナの評価点も1・5ポイント下がって、第95位とロシアよりもカントリーリスクの高さが意識されている。ロシア軍のウクライナ占領で、停戦合意が実現したとしても、侵略前の経済規模を回復するには時間を要すると判断されている。

自由主義陣営はロシアをグローバル・システムから追放した。強烈な経済・金融制裁をロシアに科し、ウクライナを侵略したロシアを裁く。ロシアに加担する中国など独裁国家も締めつける。

EUはロシア人観光客を域内から締め出す。ロシア市民のEU入域が増加すると安全保障上のリスクになるとEU当局は判断、ビザ（査証）取得を厳密化する。(74) EUはビザ取得のための円滑化協定を一方的に停止、ビザ料金を80ユーロに引き上げた。

EU統計局によると、2019年にロシア人はEU内に延べ3、700万回宿泊し、欧州以外の主要国では米国人に次いで多かったという。ロシアのウクライナ侵攻後の半年間でも100万人にのぼるロシア市民が陸路でＥＵに入っている。キプロスやギリシャなど温暖な地中海沿岸諸国はロシア人にとって人気の観光地である。(75)

犯罪大国のロシアでは外国のコンテンツが不正に上映されている。ロシアがウクライナに軍事侵略したことで自由主義陣営は経済・金融制裁を科し、外国のコンテンツも制限された。ところが、米ディズニーや米パラマウント、米ネットフリックスなどの外国作品が映画館で上映されている。海賊版サイト「ＲｕＴｒａｃｋｅｒ（ルートラッカー）」でも映画、スポーツ映像、ゲーム、書籍などのコンテンツが投稿されているという。(76)

海賊版映像を映画館で上映する手口は中国も同じである。ロシアの映画興行収入は6億ドルで世界第6位の市場である（世界全体では２１３億ドル、２０２１年実績）。ロシア政府は敵国の企業が保有する特許や意匠を無償で使用できると決定している。国際社会はロシアの不正行為を見逃すべきではない。

ロシア産石油の裏流通で注目されるギリシャ

『日本経済新聞』は船舶情報などでロシア産石油の闇取引を追跡している。ロシアの石油積出港を出航した石油タンカーがギリシャ南部沖のラコニア湾で移し替え、欧州、アジア、中東、アフリカ、米国に向かっているという。(77)「瀬取り」は原産地を隠す卑怯な不正行為である。

２０２２年2月24日から同年8月22日までの半年間で、ロシアからギリシャ沖の「瀬取り」に出荷された石油は合計２、３８６万バレルに達する。

たとえば、2022年6月4日にロシア産石油を「瀬取り」したマルタ籍のタンカーが英イミンガム港で荷降ろししている。資源商社大手のトラフィグラ（本拠地はスイス）が荷主となって、ロシア国営石油最大手ロスネフチの石油30万バレルを英石油中堅プラックスグループに売却していたという。プラックスグループはイミンガム港近くにトラフィグラ専用の製油所を保有する。

ギリシャの船主は全世界船舶のうち17・6％を保有、世界首位を誇る。ギリシャが海運国家であることがわかる。ギリシャGDPのうち海運業は1割弱を占有する。海運業者の存在は大きい。ギリシャの後には中国（11・6％）、日本（11・4％）、シンガポール（6・6％）、香港（4・9％）、ドイツ（4・1％）、韓国（4・1％）、ノルウェー（3・0％）と続く（2021年1月時点、積載量ベース）。[78] 欧州もギリシャに海上輸送を依存する。この構造にメスを入れるのは容易でない。「瀬取り」は自由主義陣営にとっての裏切り行為となる。

実利を優先する新興国

日欧米諸国の財・サービスはロシア市場から消滅した。この空白を埋めるのが中国である。中国製の半導体（集積回路）、パソコンなど一般機械、自動車部品など輸送機械、化学製品、ゴム製品がロシア市場に雪崩れ込む。ロシア側は外貨が不要な人民元で貿易決済する。トルコでは2022年1〜7月にロシア系企業が600社も開業した。トルコの主要港はロシア向けコンテナのハブ（中継地）としての役割を担う。[79]

中露間貿易、特にエネルギー分野では人民元決済が激増している模様だ。ロシア企業は人民元建ての社債を発行、資金調達する。アルミニウム生産大手のルースアル（ルサール、ロシアのアルミの意）は計40億人民元（償還期間5年）を起債した。金採掘大手のポリュスも46億人民元（償還期間5年）を起債している。石油大手のロスネフチは100億人民元（償還期間10年）を起債した。ロシア政府は人民元建ての国債を発行して、財政赤字を補填する構えでいる。経済・金融制裁でグローバル経済から追放されたロシアが金融面でも中国にシフトしている構図が浮かび上がる。(80)

ロシアからは資源エネルギーや肥料が新興国に輸出されている。割安となったロシア産原油はインド、中国、トルコ向けが急増。ロシアは欧州市場の代替としてインド、中国、トルコを位置づけるようになった。(81)

中国によるロシア産原油の海上輸送輸入量は2022年1～8月期で累計2億バレルと、対前年同期比38%増となった。また、インドも同時期に累計で1億1、600万バレル（対前年同期比5・4倍）のロシア産原油をタンカーで購入している。バングラデシュには1バレル59ドルでロシア産原油を売り込むという。(82)

ブラジルに対してはロシア産肥料の輸出が伸びている。ベトナムにはロシア産小麦が流入する。観光大国のタイにはロシア人観光客が大挙して押し寄せる。タイのプーケットはロシア人にとって人気のリゾート地である。タイ政府は年間100万人のロシア人観光客受け入れを目標とする。タイ・ロシア間の貿易額も2021年比で4倍となる100億ドルに拡大する目標が掲げられている。タイはロシアに自動車や食品を輸出し、原油や肥料を輸入する。

反共組織として結成されたものの、東南アジア諸国連合（ASEAN）は外交的「中立」を原則とする。ウクライナ危機に関しても、ＡＳＥＡＮは中立的立場を貫徹している。ＡＳＥＡＮの盟主であるインドネシアは日欧米の対ロシア制裁に参加していない。石油製品の高騰に頭を抱えるインドネシアも早晩、ロシア産原油を購入することになるだろう。(83)「中立」を建前として実利を優先する姿が浮かび上がる。

長期戦覚悟の「プーチンとの戦い」

プーチン大統領にとっての「偉大なるロシア」とは、常に領土を拡大し、強力な軍事力を誇り、周辺の小国を武力で従属させることを意味する。(84)それゆえにソ連邦の崩壊を黙認できないのである。現状を修復するために、プーチン大統領はベラルーシと「連合国家」を構築し、ジョージアやウクライナに軍事侵攻した。

ところが、現実はと言うと、プーチン大統領の思惑通りにまったく進んでいない。ソ連邦時代の領土を拡幅できず、無謀なウクライナ侵略でロシアの軍事力はすっかり衰弱してしまった。逆に、ロシア軍の無残な姿を全世界に晒し出すことになった。欧米の軍事力にロシアは太刀打ちできないことが白日の下に明らかとなった。ウクライナ軍の行動は小国を大いに勇気づけることになった。

ロシア国内からは連敗を続けるロシア軍の最高司令官プーチンに責任を問う声が漏れ伝わる。「戦争反対」というスローガンではなく、愛国的感情からロシア軍の失態を嘆いているのである。戦場となったウクライナの市民はロシアへの怒り、憎悪を強めている。ウクライナ侵攻でプーチン大統領は敵の数を増やしてしまった。プーチン大統領にとっての「誤算」である。

Ⅷ 「プーチンの戦争」で結束深める日本・米国・欧州

1 目覚めた西側自由主義陣営

プーチンを増長させた自由主義陣営の無頓着

念願の独立を果たしたバルカン半島の小国コソボ。コソボは紛争の末、2008年2月17日にセルビアから独立した。米欧の軍事同盟である北大西洋条約機構（NATO）が軍事介入して、セルビアを空爆。セルビアの盟友ロシアが介入する道を封じた。コソボにはNATOの平和維持部隊が駐留する。

辛酸を嘗め、激怒したロシアは2008年8月、北京五輪の最中であったにもかかわらず、ジョージア（旧グルジア）の南オセチア自治州とアブハジア自治共和国に侵攻。実効支配し、事実上、ロシアの統治下に置いた。さらにロシアは、ソチ冬季五輪の直後となる2014年3月にはウクライナ領クリミア半島を軍事侵略。ロシア領に強制併合した。

ところが、ロシアの暴挙に日欧米諸国は無関心だった。対ロシア制裁を発動したものの、形式的な内容にとどまった。ロシア経済に対する影響は軽微だった。不思議なことに、ウクライナ国内でさえもロシアを非難する声は高まらず、ドンバス地方を親ロシア派武装勢力が支配するに至っても、欧米諸国は軍事介入しなかった。

台湾の独立を警戒する北京は本来であれば、クリミア半島の独立を座視、支持できる立場ではない。しかし、北京も結果的には黙認、モスクワと対米国牽制で協力する外交姿勢を貫いた。中国1国で米国と対決できないからであろう。ロシアの軍事力を盲信、過大評価していた証でもある。

プーチン大統領は自信を深めていく。新型コロナウイルスのパンデミック（世界的大流行）に世界が翻弄されている姿を横目で見て、プーチン大統領は国内の統治機構改革に粛々と取り組んでいく。「国家評議会」を格上げして、議長就任を視野に入れ、終身最高指導者への道を開く。プーチン大統領はソ連邦時代、すなわち前近代社会に生きている。ソ連邦時代では最高指導者は死去するまでその地位を全うできた。プーチン大統領は自らが終身最高指導者、つまり「国父」であるべきだと思い込んでいる。

プーチン大統領の究極目標は崩壊に追い込まれたソ連邦の復活である。その第一弾が隣国ベラルーシとの「連合国家」樹立である。ここにウクライナも加えて、スラブ系による「グレーター・ロシア」を新たに立ち上げたい。

プーチン大統領もロシア市民もウクライナを三流国家、ウクライナ国民を三流市民と見下している。ウクライナはロシアに支配されて当然だと考えている。ウクライナがロシアから名実ともに独立して、ウクライナ国民が自らのアイデンティティー（自己同一性）を形成することを許せないのである。

プーチン大統領は「危険な賭け」に出る。大胆にもウクライナ全土の支配を念頭に軍事侵攻した。

無視されたホワイトハウス（米大統領府）の重大警告

ワシントンの情報収集能力は卓越している。英国やカナダの諜報機関と協力して、最高機密レベルの情報を収集、分析する。プーチン大統領が描いたウクライナ軍事侵略構想も事前に察知、侵攻作戦の詳細まで見抜いていた。

戦争勃発の危険性という事の重大性に鑑みて、バイデン米大統領はクレムリン（ロシア大統領府）がウクライナに侵攻することを画策していると全世界に向けて警告を発した。その一方で、米国はこの紛争に軍事介入しないと明言した。

国際社会はホワイトハウスの警告を軽視した。欧州諸国は人迷惑な挑発だとホワイトハウスを非難した。ウクライナが戦場となるにもかかわらず、ウクライナのゼレンスキー政権ですら、バイデン大統領からの警鐘を真剣に受け止めなかった。ウクライナで国家非常事態や戒厳令が発動されるのは侵攻直前のことである。情けないことに、ロシアを専攻する自称専門家もプーチン大統領の本音を見抜けなかった。

ホワイトハウスが提示したシナリオに沿って、ロシア軍はウクライナを攻撃した。空爆から始まり、戦車がウクライナの国土を汚していった。クレムリンは10日もあれば、ゼレンスキー政権を転覆できると高をくくっていた、だが、この傲慢は誤りだったとロシア軍は気づく。

ロシア軍兵士は若く、未熟だった。戦闘の経験もなかった。モラル（士気）も極端に低かった。戦争の目的を知らされず、ロシア軍全体で共有できていなかった。その結果、首都キーウ（キエフ）を陥落できず、ゼレンスキー政権も転覆できなかった。ウクライナ北部のベラルーシから攻め入った部隊は間もなく退散、敗走した。

ウクライナ南部に展開したロシア軍部隊はウクライナ最大の港湾都市オデーサ（オデッサ）を攻略することを目指す。ところが、この作戦も奏功しなかった。黒海上ではロシア海軍の旗艦「モスクワ」がウクライナ軍のミサイル攻撃で撃沈された。

ウクライナ東部のドンバス地方は親ロシア派武装勢力が支配する。ここを拠点にロシア軍はウクライナ東部地域で占領地を拡大していく。しかしながら、ウクライナ東部地域でもウクライナ軍は健闘し、占領地を次々と奪還、市民を矢継ぎ早に解放していった。

統率が欠如するロシア軍はまるで「オリンピック・スプリンター」のように疾走して逃げ去った。ある兵士は軍服を脱ぎ捨て、私服に着替えて戦地を脱出した。ある兵士は自転車で逃走していった。ウクライナ北東部地域にウクライナ軍部隊が集結しているという情報があったにもかかわらず、前線に情報が届いていなかった。無様である。

ロシア軍の敗因は軍部隊が組織として機能していないこと——この一点に尽きる。確かにバイデン大統領は戦場となったウクライナに米軍は投入しないと言明していたうえ、約束どおり米軍を派遣しなかった。

しかし、軍事支援は惜しまなかった。最新鋭ではないものも含まれるが、ウクライナ軍にとっては高度なハイテク武器・兵器を戦地に投入、最前線で重宝されている。高度な武器・兵器を戦地で使うためには、訓練が欠かせない。

ウクライナ国外でウクライナ兵士をローテーション方式で訓練し、前線に派遣。欧米製の武器・兵器を有効利用できている。米軍や英軍の軍事戦略アドバイザーもウクライナ軍に協力する。軍事情報もウクライナ軍に提供している。作戦、戦術、戦略を立案して、ロシア軍と対峙する。

ウクライナ軍は全体として、効率良く戦いを進めている。戦闘の目的も軍部隊で共有できている。当然のことだが、組織として立派に機能しているのである。ロシア軍を劣勢に追い込めているゆえんである。

モスクワの暴挙でようやく目覚めた日欧米諸国

ウクライナ侵攻でプーチン大統領の本性を悟った日本、米国、欧州は最強レベルの対ロシア経済・金融制裁を突きつけた。ロシアの経済社会をグローバル経済から放り出し、国際金融システムにアクセスできないように策を講じた。ロシアの経済・金融システムは酷く損傷することになる。

武力行使で国境線を塗り替えることは決して許されない。モスクワはこの神聖なる国際約束を破ってクリミア半島を武力併合した。挙句の果てにウクライナ全土の支配を狙う。クリミア半島を見捨てた日欧米諸国であったが、ウクライナを見放すわけにはいかない。プーチン大統領が仕かける戦争は格好の「ウェークアップコール（目覚まし時計）」となった。

目覚めた自由主義陣営はウクライナ支援を表明し、価値観を共有するウクライナとともにロシアと対決する道を選択した。その具現が欧米諸国、ことに米国による軍事支援である。米国の対ウクライナ軍事支援は突出している。戦争に必要な武器・兵器をセットでウクライナ軍に届けている。

その一方で、日欧米諸国はロシアに経済・金融制裁を科し、戦費が枯渇するための方策を練る。ウクライナを軍事面で支えることとロシアの経済的体力を削ぐことを一体的に展開する。その最終目的地点はロシア軍、ロシアの弱体化である。

ロシア軍を消耗させるべく、ウクライナ軍をエージェント（代理人）とする欧米連合軍がロシア軍と向き合う。ウクライナ軍のバックには常に欧米軍が控える。欧米軍は兵力を投入しないものの、ウクライナ軍を後方支援する。

自由主義陣営はロシア経済社会と対決する。ロシアを徹底的に叩くことでロシアの国力を大幅に低下させ、二度と再び外国を侵略できなくする。これが自由主義陣営の目標である。達成するまで、ロシアとの戦いは続く。

再び分断される国際社会

冷戦期、世界は日本、北米、西欧を軸とする西側陣営、ソ連邦、東欧を柱とする東側陣営、いずれにも属さない非同盟陣営の三つに分断されていた。日本は米国と安全保障条約を結び、北米と西欧諸国は北大西洋条約機構（NATO）を結成していた。一方、ソ連邦と東欧はワルシャワ条約機構を組織、NATOと対峙した。NATOもワルシャワ条約機構も集団的自衛権（自国が武力攻撃を受けていなくても、同盟国など密接な関係のある第三国が武力で反撃する権利）を行使できる。(1)

そして今、日本、北米、欧州連合（EU）、英国、スイス、北欧、オーストラリア、ニュージーランドといった西側自由主義陣営、ロシア、中国、ベラルーシ、イラン、北朝鮮、キューバ、ベネズエラ、ミャンマーといった強権権威主義国家群、中立パワー群に三極化している。(2)

ロシアのウクライナ軍事侵略を許さない西側自由主義陣営とロシアを支援する「ならず者国家」とが正面衝突する。中立パワー群はウクライナ侵攻を非難する反面、対ロシア経済・金融制裁に加担しない。中立パワー群にはそれぞれ「お家の事情」がある。ロシアよりも中国の顔色を懸念する国が多い。それゆえに価値観よりも実利を優先する。

自由、民主主義、人権という価値観を尊重できるのかどうか。判断の明確な基準はここにある。強権権威主義陣営には自由も民主主義も人権もない。人を人とも思わない国ばかりである。西側自由主義陣営では国家が国民の生命と財産を守り抜く。ワシントンの最優先事項は価値観を共有できる国の安全保障に断固としてコミットすることである。(3) ワシントンが台湾関係法を根拠に台湾防衛に軍事関与するゆえんである。

だが、強権権威主義陣営では国民が一丸となって一人の独裁者を守ることを強いられる。強権権威主義陣営では国民の生命も財産も無視されるのである。良識、常識のある国民、国家であれば、強権権威主義を許容できるはずはない。

現実に見る激突の構図

2022年9月15日から16日にかけて、上海協力機構（SCO）の首脳会議がウズベキスタンのサマルカンドで開催された。(4) SCOは中国とロシアが主導して2001年に創設された地域協力組織である。SCOの加盟国は中露に加えて、カザフスタン、キルギス、ウズベキスタン、タジキスタン、インド、パキスタン、イランで、近い将来、ベラルーシも加盟する。トルコも加盟を希望する。中国とロシアの友好国ばかりである。SCOは「多極的世界秩序」の強化を目指すとするが、力不足であることは否めない(5)。

世界中のメディアはSCOの首脳会議よりも中国とロシアの首脳による2国間会談を注視した。ロシアによるウクライナ軍事侵攻後初の対面会談だったからである。会談の主要テーマは案の定、ウクライナ危機と台湾情勢であった。プーチン大統領は席上、ウクライナ危機をめぐり「中国の疑問と懸念(questions and concerns)を理解」していると述べた。中国の習近平国家主席がウクライナ侵攻の長期化を懸念していることを物語る。

2022年2月、北京冬季五輪の開会式にプーチン大統領が臨席、習主席との首脳会談も実施されていた。おそらくはウクライナ侵攻は短期間で終結し、ゼレンスキー政権崩壊後のウクライナをロシアが支配できるとプーチン大統領は習主席に前もって耳打ちしていたに違いない。ところが、プーチン大統領の作戦シナリオは脆くも崩れ、ロシア軍は泥沼に沈没してしまった。

インドのモディ首相もプーチン大統領との対面会談で「現代は戦争の時代ではない」と突き放した。ウクライナ軍の占領地奪還が進むなか、中国とインドからの軍事支援を期待していたプーチン大統領であったが、頼りとした両国から袖にされたことで完全に目算が狂ってしまった。

窮地に陥ったプーチン大統領は戦争中であるにもかかわらず、ウクライナ東部・南部地域で「いかさまの住民投票」を強行した。と同時に、ロシア国民には「動員令」を宣言した。断末魔を迎えた瞬間である。召集令状を恐れたロシア市民は大挙して、祖国を捨てて脱出していった。

プーチン大統領は北京がウクライナ危機を黙認する見返りとして、中国が執着する「一つの中国」

を断固として守ると強調し、台湾問題で北京を支持する。ウクライナ有事と台湾有事が中露両国による外交取引の材料となっている。資源大国のロシアと消費国の中国とは互いに補完関係にある。両国間の貿易は否応なく拡大する。

中露両国間の貿易総額は2022年に1、700億ドル、2024年に2、000億ドルと増加する見通しである。特に、ロシア産資源エネルギーの対中国輸出が目立つ。経済面、貿易面でロシアがますます中国に依存していくことになる。歯止めがなくなると、ロシアは中国の「下僕」になり下がってしまう。だが、ロシアが頼りとする中国の経済は早晩、「衰退」の道をたどる。余計な戦争で国力が消耗したロシアも衰弱していく。中露の結託は持続可能でない。

インドとロシアとの間にも貿易面で補完関係が成立する。インドはロシアから武器・兵器を購入してきた。バランス外交を標榜するインド政府は米国からの呼びかけにも応じる。一方で、インドと中国とは犬猿の仲、軍事衝突を繰り返す。中国もロシアも単なるユーラシア地域の大国にダウンサイジングしていく。国際社会を牽引できる勢力にはなれない。断言できる。

台湾情勢に投影される対立構図

北京が「一つの中国」と連呼するのであれば、自由主義陣営は「一つのウクライナ」を全面的に支持する。その一方で、自由主義陣営は台湾の「自立」も強く支持する。

ウクライナはＮＡＴＯへの即時加盟は断念したものの、結局は加盟申請に軌道修正した。ウクライナ大統領府は新たな安全保障の構想を公表、そこでは「中立化」を否定している。(6) そのうえで日欧米社会と安全保障条約「キーウ安全保障協定」を締結することを想定する。協定を結んだ国は武器・兵器輸出、技術供与、軍事訓練などの分野でウクライナに協力する。日本もウクライナの「パートナー」となる。そして、将来のNATO・EU加盟を視野に入れる。

侵攻直後、キーウはNATOへの加盟を見送ると表明していた。にもかかわらず、プーチン大統領はウクライナ侵略を継続した。プーチン大統領は国際約束を遵守しない。そもそもウクライナ侵攻は国際法違反である。付言すると、北京も平壌も国際約束を無視する。強権権威主義陣営は自国の論理を国際社会に強要する。ゆえに信用できない。

米上院外交委員会は台湾の防衛力強化を支援する「台湾政策法」を可決、武器・兵器を「譲渡」供与できる仕組みを整備した。[7] 防衛支援総額は5年間で65億ドルにのぼり、ここには軍事演習も含まれる。中国による台湾統一を断固阻止する。米政府は従来、台湾関係法を防波堤として、台湾の自衛力強化に協力してきた。ただ、武器・兵器の売却にとどまった。売却に「譲渡」も加味して台湾を支える。

もう一つ重要な点は「台湾政策法」が台湾を「NATO同盟国」に指定、格上げしたことである。台湾を国家と位置づけていることがわかる。自由主義陣営の本音でもある。北京が台湾に対して敵対的に行動すれば、米国は北京に制裁を発動できるようになる。台湾の国際機関加盟を後押しもする。米国の「台湾政策法」は北京への強烈な一打となる。

自由主義陣営は最先端技術が中国に流出する事態に懸念を深める。そこで主要7ヵ国（G7）防衛相会合では、「強制技術移転」に関する懸念を盛り込んだ共同声明が採択された。[8] 中国市場に参入する外資系企業に対して中国当局は技術開示を要求してきたが、中国への流出を食い止める。

Ｇ７議長国ドイツ（当時）のハベック経済・気候相は「信頼できない中国は世界貿易の脅威になる」と明言、「中国への甘い姿勢は終わった」と外資系企業を差別する中国を突き放した。中国と対決していくと「宣戦布告」した形である。

2　軍事的中立を放棄したスウェーデンとフィンランドの勇断

フィンランド・スウェーデンNATO加盟の歴史的意義

欧州北方にあるバルト海の周囲をスウェーデンから時計周りに、フィンランド、ロシア本土、バルト３国（北からエストニア、ラトビア、リトアニア）、ロシアの飛び地カリーニングラード州、ポーランドが囲む。このうちＮＡＴＯに加盟する国はバルト３国とポーランドのみである。北欧の一角を占めるノルウェーとデンマークはＮＡＴＯ創設時からの加盟国である。

ロシアとの対立を幾度となく経験したフィンランド国民にとって、ロシアのウクライナ軍事侵攻は驚きではなかった。モスクワとの潜在的な紛争に向けて、フィンランド社会のさまざまなレベルで準備されてきたからである。(9)

それでも、ロシアのウクライナ侵攻でスウェーデンとフィンランドに激震が走る。フィンランドはロシアと国境を接する。接する国境線は１、３００キロメートルに及ぶ。首都ヘルシンキとロシア第２の都市サンクトペテルブルクとの直線距離はわずか３００キロメートルである。(10)フィンランドの隣国スウェーデンもロシアと近接する。スウェーデンもフィンランドも軍事的中立を標榜、国是としてきたが、ウクライナ侵攻で中立の限界を実感する。

慌てたフィンランド、スウェーデン両国は軍事的中立政策を投げ捨て、NATO加盟に舵を切った。[11]NATOに加盟できれば、フィンランド、スウェーデン両国も集団的自衛権の恩恵を享受できる。ロシアのウクライナ侵攻がフィンランドとスウェーデンのNATO加盟を後押しした格好だ。[12]

フィンランドとスウェーデンの加盟実現でNATOは欧州北方の防衛を強化できる。東方へ拡大してきたNATOであったが、今後は北方にも拡大していくことになる。リトアニア大統領はフィンランド、スウェーデンの加盟でNATOの安全保障体制は強化されると述べている。[13]

フィンランドは独立を貫徹できていたが、常に帝政ロシア、ソ連邦、ロシアの軍事的脅威と向き合ってきた。フィンランドは1917年、「ロシア革命」を機にロシアから独立する。第二次世界大戦中にはソ連邦がフィンランドに侵攻、フィンランド領の一部はソ連邦に割譲されてしまった。[14]

戦後の1948年、フィンランドはソ連邦と「友好協力相互援助条約」を締結した。政治的にソ連邦に近い状況に置かれ続けてきた。「フィンランド化」と揶揄されたゆえんでもある。だが、ソ連邦が崩壊したことで欧州国際政治の状況は一変。フィンランドはスウェーデンとともにEU加盟を果たす。この両国はさらに踏み込んで、NATO加盟でロシアに対抗する。

フィンランドの対ロシア産化石燃料依存度は45％に達する（2022年実績）。だが、フィンランド政府は代替調達先の確保と原子力発電の活用、それにグリーンエネルギーへの移行で脱ロシアを実現すると言明している。[15]

NATOの北方拡大で変わる地政学

クレムリンはバルト海沿岸の飛び地カリーニングラード州を軍事要塞化してNATOと対峙してきた。カーリングラードには核弾頭を搭載できる短距離弾道ミサイル「イスカンデル」を実戦配備、模擬訓練を実施する。(16) 確かにカリーニングラードはロシアにとって安全保障上の「切り札」だった。ところが、見方を変えると、カリーニングラードはロシア最大の「急所」となる。

バルト艦隊はカリーニングラードを拠点とする。カリーニングラードはリトアニアとポーランドに挟まれる。NATO軍に包囲されていることになる。カリーニングラードを陸路、海路、空路の封鎖で孤立させることは容易である。(17)

東西冷戦時代においては、カリーニングラードがソ連邦の同盟国に囲まれており、その孤立状態は問題視されなかった。ところが今、カリーニングラードの地理的状況はドイツが東西に分断されていた当時の「西ベルリン」に酷似する。

スウェーデンはゴットランド島、フィンランドはオークランド諸島を領有する。いずれもバルト海の要衝である。フィンランドとスウェーデンのNATO加盟でバルト海のシーレーン（海上輸送路）を確保できるのである。ロシアは不利な立場を意識せざるを得ない。(18)

軍事力増強に乗り出すNATO

バイデン大統領はポーランドに中・東欧初となる米軍の「常設司令部」を設けると発表している。また、ルーマニアやバルト3国で巡回する部隊を拡充する。英国には最新鋭ステルス戦闘機F35を追加配備する。ワシントンは欧州での軍事的プレゼンスを根本的に強化する方針を打ち出している。[19]

エストニア国防相はロシアから攻撃されるリスクが常時存在すると危機感を示し、NATOがバルト3各国に「前線司令部」を設置するように主張している。そのうえで、大規模な軍事作戦を実行する師団の司令部や迅速な部隊を展開できる体制構築が必要だと述べている。[20] バルト3国はNATOに加盟しているが、決して安全だとは言えまい。バルト3国はウクライナ侵攻以前からロシアの軍事的脅威を実感してきた。[21]

NATOはバルト3国とポーランドに展開していた多国籍部隊からなる「戦闘群」をブルガリアやルーマニアにも配置した。「戦闘群」は事実上の常設部隊となる。スロバキア、ハンガリーにも配備される。[22] ドイツはリトアニアに部隊、武器・兵器を追加で送る。リトアニアにはNATO司令部が指揮する兵士1,000人が駐留するが、リトアニア政府は3倍に増強することをNATO側に要請する。[23]

東西統一後のドイツはロシアへの配慮もあって、軍事費を抑制、財政収支の黒字化を優先してきた。この路線は欧州経済を牽引できる原動力でもあった。だが、ロシアのウクライナ侵攻でドイツは方針転換に踏み切る。ドイツ政府は連邦軍の増強に向け、1,000億ユーロにのぼる基金を創設、国防費を対国内総生産（GDP）比で2％以上へと大幅に引き上げる。ドイツはウクライナ軍事支援も強化、自走式対空砲「ゲパルト対空戦車」や最新鋭防空システム「IRIS‐T」などを提供した。[24]

英国とスペインも国防費増額を表明している。2030年を視野に、英国は対GDP比で2・5％（2021年時点で2・3％）、スペインは同じく2％近くに高める。[25]

エストニアには英国、スペイン、デンマークが支援を拡大する。フランスはルーマニアに部隊と防空システムなどを送った[26]。バルト3国は小規模だが、ソ連邦からの独立を逸早くなし遂げ、EU、NATOに加盟した。それでもロシアが国家と文化を破壊することに対する恐怖は尽きない[27]。

NATOがバルト3国を防衛する方針をあらためて示したことは歓迎されるべきである。ロシアのウクライナ侵攻で欧州東部地域では警戒レベルが最高度に引き上げられている。軍事力の増強がロシアの脅威からの防衛に役立つことを中・東欧諸国は実感できるようになってきた[28]。ロシア包囲網は着々と構築されている。

中・東欧諸国は冷戦時代、ソ連邦の軍事同盟国であったために、ソ連邦製の防衛装備が中心だった。だが、このソ連邦製の武器・兵器はウクライナに軍事支援として供与された。旧式武器・兵器の在庫が一掃された形だが、この穴埋めに米欧製の防衛装備を投入、更新を急いでいる。

エストニアではソ連邦製の武器・兵器は残っておらず、欧米製に全面シフトできている。ポーランドはウクライナに200両以上のソ連邦製戦車「T72」を供与、英国製の「チャレンジャー2」に更新した。ポーランドはまた、米国から「M1A2エイブラムス」戦車250両を調達する。スロバキアはウクライナにソ連製の地対空ミサイル「S300」を提供、米国のパトリオットを配備した[29]。

NATOはまた、有事の際には即応部隊を10日以内に10万人、30日以内にさらに20万人を派遣できる体制を整える。2023年までに現在の4万人から30万人以上に増員する。180日以内には追加で50万人を増派できるようにする[30]。ロシアによる侵攻を想定していることがわかる。

ロシアによるウクライナ軍事侵略後、NATOの兵力は確実に増強されてきた。ロシアに近隣接するバルト3国、ポーランド、スロバキア、ハンガリー、ルーマニア、ブルガリアのNATO駐留兵は侵攻前の1万人から2万5、000人（2022年3月時点）に膨らんでいる。この8ヵ国の現役兵力は31万人、予備役は11万人であるから45万人がロシア国境近くに展開していることになる。特に、ポーランドとルーマニアの兵力が強化された。(31)

試されるNATOの結束

NATOは各加盟国の国防費をGDPの2％以上とする目標を掲げる。フィンランド、スウェーデン両国の財政は豊かである。フィンランドの国防費は対GDP比で1・96％、スウェーデンの場合は1・3％である（2021年時点）。(32)フィンランドの国防予算は51億ドルである（2022年）。スウェーデンは国防費を積み上げる必要がある。

フィンランドの戦時兵力は28万人にのぼる。(33)人口550万人の小国としては破格の規模である。フィンランド政府は2022年2月に米製の最新鋭ステルス戦闘機F35を64機も購入すると決めている。スウェーデンは軍需企業のサーブを擁する。フィンランドもスウェーデンも最新鋭兵器を保有し、NATO加盟国と共同訓練を重ねてきた。

NATOの異端児トルコのエルドアン政権はSCO加盟を示唆するなど、得意の「カメレオン外交」、「こうもり外交」を繰り返す。それだけに西側自由世界とトルコとの関係は脆弱である。(34)トルコはロシアを脱出した市民や企業の「駆け込み寺」にもなっている。ただ、独自外交には限界もある。(35)ハンガリーはEU、NATOに加盟しながら、オルバン政権はプーチン政権と密接な関係にあることから、対ロシア経済・金融制裁に反対の立場を続ける。[36]

しかしながら、結束を固める世界の民主主義国家は強権権威主義陣営を粉砕できる資質を備えている。[37] ロシア・中国の協力には早くも不協和音が響く。強権主義陣営は一致団結できない。

欧州はNATO以外の安全保障機能を備えていて、欧州の安全保障体制は重層的である。いずれにも米国が参加していないことに留意したい。

英国を中心として2014年に結成された「合同遠征軍（JEF）」はNATOに加盟予定のスウェーデン、フィンランドに加えて、EUに非加盟の英国、ノルウェー、アイスランド、NATO・EU双方に加盟するデンマーク、エストニア、ラトビア、リトアニア、オランダの10ヵ国が参加する。ロシアのウクライナ侵攻を受けて、軍事演習や首脳会談を活発化させている。[38]

また、EUは最大5，000人規模の独自即応部隊を整備する方針を決定した。さらに、フランスの呼びかけで2018年に結成された「欧州介入イニシアティブ（EI12）」にはフランス、ドイツ、イタリア、英国、スウェーデン、フィンランド、ノルウェー、ベルギー、デンマーク、エストニア、オランダ、ポルトガル、スペインが参画している。

NATO「パートナー国」としての日本

周知のように、日本と米国は軍事同盟で結ばれている。日本列島は北からロシア、北朝鮮、中国という世界を代表する「邪悪な国」に包囲される。ロシア軍と中国軍は艦艇と戦闘機を駆使して、頻繁に日本列島を周回させている。中露両軍は連携して日本に威圧的な軍事行動を続ける。[39] 核武装する北朝鮮は飢える国民を犠牲にして、日本にミサイルを連射する。

日米軍事同盟だけで不測の事態に対応できるのか。守りを固めておく必要はある。そこで日本政府は重層的な国防体制を構築しようと試行錯誤を重ねる。

日本はＮＡＴＯにとって「パートナー国」である。日本はＮＡＴＯ理事会の会合に定期的に参加できる。日本政府は欧州とインド太平洋地域の安全保障は不可分だとする。そのうえでＮＡＴＯの対インド太平洋地域関与を歓迎する。日本は英国と次期戦闘機の共同開発を調整するなど、防衛分野の研究開発も進める。(40)

英国、ドイツ、フランスなど欧州諸国は日本周辺に艦船を派遣、ロシア、北朝鮮、中国を牽制する。ＮＡＴＯは自衛隊との訓練も拡大している。さらにサイバーや海洋安全保障の文書を改定、強化する。自衛隊からＮＡＴＯ本部に派遣される自衛官も拡大する。日本はフィンランドなど北欧諸国とも協力関係を築く。(41)

ＮＡＴＯは従来、ロシアを仮想敵国と位置づけてきた。中国の脅威には無関心で、欧州諸国は経済面で中国との関係を強化してきた。ところが、ウクライナ有事や台湾問題で欧州、ひいてはＮＡＴＯ、ＥＵの中国に対する外交姿勢が一変、中国を脅威と認識するようになった。

ＮＡＴＯは「戦略概念」のなかでロシアを「最も重大かつ直接の脅威」と定義し、中国を「体制上の挑戦」と明記した。(42) ＮＡＴＯのストルテンベルグ事務総長は中国の強い自己主張と威圧的な政策は民主主義国の安全保障に影響を及ぼし、核兵器を含む軍事力の大幅強化で近隣諸国や台湾を脅しているると中国を痛烈に非難している。(43)

NATOは中露両国が戦略的協力を深め、ルールに基づく国際秩序への権威主義的な反発の先頭に立っていると警戒する。そして、日本との関係強化に舵を切るようになった。インド太平洋地域で「パートナー国」との協力を強化していく。NATOの歴史上、画期的な方針転換である。

日本は韓国、オーストラリア、ニュージーランドとともにNATOのアジア太平洋「パートナー国」である。同時に、日本は米国、英国、オーストラリア、ニュージーランドと太平洋島嶼国との関係を強化する（太平洋枠組み）。また、日本は米国、オーストラリア、インドと「Quad（クアッド）」を形成、中国に対抗する。いずれも中国の軍事的脅威を強く意識する仕組みである。「Quad」首脳会議では海上警備の体制を強化、中国に対抗する。(44)

インドはロシアの伝統的友好国で、モスクワと一定の緊密な関係を維持してきた。ロシアからは武器・兵器を調達、割安となったロシア産原油も輸入する。インドは2018年、ロシアから5基の地対空ミサイル「S400」を54億ドルで購入する契約を結んでいる。(45) インドはSCOにも加盟する。だが、ロシアのウクライナ侵攻が長期化していることをモディ政権は懸念、侵攻の意義をプーチン大統領に問うなど苦言を呈している。

インド政府は脱ロシア製武器・兵器も模索、武器・兵器の調達先をイスラエル、フランス、英国、米国にシフトする姿勢を鮮明にしている。2016〜20年にインドが輸入した武器・兵器は132億ドルであったが、そのうちロシア製が49%、フランスが18%、イスラエルが13%、米国が11%だった。(46)

西側自由世界と強権権威主義陣営との正面衝突は今後、ますます熾烈化をきわめていく。欧州各国は駐ロシア大使・外交官を永久追放している。(47) 東西冷戦時代に世界は回帰しているが、この新たな「21世紀の冷戦」に備えることこそが西側自由主義陣営の「任務」なのである。(48) プーチン大統領は民主化を阻止することで自由民主主義陣営を揺さぶる。(49) 日本は負けるわけにはいかない。

豹変するデンマークとスイス

人口580万人の小国デンマークは1949年創設時のNATO原加盟国である。その当時からデンマークはNATOの枠組みで防衛を重視してきた。ボーンホルム島はデンマーク領で、バルト海の要衝である。(50) デンマークは小国だが、国防予算に54億2、000万ドルを投じる。さらに2年間で70億クローネを追加する。2033年までにNATOの目標である国防費の対GDP比2%を目指す。

デンマークは1973年に英国とともにEU（当時は欧州共同体）に加盟した。英国はEUを離脱したが、デンマークはEUにとどまっている。2022年6月1日の国民投票でデンマークはEUの共通安全保障・防衛政策に参加する方針を決定した。(51) ウクライナの復興はEU主導で進められる。デンマークが安全保障政策に参加したことで、平和維持部隊の派遣などウクライナ復興にも参画できる。イタリアのドラギ前首相もEUの経済安全保障強化を訴えている。(52)

永世中立国を標榜するスイスは軍事的には中立姿勢を転換していない反面、対ロシア経済・金融制裁でEUと足並みを揃えた。スイスではアンタッチャブルとされてきた個人資産（2020年時点で104億スイスフラン）を凍結、経済面の中立路線を放棄した。スイス政府はNATOと機密情報の交換を開始している。(53)

中立政策は外交の手段であって、目的ではないことをスイス政府は世界に示した。スイスの国益を守ることが目的なのである。(54) ロシアのウクライナ侵攻は国益を毀損するというスイス政府の賢明な判断である。

3 中国が台湾に軍事侵攻する日

台湾をめぐる米国と中国の角逐

ロシアのウクライナ軍事侵攻後、台湾有事がより一層、意識されるようになっている。ウクライナ有事に関しては、北京はロシア側の軍事介入を黙認、対ロシア経済・金融制裁に反対する姿勢を示していた。(55) 中国はロシアを「戦略的パートナー」と位置づけてきた。ところが、ウクライナ危機が長期化するに至って、北京はモスクワと距離を置くようになっている。

とはいえ、北京が台湾制圧を断念したわけではない。中国人民解放軍の実力に疑念はあるものの、中国が海洋国家を企図していることは確かである。(56) バルカン半島が「欧州の火薬庫」であるならば、台湾は「アジアの火薬庫」である。(57) 中国は台湾に常日頃から軍事威嚇している。アジア諸国では中国の軍事的脅威への警戒度が高まる一方、北京を敵対視するホワイトハウスは台湾に軍事的関与を強める。ワシントンは武器・兵器支援を進めるべく、台湾政府と戦略対話を積み上げてきた。

トランプ米前政権は対中国貿易戦争を繰り広げたが、基本的に経済的対立にトーンが置かれていた。バイデン政権は経済競争に加えて、中国共産党との対決姿勢を強めていく。2021年4月に実施された日米首脳会談の共同声明では「台湾海峡の平和と安定の重要性」を強調、ロシアのウクライナ侵攻前から北京の台湾政策に警鐘を鳴らしてきた。(58)

米国と台湾は２０２１年６月に「貿易投資枠組み協定（ＴＩＦＡ）」に基づく協議を再開し、その年の10月には米軍が台湾軍を訓練していることが明らかになった。ウクライナ危機が勃発した２０２２年の５月には、バイデン大統領は台湾を防衛すると述べた。さらに同年９月にも中国が「前例のない攻撃（unprecedented attack）」で台湾に侵攻すれば、軍事的にコミットメント（関与）すると明言、物議を醸した。(59)

ホワイトハウスが台湾とウクライナとは決定的に異なると認識していることは明らかである。米国とウクライナとの政治的、経済的な関係は希薄である。しかし、台湾企業は米国に投資し、米国経済に貢献している。台湾は世界半導体サプライチェーン（供給網）のハブでもある。米国にとって台湾は必要不可欠な存在なのである。

バイデン大統領は台湾の独立について、「台湾が決めることだ」とも述べている。(60) 西側自由世界はバイデン大統領の発言を「失言」ではなく、「本音」だと解釈した。台湾は中国による軍事侵攻への備えを急ぐ。(61)

２０２２年６月になると、台湾と米国との接触が目立つようになる。米国と台湾は新たな貿易協議の枠組みを立ち上げたことに加え、オースティン米国防長官が台湾の自衛力向上へ支援を強化するとシンガポールのアジア安全保障会議（シャングリラ会合）で表明している。オースティン国防長官は台湾付近で中国による軍事挑発と揺さぶりが着実に増えていると北京の危険な冒険を警告した。(62)

このシャングリラ会合では、岸田文雄首相が日本の防衛力強化を言明している。岸田首相は「武力による国境の変更」を試みようとする中国やロシアの挑発には断固反対するとも述べている。[63]

さらには、防衛力強化に向けて安全保障担当高官による「モントレー対話」と呼ばれる定期協議が実施されるようになる。米国は対台湾武器・兵器供与を加速していく。プーチン大統領と習近平国家主席とによる軍事的冒険で西側自由世界は緊密度を高めるようになった。[64]

ペロシ米下院議長（当時）の台湾訪問でフェーズが変わる米中激突

北京が描く台湾上陸作戦のシナリオでは、中国人民解放軍は序盤で精密ミサイル攻撃を仕かけることが想定されている。台湾軍はミサイル攻撃をいかにして回避するのかが問題となる。この軍事シナリオを踏まえると、米国側は対艦ミサイルや中国軍の行動に関する軍事情報を収集するシステム、それに早期警戒システムといった非対称的兵器を台湾に供与することが必要となる。非対称的兵器とは軍事力に大差がある敵国に対抗するための兵器を指す。俊敏に侵攻作戦に対処できることが条件となる。

そこで米国は中国軍による台湾上陸作戦を阻止するために、対艦ミサイル、ミサイル防衛システムを優先的に台湾に売却する指針を示している。[65] 台湾独立を実力行使で阻止しようと画策する北京の野望をワシントンは粉砕したい。[66]

２０２２年8月初旬、中国が猛反発するなか、ペロシ米下院議長（当時）は「信念」に基づいて台湾を訪問、周辺地域の軍事的緊張が一気に緊迫化する。[67] ペロシ氏はかねてから中国の人権侵害を懸念、

民主主義という価値観を共有する台湾と連帯する姿勢を強調してきた。(68)

中国軍は台湾海峡や台湾の周辺で軍事演習を実施、威嚇した。まさに「戦争ゲーム」である。軍事演習のエリアを描く地図は北京市街のスクリーンにも映し出されていた。(69)中国軍が発射した弾道ミサイルは日本の排他的経済水域（ＥＥＺ）に落下した。(70)軍事演習エリアの一部は日本のＥＥＺも含まれた。その後も北京は台湾に圧力をかけ続けている。(71)

米軍は原子力空母ロナルド・レーガンを展開、強襲揚陸艦トリポリ、強襲揚陸艦アメリカを配置して厳戒態勢を敷いた。軍事演習では「台湾海峡封鎖」、台湾上陸作戦のシナリオが明らかになった。(72)米軍は台湾海峡で「航行の自由作戦」を実施、中国に対抗してきた。

愚かな中国軍は台湾侵攻シナリオの「手の内」を見せてしまった。台湾側は中国軍による侵攻に事前準備できるようになった。台湾が実効支配する金門島は中国福建省アモイに近い。中国本土からのドローンの不法侵入も目立つ。

台湾政府は世界各国から高官、要人が訪台することに北京が反発して軍事的に台湾を威嚇しているのではなく、台湾併合は北京が抱く「野望」そのものであると認識する。(73)中国が長期衰退に向かうなか、それを挽回すべく台湾侵略を企てているとしても決して不思議でない。中国軍の脅威は台湾だけでなく、日本周辺、東シナ海、南シナ海、インド太平洋、南太平洋など広範囲にわたる。対ロシア経済・金融制裁に台湾は賛同、明確な意思を正々堂々と表明している。台湾は西側自由世界の「同盟国」である。

台湾有事が誘発する半導体危機

台湾の半導体王とされる曹興誠（ロバート・ツァオ）は中国軍に対抗する目的で、1億ドルの基金を設けると言明した。民間の兵員を訓練し、軍用ドローン（無人機）を開発、生産するという。中国人民解放軍、中国共産党の台湾上陸を阻止し、台湾海峡に沈めてしまうと勇ましく語っている。(74) 半導体産業は名実ともに台湾経済を牽引する原動力となっている。

台湾には半導体産業が集積し、世界半導体サプライチェーンのハブ的機能を果たしている。台湾は世界半導体産業の心臓部に匹敵する。世界先端半導体生産の9割が台湾で生産される。それだけに、台湾が中国による武力行使で戦禍に見舞われると、世界経済は半導体危機で大混乱に陥る。バイデン大統領が再三再四、台湾への軍事的コミットメントに触れるゆえんである。日本政府もネオンやクリプトンといった半導体製造用ガスの国産化を急ぐなど半導体危機に向けて各国が取り組む。(75)

半導体立国を標榜する台湾では、総額で16兆円にものぼる未曾有の半導体投資ラッシュが起きている。(76)

半導体生産工場の新設計画状況を台湾北部から見ると、台北近郊の新北では南亜科技が2022年6月に新工場を着工した。西海岸の新竹では台湾積体電路製造（TSMC）が二つの工場を建設中で、最先端（3ナノメートル、ナノは10億分の1）の半導体が生産される計画となっている。加えて、4工場の建設が2022年内に着工される。ここでは超先端（2ナノ）の半導体が生産される予定だ。TSMCは米アリゾナ州や熊本県に進出している。苗栗では力晶が新工場を建設している。

台湾南部でも半導体生産工場の新設が相次ぐ。中核都市の台南市ではTSMCが4工場を建設中で、最先端（3ナノ）の半導体が生産される。台南にある「南部サイエンスパーク」は台湾最大の半導体生産拠点となっている。ここではTSMCが米アップルのスマートフォン「iPhone」向けの半導体を生産してきた。また、ユナイテッド・マイクロエレクトロニクス（UMC）も二つの工場で生産能力を拡充する。高雄ではTSMCが二つの新工場を2022年内に着工する。

北京が台湾を軍事侵攻すれば、西側自由世界は返り血を浴びる覚悟で、中国に経済・金融制裁を科すことになる。中国のGDPはロシアの10倍に達し、中国は世界最大の貿易総額を誇る。(77) もちろん中国も食料危機、資源エネルギー危機に直面、社会主義計画経済に逆戻りすることになる。

制裁が科される中国経済社会への打撃は甚大だが、制裁を科す西側自由陣営への悪影響も計り知れない。国際金融市場は動揺し、世界同時不況は避けられない。(78) とはいえ、台湾侵攻を決して黙認できない。台湾有事を杞憂と決めつけることは思考停止と同義である。

ダイキン工業は台湾有事で中国製部品が調達できなくなった場合に備えて、脱中国依存を進める方針を明らかにしている。(79) 部品を日本国内で内製化するほか、取引先に中国国外での生産を要請する。台湾有事という最悪の事態に備える地政学リスク管理は喫緊の課題となってきた。(80)

世界で横行する中国の産業スパイ

北京は民間の商業研究を国防分野に有効利用する「軍民学融合」を強力に推進する。(81) 2017年には中国共産党内部に司令塔組織を設置、軍事技術の強化を急ぐ。中国国内で粛々と研究を進め、独自開発するのであれば問題はない。だが、中国は産業スパイを世界中に送り込み、高度軍事技術を盗んで援用している。

中国には「国防七子」と呼ばれる国立大学がある。それは北京航空航天大学、北京理工大学、西北工業大学、ハルビン工程大学、南京理工大学、南京航空航天大学、ハルビン工業大学の7大学である。卒業生の多くが国営軍需企業や人民解放軍に就職する。

アカデミアの国際交流を口実に、大勢の留学生を世界に送り出している。と同時に、外国人研究者を中国国内に呼び込む国家プロジェクト「千人計画」を推し進める。人民解放軍の関係者が英国、米国、カナダ、オーストラリアなどの研究者に接近、先端研究にアクセスする。(82)

このような動きを西側自由世界は警戒。米連邦捜査局（FBI）と英国のMI5といった諜報機関は中国産業スパイが西側自由世界の脅威になっていると警告を発する。(83) 中国が台湾に軍事侵攻して、台湾の高度軍事技術を略奪するリスクもある。(84)

ホワイトハウスは中国やロシアといった敵対国からの輸入には制裁関税を適用し、対米国投資についても審査を強化してきた。と同時に、米国からの輸出をめぐっても、ハイテク規制で先端技術の漏洩を防ぐ。また、米国企業による株式投資では特定企業を排除、禁止する。米国企業の直接投資にも規制を敷く。たとえば、米テスラは中国・上海に工場を建設するが、実現できなくなる。米国の経済安全保障政策は体系的である。(85)

自立自強を目指す中国は西側自由世界に依存する体質の改善を図りたい。中国が「窃盗大国」になり下がったゆえんでもある。軍事転用可能な技術や情報を先進国から盗み出し、軍事力を強化したい中国だが、半導体の自給自足目標ですら達成できていない。(86) 国家全体を要塞化したいが、中国は達成できていない。この焦りが産業スパイの活動を活発化させる。

西側自由世界は軍事転用が可能な技術の対中国輸出管理に動くが、道半ばである。「国際輸出管理レジーム」に各国が参加、輸出規制の対象品目について定期協議する。日本では「外国為替法」をベースに実施されている。(87) 台湾情勢が複雑性を増幅させていることは確かである。

西側自由世界内で企業が相互にアクセス、進出できるような枠組みも合わせて構築しておく必要がある。(88) 何よりも米国市場が閉鎖的であってはなるまい。(89) 米国だけでなく、西側自由世界全体の経済安全保障が強化されないと意味はない。

4 アジア太平洋の防衛体制構築に向けて取り組む自由主義陣営

着々と整備される中国包囲網

中国、北朝鮮、ロシアの軍事力強化に対抗し、海洋進出をいかにして封じ込めていくか。アジア地域の自由主義陣営が向き合い、解決すべき課題である。

ロシアはウクライナ侵略でアジアに軍事力を展開する余裕を削がれている。それでもロシア極東にはミサイルが実戦配備される。いつでも日本を武力攻撃できる。

北朝鮮は国民を犠牲にして核兵器の開発を優先、核保有国を自認する。弾道ミサイルを発射して、日本や韓国を挑発、威嚇してきた。全米を射程とする大陸間弾道ミサイルを保有、戦術核（核兵器の出力を抑え、敵の軍事拠点、部隊を攻撃）も開発している。(90)

米国は在日米軍と在韓米軍を駆使、日本や韓国とともに抑止力を誇示する。米韓軍は北朝鮮軍の発射ポイントを先制精密打撃できる。[91] 日本、米国、韓国は北朝鮮の核・ミサイルの脅威に共同で対処できること、安全保障強力の水準を高めることを確認している。[92]

日本と米国は経済安全保障の重要性に鑑みて、連携を強化している。具体的には、次世代半導体（回路線幅2ナノより進んだ先端半導体）の開発に向けて、作業部会を設置、半導体の生産や供給不足への対応でも協力する。レアアース（希土類）の確保などを念頭に、重要鉱物の供給網強化も進める。小型モジュール炉（SMR）など革新原子炉の開発と世界展開も加速していく。[93] 日米両国による経済安全保障の協力は新段階に入ってきた。

米陸軍「マルチドメイン・タスクフォース（多領域部隊）」はミサイル、電子、サイバーといった能力を一体的に扱う新たな作業部隊をアジアに配置する。台湾海峡や南シナ海に展開する中国を抑止し、効果的な作戦を迅速に実行するためである。「マルチドメイン・タスクフォース」はミサイル、防空、電磁波・サイバー・情報収集、後方支援の能力を有する4グループで編成される。[94]

日米防衛相会談では台湾情勢で懸念を共有、国家防衛戦略（NDS）を相互に調整して、日本が中国のミサイル攻撃に長射程ミサイルで「反撃する能力」を保持し、対抗することで一致している。[95] 日本が敵国の射程外から発射できる長射程の「スタンド・オフ・ミサイル」を配備することも視野に入れる。反撃対象には敵司令部なども含め、標的とする。日本は射程1、000キロメートル超の巡航ミサイルを1、000発規模で調達する。

また、極超音速ミサイルの迎撃についても日米両国で協力していくことが議論されている。加えて、米国の核拡大抑止の信頼性向上、さらには対中国「統合抑止（Integrated Deterrence）力」を基盤に、同盟国・協力国全体で抑止力を高めていく。日本が「反撃能力」を持つことは「統合抑止力」向上の一環となる。米国だけでなく同盟国とともに、中国に対抗するという意思表示である。日米両国は次期戦闘機を支援する無人機の共同開発も進める。

米国が参加するＮＡＴＯ、米韓同盟には「最高司令部」や「連合司令部」がある。そのトップは米軍司令官が務める。日本と米国には常設の「統合（連合）司令部」はない。指揮系統も別個である。有事に備えて、自衛隊の組織見直しは喫緊の課題である。[96] そこで陸海空３自衛隊の部隊運用を一元的に担う常設の「統合司令部」を設置、作戦を指揮する「統合司令官」を新設する。そのうえで米軍との一体運用を強化する。

広がる西側自由世界の軍事協力

日本、韓国、オーストラリア、ニュージーランドの４ヵ国は共通して中国の軍事的脅威を意識している。この４ヵ国はＮＡＴＯのアジア太平洋地域「パートナー国」で日本政府内では「ＡＰ４」と呼ばれている。[97] 韓国は核・ミサイル開発を進める北朝鮮と中国の関与を警戒する。太平洋島嶼国では中国の軍事的影響力が増し、オーストラリア、ニュージーランドが腐心する。

日本、米国、オーストラリア、インドの４ヵ国による「Ｑｕａｄ」、米国、英国、オーストラリアの３ヵ国による安全保障協力体制の「ＡＵＫＵＳ（オーカス）」と合わせて、対中国封じ込めの体制が整備されてきた。

2022年9月20日、岸田文雄首相は国連総会出席のために訪問したニューヨークでトラス英前首相との初会談に臨んだ。(98) トラス前首相は中国の軍事行動をめぐり「台湾への挑発」と非難、中国の脅威に対処すると述べている。

東シナ海や南シナ海で軍事力を誇示する中国に対しても、深刻な懸念を日英両国で共有できている。岸田首相は「欧州とインド太平洋の安全保障は不可分」と指摘、英国の環太平洋経済連携協定(TPP)加盟も後押しする。

オーストラリアで実施された世論調査によると、中国とロシアがオーストラリアの国益を脅かすと考える市民が急増している。また、「AUKUS」の枠組みで進められている原子力潜水艦の配備を7割が支持しているという。(99)

このオーストラリアとフランスの首脳が会談、中国の軍事的脅威に対抗すべく、インド太平洋で協力することを確認している。(100) フランスはインドと最新の防衛技術で協力し、ロシアから武器・兵器を調達してきたインドに対して脱ロシアを促す。(101)

最近、インドはフランスからの武器・兵器調達を増やしている。フランス、インド両国は中国の海洋進出についても批判している。インドにはドイツも接近する。経済協力を積み上げ、関係強化を図る。インドは英国やEUと自由貿易協定(FTA)交渉も進めている。(102)

インドはヒマラヤ山岳地帯の係争地をめぐって中国と対立する。インドと中国は犬猿の仲だ。ベトナムも中国と南シナ海の領有権を争っている。南シナ海ではインド国営石油天然ガス公社(ONGC)が資源開発を進める。中国はインド、ベトナムにとって共通の敵対国である。

インド、ベトナム両国は包括的戦略パートナーシップを締結していたが、さらに踏み込んで、2022年6月、武器・兵器を含む軍装備品の補修、補給で軍事基地を相互に利用する協定を結んだ。(103)インドは「インド太平洋海洋イニシアティブ」を提唱。一方、ベトナムはASEANが採択した「インド太平洋に関するASEANアウトルック」を支持している。インドが製造した高速巡視船12隻を引き渡した経緯がある。

正念場を迎える東南アジア

軍事クーデターを強行し、民主派の弾圧を続けるミャンマー軍部は中国やロシアとの関係強化に乗り出している。2022年7月中旬、ミャンマー国軍トップのミンアウンフライン国軍総司令官がロシアを訪問、国防関係者や国営原子力独占体ロスアトムの幹部と接触した。2022年8月初旬にはロシアのラブロフ外相がミャンマーの首都ネピドーに足を踏み入れ、ミンアウンフライン総司令官と会談している。(104)

反共地域機構として創設された東南アジア諸国連合（ASEAN）だが、中国の影響力が強まってきている。ASEANにとって最大の貿易相手国は中国で、ASEAN貿易総額に占める中国の比率は25%におよぶ。

ロシアのウクライナ侵攻についても加盟国間で温度差が見受けられる。対ロシア経済・金融制裁に参加する加盟国はシンガポールだけである。「自由で開かれたインド太平洋」を実現するにはASEANからの協力が欠かせない。日本や米国はASEANへの関与を強化、取り込みに知恵を絞る。

2001〜20年期におけるASEAN加盟10ヵ国による武器・兵器購入の3割はロシア製が占有した。米国製の占有率は2割である。ベトナムは8割をロシアから調達する。ベトナムはソ連邦時代、「経済相互援助会議（コメコン）」の一員で政治・外交・経済・軍事面の関係が深い。ミャンマーも4割をロシアに依存する。インドネシアの対ロシア武器・兵器依存度は2割である。[105] カンボジアでは中国がリアム海軍基地を軍事拠点に仕立て上げようと画策する。[106]

米国とインドネシアは2022年8月1日から軍事演習「ガルーダ・シールド」を実施した。[107] 日本（陸上自衛隊）、オーストラリア、シンガポールも演習に参加している。オブザーバー国はカナダ、フランス、インド、マレーシア、韓国、英国、パプアニューギニア、東ティモールの8ヵ国である。インドネシア・カリマンタン島のアンボラワン、スマトラ島南部のバトゥラジャ、シンガポール近くのバタム島の3ヵ所が演習地となっている。陸軍、地上部隊、統合部隊で続く多国間の協力である。陸上自衛隊は米軍やインドネシア軍とともに米領グアムから米軍機でバトゥラジャに長距離移動し、空挺降下から地上作戦までの動きを訓練した。南シナ海などで妨害行為を繰り返す中国を封じ込めていく。

さまざまな制約があるにもかかわらず、インドネシア経済は好調に推移する。米ドル独歩高局面でも通貨インドネシアルピアは相対的に底堅い。急激な物価上昇にも見舞われていない。しかもインドネシアは脱炭素で需要が高まるニッケルに恵まれる。[108]

米国と中国は南太平洋でも勢力争いを繰り広げる。中国は安全保障協定を締結したソロモン諸島を足がかりとして、南太平洋全域に軍事活動の範囲を広げる魂胆だ。日本、米国、オーストラリア、ニュージーランドは中国進出をめぐる懸念を深めている。太平洋島嶼国への関与強化、海洋安全保障の強化に向けて、米国は日本、英国、オーストラリア、ニュージーランドとともに新たな枠組みを立ち上げている。(109)

バイデン政権は2022年9月末、ワシントンに太平洋島嶼国の首脳を招き、初となる会議を開催、共同声明「米・太平洋パートナーシップ宣言」を発表した。(110) 安全保障や気候変動対策に力点が置かれている。ホワイトハウスが太平洋島嶼国を重視していることを内外に示した。

共同声明に署名した国はフィジー、マーシャル諸島、ミクロネシア連邦、パラオ、パプアニューギニア、サモア、ソロモン諸島、トンガ、ツバル、クック諸島、仏領ポリネシア、仏領ニューカレドニア、バヌアツ、ナウルである。中国と安全保障協定を締結していたソロモン諸島が含まれていることに留意したい。米国はマーシャル諸島、ミクロネシア連邦、パラオの3ヵ国と「コンパクト（自由連合協定）」を結ぶ。(111) 中国の南太平洋進出に歯止めをかける。

永久に返還されない北方領土

ロシアがウクライナに軍事侵攻し、日本、米国、欧州が対ロシア経済・金融制裁を科したことで、ロシア政府は日本を「非友好国」とみなすようになった。制裁発動への報復として、モスクワは北方領土問題をめぐる交渉や平和条約締結交渉を一方的に打ち切った。(112) ロシア側は共同経済活動をめぐる協議も放棄、日本人とロシア人がパスポートやビザ（査証）なしで往来できる北方領土への「ビザなし交流」も廃止するとモスクワは通告してきた。無礼にも程がある。

これら一連の交渉は遅々として、進んでいなかった。ロシア側には元々、北方領土問題を解決して、平和条約を締結する意思はなかった。ロシアは2020年に憲法を改正して、「領土割譲の禁止」を盛り込んでいた。

日本側が共同経済活動を続けていれば、領土問題の突破口を開くことができると思い込んでいたに過ぎない。経済水準の低いロシアへの経済援助——共同経済活動の実態である。日本には見返りがまったくない。クレムリンに領土を返還する意思など毛頭なかった。ロシアが実効支配する領土を交渉で取り戻す余地はない。北方領土は永久に返還されない。

5 中東・アフリカに進出するロシアと中国

台頭するトルコ

オスマントルコ帝国の再現を標榜するトルコのエルドアン大統領は中東諸国との外交を積極的に展開する。中東地域では全体として関係改善の気運が高まっている。アンカラも関係改善を急ぐ。

カタールとトルコは友好関係にある。トルコはイランとも対話を続けてきた。トルコとイスラエルは互いに敵視してきたが、関係修復を模索するようになった。さらにトルコはペルシャ湾岸産油国のサウジアラビアやアラブ首長国連邦（ＵＡＥ）との関係を見直すようになった。トルコはエジプトにも接近する。

イスラエルとイランは対立し、互いに譲歩する気配はないものの、テヘランはサウジアラビアとは緊張緩和に向けて協議するようになった。サウジアラビア、ＵＡＥなど４ヵ国はカタール断交を解除した。イスラエルはＵＡＥやバーレーンと国交を樹立している。中東の国際秩序は新たな段階を迎えた。

エルドアン大統領は２０２２年４月28日、５年ぶりにサウジアラビア西部のジッダを訪問、サルマン国王やムハンマド皇太子と会談した(113)。外貨建て対外債務の返済負担が重くのしかかるトルコにとって、オイルマネーが流入する産油国は魅力的な存在である。物価急騰局面にあるにもかかわらず、政策金利が引き下げられていることで、通貨トルコリラの下落が止まらない(114)。対外債務は膨らむ一方となっている。

サウジアラビアの隣国イエメンでは親イラン武装勢力がサウジアラビアにミサイル攻撃を続ける。トルコは中東を代表する軍事大国である。サウジアラビアはトルコからの軍事支援を期待できる。

トルコの隣国イラク北部にはクルド人自治区がある。このクルド人自治区は天然ガス資源に恵まれる。天然ガス埋蔵量は２００兆立方フィートに達する。クルド人自治区の天然ガスを陸上パイプラインでトルコに供給するプロジェクトが浮上。トルコにはアゼルバイジャン産天然ガスを運ぶパイプラインが設置されている(115)。

トルコには近隣国から天然ガスが流入していることがわかる。欧州にも輸出できれば、脱ロシア産天然ガスを進める欧州にとっては貴重な資源となる。クルド人自治区には原油も眠る。この原油はトルコにパイプラインで輸出されている。

シリア内戦にロシアが軍事介入し、アサド政権を支えてきた。トルコも軍事的に関与してきた。ところが、ロシアがウクライナを侵略したことで、シリアをめぐる国際関係は地殻変動を起こしている。兵員不足を補うべく、モスクワはシリアやリビアで駐留していたロシア軍関係者をウクライナに投入せざるを得なくなった。この間隙を狙い、トルコはシリアに介入しようとしている。(116)

追い詰められるイラン

イランへの制裁緩和を条件に核開発を抑制する「核合意」からトランプ米前政権が離脱すると表明したことで、イラン側は猛反発。イラン核合意は空中分解してしまった。バイデン政権は核合意に復帰することを目指すものの、イラン核合意の再建交渉は行き詰っている。ワシントンはイラン最高指導部の親衛隊である革命防衛隊（1979年設立）へのテロ組織指定の解除に難色を示す。(117) イラン革命防衛隊はイラン経済の根幹を掌握する。テヘランは核兵器開発を猛進的に進めている。

イラン政府は態度を硬化し、ロシアや中国との関係強化を図る。イランはロシアに軍事攻撃用ドローンを供与、ウクライナ攻撃に使用されている。(118) イランを敵視するイスラエルはアラブ諸国に接近するようになった。イランのミサイルや無人機（ドローン）に対処するため、「中東防空同盟」が米国主導で構築されている。イスラエルはこの防空同盟に参加するようアラブ諸国に呼びかけている。(119) この防空兵器開発については米国とイスラエルが協力する。(120)

閉塞感を打開しようと、テヘランはサウジアラビアを意識、関係融和を演出するようになった。(121) UAEとクウェートは駐イラン大使の職務を再開した。駐イラン大使の復帰はサウジアラビアに秋波を送る前哨戦となる。UAEとクウェートはサウジアラビアを盟主とする湾岸協力会議（GCC）のメンバーである。

イランは2016年にサウジアラビアと断交したが、イラクの仲介で2021年4月から正常化を視野に入れた協議を重ねている。制裁でイラン経済は疲弊をきわめる。イラン核合意再建交渉が妥結すれば、イランは経済回復の糸口を掴むことができる。制裁が解除されれば、イラン産原油は国際市場に復帰でき、ロシア産原油の代替となる。

とはいえ、外交交渉で妥結することは容易でない。ロシアに肩入れするイランとどのように向き合うのか。制裁を科されたロシアの事業者は、闇市場にアクセスできる格好の逃げ場としてイランを位置づける。イランの陰にロシアが控えていることを忘れてはなるまい(122)。

ワシントンが警戒するのは、ペルシャ湾岸産油国に流入したオイルマネーがロシア金融機関・企業のM&A(合併・買収)に活用されることである。石油輸出国機構(OPEC)とロシアとの距離も懸念材料である。オイルマネーは対外投資に振り向けられ、還流する(123)。

そして何よりも、ロシアからの違法マネーがマネーロンダリング(資金洗浄)目的でアラブ産油国の国際金融ハブに流れ込むことに西側自由陣営は神経を尖らせる(124)。制裁逃れのマネーが、たとえばドバイに流れ、国際金融市場で姿を消すと追跡できなくなる。ロシアマネーをいかにして封じ込めるか。解決困難な課題となっている。

アフリカを舞台とする中国、ロシアの野望

西アフリカのマリには旧宗主国のフランスが治安維持のために、2013年から軍隊を派遣、駐留

させてきた。マリでは2020年に軍事クーデターが発生、大統領が退けられて暫定政権が政治の中枢部に居座るようになった。ところが、この暫定政権がフランスを敵視したことから、フランス政府とマリ暫定政権との関係は極度に悪化した(125)。

フランス政府はやむなくマリからの完全撤収を決断する。西アフリカのニジェールやチャドにはテロ対策のためにフランス軍が駐留を続けるが、西アフリカにおけるフランスのプレゼンスは弱まる一方となる。

マリ暫定政権はロシアに急接近、ロシア民間軍事会社「ワグネル・グループ」がマリに兵員を派遣している。だが、ウクライナ侵攻に苦戦するモスクワは「ワグネル・グループ」の兵士もウクライナに送り込んでいる。「動員令」を発布したクレムリンがマリにまで手を広げ続けることは難しくなっている。「ワグネル・グループ」の兵員は北アフリカのリビア、アフリカ南部のモザンビーク、中央アフリカにも展開する。マリのテロ活動を根絶できるかどうかは見通せない。

米政府は「ワグネル・グループ」がアフリカで人権を侵害し、ダイヤモンドや金(ゴールド)の採掘などに関与していること、経済的利益を確保して軍事活動に振り向けていることに警鐘を鳴らす(126)。アンゴラに埋蔵されるダイヤモンドにはロシアや中国が触手を伸ばす。中露両国による影響力強化を懸念するアンゴラ当局はダイヤモンドの採掘権益の取得に乗り出している(127)。

北京は大規模なインフラ投資でアフリカ諸国と関係を深めてきた。中国もロシアと同様に、アフリカ諸国に武器・兵器を売り込んできた。アフリカ東部タンザニアの軍装備は半分が中国製だという。赤道ギニアでは中国が軍事拠点の設置を急ぐ。2017~21年にロシアからアフリカ諸国に輸出された武器・兵器はアフリカ武器・兵器輸入全体の44％に達する。

日本政府は「アフリカ開発会議（ＴＩＣＡＤ）」を主導し、米国政府もサブサハラ（サハラ砂漠以南）アフリカ向けの包括戦略を公表している。食料支援やインフラ整備を重視して、ロシア、中国に対抗する。気候変動、テロ対策ではアフリカ諸国の協力も欠かせない。アフリカ諸国では、進出する中国企業や中国人スタッフに反発する動きも頻発する。アフリカでは中国の影響力が強まる一方で、中国人に反感を抱くアフリカ市民が多いことにも留意する必要がある。

6 原爆投下に動くクレムリン

遠のく「核なき世界」

東京は「核なき世界」の実現を叫ぶものの、肝心の核軍縮交渉は一向に進展しない。逆に、プーチン大統領は「核の脅し」を振りかざす。ロシアのウクライナ侵攻は核による抑止が有効であることを証明できるのか。

クレムリンはソ連邦崩壊を受けて、ベラルーシ、カザフスタン、ウクライナに配備されていた核兵器をロシアに移管、集中管理する。米国は現在、欧州に最大で150発の核兵器を配備する。ドイツ、ベルギー、イタリア、オランダ、トルコの5ヵ国が米国の核兵器を受け入れてきた。[128]「核シェアリング（共有）」という仕組みを使って共同運用する。日本や韓国も米国の「核の傘」にある。

世界の核弾頭数は1万2、705個に達している（2022年1月時点）。[129] このうち米国とロシアが1万1、000個超を保有、全体の9割を占める。核保有国は核兵器の増強や改良を進め、核兵器を軍事戦略のなかに明確な役割として位置づける。フランス、中国、インド、パキスタン、イスラエル、北朝鮮は核兵器の拡大、近代化を推し進めている。

ストックホルム国際平和研究所（SIPRI）によると、核弾頭の保有数は2021年1月時点で、ロシアが6、255発、米国が5、550発、中国が350発、フランスが290発、英国が225発、パキスタンが165発、インドが156発、北朝鮮が40～50発だという。米国防総省（ペンタゴン）は中国が2030年までに核弾頭保有数を1、000発に増やす計画だと分析する。[130]

核軍縮の枠組みとしては、核拡散禁止条約（NPT）がある。核の不拡散を訴え、核軍縮交渉の義務と原子力の平和利用を促す。米国、ロシア、英国、フランス、中国以外の核兵器保有を禁じている。核保有国を含む191ヵ国・地域が締約する。NPTは東西冷戦期の1970年に発効した。日本政府はNPTを核軍縮の主軸とする。

核兵器禁止条約（TPNW）は核兵器の開発・実験・製造・取得・保有・使用・威嚇を包括的に禁止する。2021年に発効したものの、核保有5ヵ国や日本、韓国は加盟していない。核保有国と非保有国が対立、機能していない。

新戦略兵器削減条約（新START）は米国とロシアの核弾頭やミサイルの保有数を制限する。2021年に米国・ロシア間で延長することで合意している。中国は対象外で、米国政府は中国も対象とすべきだと主張する。

包括的核実験禁止条約（CTBT）は宇宙・大気圏内・水中・地下などでの核実験や核爆発を禁止

する。米国、中国、イスラエル、インドが批准しておらず、発効していない。

現実味を帯びる「プーチンの核」

劣勢に追い込まれたロシア軍がウクライナに戦術核を投下するかもしれない。ロシア軍は大勢の兵員を死傷で失い、装甲車、戦闘機も炎上している。文字通り、窮地に立たされている。クレムリンは期待していた中国、インドからの軍事支援を得られなかった。誤算に次ぐ誤算でプーチン大統領はパニックに陥った。ロシアが国際的に孤立を深めたことを自覚したプーチン大統領は、ウクライナ東部・南部で「住民投票」なる選挙を強行、ロシア併合の道筋を段取りした。

ウクライナ側は「住民投票」は無効だとして、占領地の奪還を推し進める。モスクワは占領地への軍事攻撃をロシア本土への攻撃だと都合良く解釈、戦術核使用の口実としたい。同時に、クレムリンは次世代大陸間弾道ミサイル（ＩＣＢＭ）「サルマト」（最大射程1万8、000キロメートル、10個程度の核弾頭搭載可能）の発射実験を実施した。[131] 米国政府高官が警告するように、ロシア軍が核兵器を使用すれば、ロシアに「破滅的な結果（catastrophic consequences）」をもたらす。[132] 核の抑止力が機能するかどうか。核抑止論が試されている。

核の脅迫を強めるクレムリンの目的は明らかである。ロシア軍最高司令官プーチンは欧米諸国の対ウクライナ武器・兵器供与を妨害したい。欧米に武器・兵器供与を中断させるべく、幾度となく核のカードを切ろうとする。

事実上の国家総動員モードに入ったロシアでは、徴兵を避けようと、市民が大挙して国外に脱出した。ある者は空路で祖国を去った。満席が相次ぎ、航空券は入手できなくなった。ある者は車で出国しようと隣国に向かった。国境付近では大渋滞が発生、身動きが取れないほどだった。ウクライナ国民と違い、ロシア国民には気迫と覚悟がない。ロシアが敗北するのは当然の帰結である。

強要された愛国心は根づかないことを教示している。ロシアだけでなく、中国の指導部も肝に銘じるべきである。プーチン大統領が核のカードを切ったとしても、欧米諸国は動じない。ウクライナ支援を中止することはない。「プーチン帝国」が滅びるまでウクライナ軍は諦めない。皇帝プーチンは覚悟すべきだろう。

Ⅷ　プーチンが迫る新たな資源エネルギー政策

1　欠かせない原子力発電所の新増設

エネルギー政策総点検の必要性

西側自由主義陣営はウクライナに侵略戦争を仕かけるロシアと決別すると宣言した。これはロシア産資源エネルギーを国際市場から締め出すことと同義である。ロシア産化石燃料に依存しない構造を新たに構築する必要がある。ロシア産の石炭、原油、天然ガスに頼らないためには、代替調達先を確保しつつ、資源エネルギー体制を根本的に見直さなければならない。

東京電力福島第1原子力発電所の大惨事を契機に、日本では原子力発電所が次々と稼動停止に追い込まれた。と同時に、原子力研究も低迷した。心情的に理解できるが、資源エネルギーに恵まれない島国の日本にとって、原子力発電所を盲目的に排除することは中・長期的に持続可能でない。日本産業の先行きを考えると、原子力発電は必要不可欠のエネルギー源となる。その重要性を直視しないことは思考を停止しているに等しい。

「カーボンニュートラル」という目標を掲げるのであれば、原子力発電と再生可能エネルギーとを主軸とするエネルギー・ミックスを想定しておかねばならない。ロシア産化石燃料が蒸発した今、エネルギー政策を抜本的に見直す方針を一刻も早く打ち出す必要がある。

エネルギー政策を中央政府が立案することは本末転倒であろう。中央政府は「司令塔」の役割に徹するべきである。エネルギーは本来、「地産地消」的な性質を帯びる。北海道と沖縄のエネルギー政策を同列で論じることに意味はない。それぞれの気候風土に適するエネルギー政策があってしかるべきである。その積み上げが日本全体のエネルギー政策に結実していく。

「脱ロシア」と「脱炭素」とが同時進行している今日、選択肢は限られてきた。原子力発電を排除するエネルギー政策は現実的でない。原子力由来のクリーン電力は今後、ますます必要とされる。「脱ロシア」と「脱炭素」の二兎を追いつつ、「現実解」を見極める努力が求められている。

急がれる次世代原子力発電の開発と実用

日本政府は原子力発電所の新増設や建て替えは想定していないとの方針を堅持してきたが、ロシアのウクライナ侵攻を受けて方針を転換。次世代型原子力発電所の開発・建設を検討するに至っている。(1) 経済産業省審議会がまとめた工程表が提出されたことから、(2) 原子力発電所を再稼動させる一方で、次世代型の原子力発電へとバトンタッチする。

フランスは原子力発電を積極的に導入、活用してきた。さらに2050年までに原子炉6基を建設し、8基の追加も検討する。フランス電力公社（ＥＤＦ）を100％国有化、国の原子力事業関与を強化する。英国も2030年までに最大で8基を建設する方針でいる。2050年時点の電力需要に占める原子力発電の割合は16％から25％に上がり、電力需要の4分の1が原子力発電に依拠することになる。(3)

英国や欧州諸国は「グリーン・トランスフォーメーション（GX）」に熱心である。スウェーデンでは経済成長を遂げながらも、原子力発電と再生可能エネルギーでほぼすべての電力が「脱炭素」に置き換えられている。原子力発電に背を向けない現実的な政策方針は傾聴に値する。[(4)]

日本政府は老朽化した原子炉の再稼動に固執するが、新規原子炉に更新していく姿勢が問われている。次世代原子力発電技術として、小型モジュール炉（SMR）、高速炉、高温ガス炉を挙げることができる。[(5)]電力供給は大規模発電所を主柱としてきたが、発想の転換が今、求められている。

安全性や建設費の安さを特徴とするSMRが脚光を浴びてきた。SMRは次世代の小型原子炉で、電源に頼らずに原子炉を冷却する。工場で大半の設備を作るため、建設費を圧縮できる。送電網が発達していない離島などにも設置できるという柔軟性にも富む。地元密着型の原子力発電所である。コンパクトであることから、SMRは分散型のエネルギー社会を実現する潜在力を秘める。[(6)]

2007年に設立された米ニュースケール・パワーは現地の需要に応じて、1基当たり7万7、000キロワットの原子炉を複数設置する。原子炉は通常、1基100万キロワットであるから、10分の1以下となる。

すでに実用化され、ニュースケール・パワーはルーマニアでSMRの設置計画を進めている。ニュースケール・パワーは2029年に米北西部アイダホ州で第1号となる発電所を稼動させる。原子炉を覆う格納容器の世界大手IHIは日揮ホールディングス、国際協力銀行とともにニュースケール・パワーに出資している。

小型原子力発電については、欧米が先行する。英ロールス・ロイスは子会社を通じて事業を展開する。出力は47万キロワットで、２０３０年代初めに初号機が設置される計画だ。構成機器の８割は英国内で調達され、工場立地の選定にも着手されている。英国は「グリーン産業革命」のなかに原子力を位置づける。

　カナダの電力会社オンタリオ・パワー・ジェネレーション（ＯＰＧ）は新たな原子力発電所建設計画の協業先として、日立製作所と米ゼネラル・エレクトリック（ＧＥ）とによる原子力合弁会社である米ＧＥ日立ニュークリア・エナジーを選定した。ＧＥ日立ニュークリア・エナジーが開発した出力30万キロワットのＳＭＲ「ＢＷＲＸ－３００」を採用し、２０２８年にも初号機が完成する。水を熱して作った蒸気で直接タービンを回すＢＷＲ（沸騰水型軽水炉）をベースとする。

　三菱重工業は出力30万キロワット規模のＳＭＲを開発し、２０２１年に国内の電力大手と初期の設計協議に入っている。原子炉容器内に蒸気発生器などを内臓、ポンプなしで冷却水が蓄積される。ＰＷＲ（加圧水型軽水炉）がベースとなっている。東芝は高温の熱を取り出せる技術として注目される高温ガス炉の研究に挑む。

　国際原子力機関（ＩＡＥＡ）によると、２０２１年9月時点で70以上のＳＭＲ設置計画が世界で進められているという。欧米諸国は「脱炭素」政策の一環として原子力発電を位置づける。日本も国家事業としてＳＭＲを開発し、商用化することを急ぐ必要がある。原子力技術の維持・向上や技術者育成など課題は多い[7]。政治的決断、地元自治体や住民の理解などワンセットで環境整備されないと実現は難しい。

有望視される次世代の原子力発電

経済産業省が新増設の軸に据える次世代原子力発電は「革新軽水炉」である。[8] 既存の大型軽水炉の技術を基に改良を加え、安全対策を標準装備する。次世代原子炉に先行して実用化が可能である。頑丈な構造で炉心への冷却水の配管も複数備えられている。ただ、建設期間に10年近くかかり、初期費用もかさむ。

三菱重工業は関西電力、北海道電力、四国電力、九州電力の電力4社と加圧水型軽水炉（ＰＷＲ）をベースとした「革新軽水炉」を開発する。想定出力は60万～１２０万キロワットである。安全性は高い。２０３０年代半ばの実用化を目指している。[9] 日立ＧＥニュークリア・エナジーも沸騰水型軽水炉（ＢＷＲ）をベースとする「革新軽水炉」の新型原子炉を開発する。[10]

冷却材にヘリウムガスを使う「高温ガス炉（ＨＴＧＲ）」は燃料を熱に強いセラミックで覆うので、メルトダウンが起きない構造となっている。放射性物質が外部に漏れないので安全性は高い。水を熱分解して水素量産もできる。軽水炉に比べると、発電効率が落ちるという難点はある。実用化の目処は２０４０年代以降になるという。

英国が２０３０年代初頭の実証炉運転開始を計画する。日本原子力研究開発機構（ＪＡＥＡ、国立研究開発法人、原子力の先端研究を担う）は英国立原子力研究所、原子力企業ジェイコブスと英国でＨＴＧＲの実用化を目指す事業に参画、基本設計の予備調査を実施する。

「高速炉」は使用済みの核燃料を使うため、発電効率が高い。いわゆる「核のゴミ」を低減できるという利点がある。日本では期待されていた「もんじゅ」が２０１６年に廃炉を余儀なくされてしまったが、安全運転の難易度が高いとされる。「高速炉」の冷却には液体ナトリウムが使われる。水に触れると爆発的反応を起こすため、取り扱いが難しい。

米国は実証炉運転開始を２０２８年に計画する。これに呼応して、米マイクロソフト創業者ビル・ゲイツ氏が出資する米新興テラパワーが２０２８年に経済性、安全性を確かめる実証炉の稼動を計画する。ＪＡＥＡは米国で「高速炉」の実証事業に加わる。三菱重工業も協力している。(11)

「核融合炉」では水素などの原子核同士が融合して、太陽内部で起きるエネルギー反応が再現される。技術開発はいまだ実験段階にとどまる。研究段階の途上で、実用化は２０５０年以降とされる。

ロシアと中国が推し進める原子力発電所の設置計画

ウラン濃縮はロシアの原子力独占体ロスアトムが世界シェアで36％を占有する。(12) 英国・ドイツ・オランダのウレンコの世界シェアは30％、フランスのオラノが14％、中国企業が12％である。ウラン濃縮とは鉱山から採れる天然ウランを原子力発電の燃料として使えるように濃縮する工程のことである。作業には遠心分離機などが使われる。

米国が調達したウラン製品のうち、カナダが22％、カザフスタンも22％、ロシアが16％であった（２０２０年実績）。日本では原子力発電所の再稼動が遅れているために在庫が潤沢にある。日本の場合、ウラン燃料のロシア依存度は低い。青森県六ヶ所村の濃縮工場で加工できる。米国政府は日本からのウラン燃料調達に期待する。難航しているが、原子力燃料の「脱ロシア」も喫緊の課題となっている。

原子力発電ビジネスでもロシアと中国が強力に推進する。

トルコではエネルギー源が石油3割、石炭3割、天然ガス3割となっていて、全面的に輸入に依存する。原子力発電を導入すれば、エネルギー自給率を引き上げることができる。

地中海に面するトルコ南部メルシン県のアックユ原子力発電所はロスアトムが建設する。[13] 4基の原子炉が建設される。1号機は2023年に稼動を開始する。トルコ北部のトラキア地方では中国による建設が検討されている。

ただ、トルコでの原子力発電所をめぐっては、ロシア、中国一辺倒ではない。SMRの設置について米国と協議しているという。

アフリカでも原子力発電計画が進展している。アフリカでは南アフリカのケープタウンに原子力発電所がある。アフリカ唯一の原子力発電所である。

エジプトでは北部ダバアでロスアトムが原子力発電所を建設する。ここにはロシアで最新鋭とされる加圧水型軽水炉（PWR）4基が建設される。2030年にはフル稼働し、発電能力は合計で480万キロワットとなる。

原油資源に恵まれるナイジェリアでも2022年3月に、発電能力400万キロワットにおよぶ原子力発電所建設の入札手続きが始まっている。西アフリカのガーナでも原子力発電所の建設構想がある。ナイジェリアもガーナもロスアトムと原子力協力で合意している。ロスアトムはエチオピア、ザンビア、モロッコとも原子力協力を進めている。

中国も原子力発電所の売り込みに余念がない。中国広核集団（CGN）はケニアと原子力発電所の建設協力で2015年に合意している。ロスアトムも2016年にケニアと合意した。中国核工業集団（CNNC）はスーダンと2016年に協力することで合意している。2017年にはロスアトムとも合意済みである。

2　再生可能エネルギー普及の潜在力

無視できない環境問題

地球温暖化に懐疑的な見方が根強く残るものの、温暖化現象が散見できる事実は否定できない。海水の温度が上昇して、海産物の育成を阻害している。栄養不足が原因で海草は育たず、貝類は育たないまま死滅している。捨てられたプラスチック製品はマイクロプラスチックとなり、魚介類に吸い込まれていく。その魚介類を人間が食べる。北極圏の氷は溶け出し、水面を押し上げる。島国は水没する恐れすらある。気象現象は極端化、洪水と旱魃を繰り返す。熱波と寒波が地球を襲う。枚挙に暇がない。環境問題に本気で取り組まないと、生存の危機を防げない。ESG（環境・社会・企業統治）の観点からも環境政策は欠かせない。

主要7ヵ国（G7）は「国際気候クラブ」を設立することで合意した。「脱炭素」分野で共通の目標を導入する。気候変動分野のポイントは次のとおりである。[14]

- 排出削減対策のない石炭火力発電所の廃止

- ２０３５年までに電力部門の大部分を脱炭素化
- 排出削減対策のない化石燃料への新規の国際的な直接支援を２０２２年末までに終了
- ２０３０年までに道路部門を高度に脱炭素化
- パリ協定履行のために国際気候クラブを２０２２年末までに設立
- 国際エネルギー機関（ＩＥＡ）と連携し、エネルギー価格高騰を抑制し、経済や社会への影響を防ぐ措置を検討
- ロシア産石油の取引価格の上限設定などさまざまなアプローチを検討

欧州連合（ＥＵ）は地球温暖化対策を視野に入れたうえで、原子力と天然ガスは「持続可能」であるとの方針を打ち出した(15)。脱石炭、脱石油は推し進める一方で、天然ガスの消費は排除しないと表明していることになる。化石燃料のなかでも天然ガスは例外的に扱うとし、現実的な路線を鮮明にしている。

その一方で、ＥＵは「脱ロシア」と「脱炭素」を両立する野心的な構造転換にも取り組む。地球温暖化ガスを２０３０年に対１９９０年比で55％減らす目標は維持しつつ、ロシア産の化石燃料からの自立も進める。再生可能エネルギーのエネルギー消費に占める割合を２０３０年に45％とする。省エネルギーの目標は２０３０年に13％とする。気候変動対策を後退させない(16)。ドイツや英国は発電部門における再生可能エネルギーの比率はすでに４～５割に達している(17)。

欧州社会は「脱ロシア」という壮大な課題を解決すべく四苦八苦する。再生可能エネルギーによる

社会を実現するという理想は崇高である。だが、理想を掲げても産業社会が機能しないと意味はない。化石燃料ゼロ、原子力脱却は正しい道である。しかし、再生可能エネルギーが不安定であることも事実である。現実的なアプローチが不可欠となる。欧州諸国は今後、原子力と天然ガスに世界の投資マネーを呼び込んでいく。

ESG経営に舵を切るグローバル企業

バイデン米政権は「グリーン・トランジッション（緑への移行）」を掲げている。[18] しかし、ロシアのウクライナ侵攻で化石燃料の国際価格は急上昇、米国内でもガソリン価格が一時、急騰した。米国の関連産業は原油と天然ガス生産に力を注ぐことになる。「グリーン・トランジッション」政策は一旦、棚上げされた格好だが、断念されたわけではない。利上げによる世界的な景気後退懸念から化石燃料の価格はピークアウトし、沈静化に向かう。あくまでも「脱ロシア」と「脱炭素」とが併走しているに過ぎないのである。

国際石油資本（メジャー）は化石燃料の開発・生産を進めながらも、次世代エネルギーにも投資マネーを振り向けている。英ＢＰはアジアン・リニューアブル・エナジー・ハブ（ＡＲＥＨ）に40・5％を出資、オーストラリアで計画されている風力発電や太陽光発電を使って水素を製造する事業に携わる。ＢＰは「グリーン水素」を重視する方針を打ち出している。[19]

フランスのトタルエナジーズは米クリアウエーエナジー・グループの株式50％を取得、風力発電や太陽光発電に力を注ぐ。英シェルはインドの再生可能エネルギー新興企業スプリング・エナジーを買収、太陽光発電事業に参画する。米シェブロンは米リニューアル・エナジー・グループ（ＲＥＧ）を買収、再生燃料生産に参入する。いずれも化石燃料で稼いだマネーを再生可能エネルギー企業に投資するケースとなっている。ＥＳＧ経営を意識するメジャーの企業戦略が浮き彫りとなった。

「脱炭素」政策の副作用

「脱炭素」路線は新たな物価高騰、すなわち「緑のインフレ」を招くと警鐘を鳴らす声が聞こえてくる。再生可能エネルギーや電気自動車（ＥＶ）に移行すると、非鉄金属の需要が爆発的に増加し、国際価格は否応なく上昇する。この現象が「緑のインフレ」である。[20]

軽量なアルミニウムはＥＶに必須の非鉄金属となる。アルミニウムの用途は太陽光発電などにも広がる。ロシア産のアルミニウムを排除しつつ、どのように対応するのか。再生可能エネルギーで生産するアルミニウム「グリーン・アルミニウム」を徹底するのであれば、一層困難となる。

世界景気に需要が左右される銅。景気後退局面では銅需要は減少するが、長期的視点に立てば、「脱炭素」需要は必ずや盛り上がる。建築向けなど不動産需要が減退しても、再生可能エネルギーの開発が進めば、銅は欠かせない。ＥＶ用電池の素材、たとえば正極材に使うリチウムの需要も旺盛となる。

世界全体が一斉に再生可能エネルギーを推進することになると、非鉄金属は供給不足に陥り、価格は急騰する。非鉄金属、希少金属（レアメタル）の争奪戦が勢いを増すことは容易に想像できる。

日本にとって大本命となる洋上風力発電

日本列島は四方を海に囲まれ、海洋国家の一角を占める。風力発電所は陸上に設置されてきたが、欧州では洋上風力発電が重要視されている。ドイツは2030年までに洋上風力発電導入量を3、000キロワットとする。日本で洋上風力発電所を新設する動きは鈍いが、伸びる余地は大きい。洋上風力産業の裾野は広く、経済波及効果は大きい。

洋上風車はデンマークのベスタス、スペインのシーメンスガメサ・リニューアル・エナジー、米ゼネラル・エレクトリック（GE）の3社が世界トップ3となる。[21] このうち日本上陸を果たした企業はGEである。GEは日本で3海域に進出、三菱商事と連合を組む。GEは今後も日本市場を開拓する方針でいる。ベスタスは日本での工場建設を中止し、シーメンスガメサも日本進出を躊躇っている。

世界風力会議（GWEC）のデータによると、2022〜31年の累計で日本には578万キロワットの洋上風力発電が導入される計画だという。この規模は台湾の1、407万キロワットよりも圧倒的に見劣りする。韓国の導入量は745万キロワットと日本よりも規模が大きい。ベトナムでも691万キロワットである。バルト海沿岸諸国は洋上風力発電を2030年までに7倍に増強することで合意している。[22]

2021年時点の洋上風力発電累積導入量で見ても、日本の劣勢は明らかである。国別に導入量を列挙すると、中国2、768万キロワット、英国1、252万キロワット、欧州全体で2、630万キロワット、ドイツ773万キロワット、オランダ300万キロワット、デンマーク231万キロワット、ベルギー226万キロワットで、日本はわずか5万キロワットにとどまっている。日本の場合、まさに黎明期にある。洋上風力産業の基盤を整備することが急務となっている。[23]

いかに日本が洋上風力発電に消極的なのかを如実に示している。日本政府は洋上風力発電に関する規制を緩和、撤廃して外国勢の参入を積極的に進めていく必要がある。海底送電網の構築も必要であることは言うまでもない。

脚光を浴びる水素とアンモニア

三菱商事は米テキサス州で燃料用アンモニアの製造拠点を設置する計画でいる。[24] 2030年代前半に稼動を開始するが、生産能力は年1,000万トンと世界最大級のプロジェクトとなる。このアンモニアはいわゆる「ブルー・アンモニア」で、天然ガスから水素と二酸化炭素（CO_2）に分離し、水素を窒素と反応させて製造する。アンモニアは燃焼時にCO_2を排出せず、クリーンエネルギーとして注目されるようになった。

この「ブルー・アンモニア」はあくまでもエネルギー移行期のアンモニアとして位置づける必要がある。また、CO_2を貯蔵できる装置を備え、「ブルー・アンモニア」の生産と貯蔵施設とを一体運営する必要もある。[25]

日本、米国、オーストラリア、インドの4ヵ国による枠組みとなる「Ｑｕａｄ（クアッド）」では、アンモニアと水素の活用に向けた技術開発を進めることで合意している。水素については米国やオーストラリアで製造プロジェクトが進行する。[26]

石炭火力発電所で燃料にアンモニアを混ぜて使う場合、CO_2の削減量を増やすことができるという。[27] 既存の発電所であっても、アンモニアを混焼すると有効であることを示す。それだけにアンモニアの有効性は高い。

ＥＵは再生可能エネルギーで生産する「グリーン水素」を２０３０年に１、０００万トンに拡充すると同時に、輸入する「グリーン水素」も１、０００万トンとする。[28] 再生可能エネルギーの普及が停滞しないように構造転換に踏み込む姿勢を強めていく。

3 苦肉の化石燃料への対応

軽視できない石炭

欧州諸国ではドイツとイタリア、それに中・東欧諸国のロシア産天然ガスに対する依存度が突出して高い。ロシアのプーチン政権は天然ガスを武器として位置づけ、欧州への天然ガス供給量を大幅に絞り込んでいる。

やむなくドイツ政府は天然ガス消費量を抑制し、その代替として石炭火力発電の稼動を増やす措置を決めている。[29] 同時に、全廃を目指していた原子力発電の稼動も延長する。ガスは発電用だけでなく、産業にも使われる。

産業用のガスを確保することにガス政策の重点を置くと、どうしても発電用のガス消費を抑制せざるを得ない。ドイツ最大のガス消費企業は化学大手ＢＡＳＦである。ドイツ・ガラス大手のショットも化学と同じく大量のガスを消費する。ロシア産天然ガスとの決別は正しい方針だが、茨の道でもある。

石炭回帰が進む国はドイツだけではない。「脱炭素」に取り組んできた欧州全体の傾向となっている。石炭火力発電の依存度が高いポーランドはロシア産石炭の代替を確保することに難渋する。(30)再生可能エネルギーへの転換が遅れているインドなど、アジア新興国でも石炭需要が伸びている。需要の増加を受けて、石炭供給への投資も活発だ。(31)

脱ロシア産石炭が進む一方で、代替先となるオーストラリアからの石炭供給が不安定になると、石炭の需給は逼迫する。インドのタタ・スチールはロシア産石炭の購入を停止した。タタ・スチールはインドで最大となるロシア産石炭の輸入業者だった。(32)

景気の動向に左右されるが、発電用だけでなく、製鉄用石炭にも目配せする必要がある。製鉄用については主原料となる鉄鉱石の需給状況も考慮しなければならない。(33)中国での需要が低迷していることから、鉄鋼原料となる石炭と鉄鉱石の価格は値下がりに転じている。(34)

原油をめぐる駆け引き

ＩＥＡは原油価格の高止まりや景気減速で先進国を中心に石油消費国の需要が減退する一方で、中国の需要が回復するとの読みから、石油需要は過去最高を記録すると予想する。(35)ただ、中国経済が停滞感を深めると、石油消費は伸びず、国際原油価格は下落基調を辿ることになる。

需要サイドが盛り上がらなくても、供給サイドに変調があれば、原油価格の高止まりは続くかもしれない。ＩＥＡはロシアの産油量が２０２３年に対前年比16％減の日量８７１万バレルになると予想

する。日欧米諸国によるロシア産原油の禁輸措置や経済・金融制裁の影響でロシアの原油生産に支障が生じるとしている。(36)

石油輸出国機構（OPEC）加盟国の原油生産余力や米国石油産業の投資次第で先行き見通しは変わる可能性もある。(37) OPECの盟主サウジアラビアの原油生産余力は日量180万バレルとされる。(38) ただ、油田には常にメンテナンスが必要で、追加投資を適切に実施していくことが求められる。(39) 石油サービス活動の欠如はロシアの産油量が減少する一因である。米国、サウジアラビア、アラブ首長国連邦（UAE）、リビア、イランの産油量・原油輸出量の動向を注視する必要がある。リビアでは東部と西部とに分裂して熾烈な勢力争いが続き、産油量は常に不安定である。(40)

OPECとロシアは石油政策を互いに調整して、産油量を調整し、協調してきた。プーチン政権はウクライナ侵攻で大混乱に陥っている一方、サウジアラビアではサルマン国王が子息のムハンマド皇太子を首相に指名、王位継承に布石を打った。(41) サウジアラビアでは権力の集中が加速しているが、モスクワではプーチン大統領の求心力が急速に失われている。きわめて対照的である。ただ、権力集中が極端に進むサウジアラビアやUAEに原油の調達を依存する構図は危険でもある。(42) IEAはロシアの産油量が2022年後半に日量300万バレル減少すると予想していたが、OPECの生産余力だけでは補えない。(43)

イランはサウジアラビアと中東各地で覇権争いを演じてきた。(44) その一方で、イランはシリア内戦でロシアと協力、ウクライナ侵略をめぐってもロシアに軍事用ドローンを供与してロシアを支援する。イランもロシアも経済・金融制裁の対象国である。

米国はサウジアラビアに原油増産を要請、相互不信の払拭に舵を切っている。(45) ロシアは欧州諸国への天然ガス供給を大幅に減らし、圧力をかける。欧州諸国は米国からの液化天然ガス（ＬＮＧ）調達で穴を埋めたい。独自外交を展開するトルコはロシアによるウクライナ東部・南部4州の併合を見て、モスクワと距離を置き始めた。クレムリン（ロシア大統領府）の中東におけるプレゼンスは急激に低下してきた。

血塗られたロシア産原油（bloody oil）に群がる面々

自由主義陣営はロシア産原油の輸入価格に上限を設定。上限を超えて取引される原油の海上輸送に対して、保険会社が保険サービスを提供することを禁じた。(46) 船舶保険の世界大手は欧州勢が独占しており、ロシア産原油の海上輸送は実質的に不可能となる。制度導入の目的がロシアの戦費調達抑制にあることは言うまでもない。原油価格の高騰を緩和する狙いもある。

自由民主主義諸国はロシア産原油の調達を大幅に減らしている。欧州諸国は陸上パイプラインでもロシア産原油を受け入れてきたが、中・長期的にはロシア産原油と決別する。親ロシアの旗を振るハンガリーはパイプライン輸送の原油を停止すると、経済に甚大な被害を与えるとして、ＥＵの方針とは一線を画す。(47)

日本は米欧諸国とともに対ロシア経済・金融制裁に参画しているにもかかわらず、今もって資源開発事業「サハリン・プロジェクト」に固執する。(48) 日本はいつまで血の臭いがするロシア産資源エネルギーを購入するのだろうか。

中国とインドは割安になったロシア産原油の海上輸送による輸入量を急増させている。中国では国営石油大手だけでなく、独立系の石油精製会社も格安のロシア産原油を入手しているという。[49]この両国はロシア産LNGの輸入も増やす。インドはロシア産石炭も輸入している。

インドネシアの国営石油大手プルタミナは首都ジャカルタのあるジャワ島東部で、ロシア国営石油大手のロスネフチと合弁で製油所を建設する計画を2016年から進めている。[50]ロスネフチにとっては、原油輸出先に製油所を確保することは有力な川下戦略となる。ロスネフチは同様の手法をインドでも使う。ロシア民間石油大手のルークオイルはイタリアに製油所を保有する。[51]このような製油所がロシア産原油の受け皿として機能する。

原油輸出大国としての米国

米国の石油産業界では国際原油価格の高止まりを背景に、油田開発・生産向けの投資が増加、その結果、原油生産量が拡大している。港湾の石油積み出し設備が増強され、原油輸出量は記録的に増加してきた。ロシア産化石燃料への依存を減らす欧州は米国産原油を有力な代替先として位置づけるようになった。

欧州先進国の石油輸入に占めるロシア産の割合は25%から16%に低下してきた。EUと英国は2022年1月にロシア産原油を日量260万バレル輸入していた。ところが、同年8月には日量170万バレルに激減、需要家が自主的にロシア産原油を忌避している結果である。

米エネルギー情報局（EIA）によると、米国の2022年1~6月期における石油（原油と石油製品）の輸出量は日量９００万バレルと対前年同期比で１割増となり、過去最高を更新した。(52) 欧州向け輸出量は日量２００万バレルとなっている。欧州は米国だけでなく、ノルウェー、サウジアラビア、イラクからも原油輸入量を増やしている。(53)

ただ、米国石油業界が石油の輸出を優先すると、米国内への供給が疎かになる。これは米国内でガソリンなど石油製品の価格が低下しない一因となる。イタリアのマリオ・ドラギ氏は石油消費国による「カルテル」の創設を提唱している。(54)

鍵となるLNGの調達

ロシアが対欧州天然ガス供給を大幅に削減していることを受けて、(55) 欧州諸国はロシア産天然ガスの輸入を極限にまで減らそうと躍起になっている。なかでもドイツの天然ガス不足は深刻である。ＥＵ加盟国ではイタリアとドイツがロシア産天然ガス依存度で突出する。(56)

天然ガス価格の高騰で経営状況が悪化したドイツのエネルギー大手ユニパー（親会社はフィンランドのフォータム）については、ドイツ政府が公的資金80億ユーロを注入、国有化することで救済する措置を講じた。(57) 脱ロシア産天然ガスを推し進める欧州は、いわば過渡期の苦しみに耐え抜いている。

ＥＵは２０２１年にロシアから１，５５０億立方メートルの天然ガスを輸入、全輸入に占める比率は４割に達する。この数値を最終的にゼロとするわけだから、文字通りの難事業となる。救世主は現れるのか。とりあえずＥＵは天然ガスの消費量を過去5年平均比で15％削減することで合意している。(58)

ノルウェーは欧州最大の天然ガス生産国で、EU域内に天然ガス消費量の4分の1（EU天然ガス総輸入額の25・1％を占有）を供給してきた。エクイノールはノルウェーのエネルギー最大手である。ノルウェーはEUに加盟していないが、EUへの天然ガス輸出を拡大すると発表、1、000億キロワット時分の天然ガスを追加で欧州に供給する。[59]

イスラエル沖の東地中海では今、巨大天然ガス田の開発が進む。ここで生産される天然ガスをエジプトに送り、液化してからLNGをEU諸国に輸送する構想がある。2022年6月15日、イスラエルとエジプト、EUは天然ガス安定供給に関する覚書に調印した。[60]

イスラエルの天然ガス生産能力は200億立方メートルである。開発・生産投資を増強し、送ガス能力を高め、さらにはエジプトでのLNG生産基地を増設できれば、LNG生産量は拡充される。また、地中海海底に天然ガス田から伸びるパイプラインを建設、敷設できれば、輸送能力は格段に拡充する。[61]

トルコはパレスチナ問題で対立してきたイスラエルに急接近、東地中海の天然ガス田開発に意欲を示す。イスラエル、キプロス、エジプト、ヨルダン、パレスチナなどが加盟する「東地中海ガスフォーラム」にトルコも加わり、天然ガス田開発の権益やパイプライン新設にアクセスしたい。[62]

南欧諸国は北アフリカのリビアとアルジェリアからもパイプラインで天然ガスを輸入する。ただ、リビアでは政情不安が長期化し、天然ガス生産は安定しない。北アフリカ諸国の政治的安定が担保されないと、天然ガスの継続的な調達は難しい。

中東のカタールはLNG生産・輸出大国として知られる。カタール政府は国家戦略としてLNG生産の増強に邁進してきた。カタールのLNG生産能力は年間8、000万トンであるが、2026年には1億2、000万トンに拡大される。[63] LNG生産基地の新規建設には商機が潜む。LNG消費国にとってはLNG輸入増への道も開ける。カタール産LNGは世界LNG貿易で存在感をより一層高めてきた。[64] カタールやUAEはドイツにLNGを供給することを約束した。[65]

世界LNG生産で世界首位を誇るのはオーストラリアで全体の35・8%を占める(2021年実績)。[66] 以下、マレーシア13・6%、カタール12・1%、米国9・5%、ロシア8・8%と続く。米国では生産工程の改善で開発期間を短縮したことで、シェールオイルだけでなく、シェールガスの生産量も増え、増産体制が整備されてきた。[67] LNG生産設備の拡充も相まって、LNG生産能力が拡充されてきている。米国産LNGの対欧州輸出は大幅増となってきた。[68]

米国のLNG生産量は2030年まで順調に伸び、早晩、世界首位となる見通しである。[69] ドイツはこの米国とLNG輸入拡大で合意、長期契約を結んでいる。ドイツはまた、カタールともLNG長期調達で合意している。[70] ただ、米国ではLNGの輸出を増やしてきた結果、需給が逼迫し、天然ガス価格が高騰している。[71]

EUはエネルギー戦略としてLNGの調達強化を進める構えでいるが、[72] 当然のことながら、LNGを輸入するためには、輸入国にLNG受け入れ基地を整備しておく必要がある。欧州各国は陸上、並びに海底に敷設されたパイプラインで天然ガスを調達してきたために、LNG受け入れ基地は十分に設置されていない。年間4、000万トン分の受け入れ基地が必要だという。[73] もちろんLNG専用タンカーの増産も不可欠である。[74] パイプラインやLNG受け入れ能力の欠如は脱ロシア産天然ガスの足枷となる。[75]

陸上に新増設される予定の受け入れ基地だけでは不十分で、欧州各国は工期が短縮できる洋上浮体式LNG受け入れ基地（FSRU）を設置する計画でいる。ベルギーでは470万トン規模のLNG受け入れ基地が建設中である。スペインでも95万トン分の受け入れ整備が進む。英国では380万トン、ポーランドでは370万トン、イタリアでは294万トンの受け入れ基地が整備される計画がある。ドイツもLNGの受け入れ基地整備を急ぐ。[76]

LNGの需要はにわかに世界的規模で高まってきている。北米西海岸から出荷されるLNGは日本などアジア諸国の需要向けの安定供給源となっている。[77] LNG生産国の増産体制整備状況にもよるが、需要が旺盛な欧州勢とアジア勢とで争奪戦が繰り広げられることは間違いがない。[78]

日本は2021年実績で7、432万トンのLNGを輸入した。調達先はオーストラリア（全体の35・8％）、マレーシア（13・6％）、カタール（12・1％）、米国（9・5％）、ロシア（8・8％）などである。日本も必ずや熾烈なLNG争奪戦に巻き込まれていく。[79] 恒例となった節電要請を続けるのではなく、[80] 原子力発電も含めた現実的なエネルギー政策が求められる。

Ⅸ　秒読み段階に入ったプーチン帝国の崩壊

1　ウクライナ侵略戦争で敗北寸前のロシア

ロシア軍苦境の実態

負け戦。ウクライナ全土の占領、支配とウクライナ・ゼレンスキー政権の打倒を画策したロシア軍最高司令官プーチンであったが、何一つとして戦果はない。ウクライナ全土の占領は断念に追い込まれたうえに、プーチン大統領にとっての「妥協」であった、ウクライナ東部・南部地域の支配ですら奏功していない。プーチン大統領は日々、辛酸を嘗めながら一人寂しく暮らす。

事実、ロシア軍が地上戦で損失した武器・兵器は拡大の一途をたどる。ウクライナ軍からの猛攻でロシア軍の損害は甚大である。軍装備・弾薬の損害を繰り返す一方で、武器・兵器を追加補充できないでいる。ロシア軍に軍事支援するのはイランとベラルーシ、それに北朝鮮の3ヵ国だけである。欧米諸国から武器・兵器を供与されるウクライナ軍とは対照的である。

ウクライナ軍に軍装備を破壊されているだけでない。ロシア軍は戦場から敗走する際、武器・兵器・弾薬・ミサイルなどを放置している。ウクライナ軍の手に渡った軍装備はロシア軍の攻撃に使用される。ウクライナ軍は捨てられた軍装備を修理、反撃用として使っている。もちろんウクライナ軍側も軍装備を失っているけれども、ロシア軍の損失はウクライナ軍の4倍に達する。(1) ロシア軍側の人的喪失も深刻で、戦闘に従事する兵士を補充するために徴兵を余儀なくされた。

ロシア軍は戦車・装甲車、トラックなどの車両、火砲・ミサイルなど地上武器・兵器を中心に損失に歯止めがない。戦闘機、軍用ヘリコプターもウクライナ軍に打ち落とされた。たとえば、戦車の場合、ロシア陸軍が保有していた2、927台のうち、1、128台を失っている。実に保有台数の4割におよぶ。精密誘導ミサイルも1、844発から609発に激減している。

訓練された職業軍人、軍装備品が不足するために、ロシア軍は新たな戦闘部隊を戦地に投入できない。ロシア軍は武器・兵器・弾薬・ミサイルのストックを減らす一方で、新規生産、投入ができないでいる。

損失を補充すべく、ロシアは外国に武器・兵器・弾薬の調達を依頼している。ロシアを公然と支援するイランは無人機（ドローン）をロシアに送り込んだ。当局は否定するものの、ロシアは北朝鮮からは数百発にもおよぶ弾薬を購入している。無論、北朝鮮からの武器・兵器調達は「違法」である。

米国が供与した高機動ロケット砲システム「ハイマース」、長射程榴弾砲といった最新鋭の武器・兵器が威力を発揮している。ウクライナ軍は米国から中距離地対空ミサイルシステム「NASAMS」も受け取っている。(2) ワシントンは武器・兵器の供与を追加で積み上げてきた。(3) ウクライナ軍は軍事訓練を受けて、最新鋭の武器・兵器を自由自在に操れるようになった。

苦境を打開するために、ロシア軍は禁じ手となる戦術核をウクライナに投下するのか。生物・化学兵器を使用するのか。世界は固唾を呑んで注視する。

見放されるプーチンの孤独

中国とロシアが主導する地域協力組織「上海協力機構（ＳＣＯ）」の首脳会議が２０２２年９月中旬、カスピ海に面するウズベキスタンの古都サマルカンドで開催された。[4] 首脳会議の最終日には「多極的世界秩序」を盛り込んだ共同声明が採択された。ＳＣＯの加盟国は中国、ロシア、カザフスタン、ウズベキスタン、キルギス、タジキスタン、インド、パキスタンである。２０２３年の首脳会議からはイランが正式メンバーとして参加する。

ＳＣＯ首脳会議には関心が薄く、中露、印露それぞれの２国間対面首脳会談に注目が集まった。ロシアのプーチン大統領と中国の習近平国家主席による首脳会談は２０２２年９月15日に開かれた。プーチン大統領は首脳会談の席上、習主席に「ウクライナ危機に関する中国の疑問と懸念を理解している」と語りかけた。習主席から「疑問と懸念を持っている」と告げられていたからである。また、プーチン大統領は「ロシアは中国大陸と台湾は一つの国に属するという『一つの中国』の原則を断固として守っている」とも述べ、北京を気遣った。

ウクライナ侵攻直前の２０２２年２月に北京で開かれた中露首脳会談では、「両国の友情には限界はない」（共同声明）と蜜月ぶりを誇示していた。ところが、サマルカンド会談では共同声明を公表できなかった。習主席は会談中終始、うつむいたままメモを読み上げるだけで、プーチン大統領と眼を合わせることはなかった。プーチン大統領が横から話しかけても、習主席はまっすぐ前を見るだけで、視線をプーチン大統領に向けることはなかった。習主席は夕食会も欠席している。

北京がサマルカンド会談を黙殺したことを物語る。中国は卑怯な国である。裏切り、寝返りは中国の得意技。「負け馬」には決して乗らない。日欧米諸国による「2次制裁」を恐れる北京は、明らかにモスクワを見捨てている。北京はあらためてモスクワ接近のコストを計算するようになった。(5)

ロシア軍が戦場で健闘していれば、北京はロシアにエールを送っていたに違いない。プーチン大統領は劣勢を打開するために、中国からの軍事支援を期待していた。最高司令官プーチンはウクライナ侵略の意義を問われている。

プーチン大統領はサマルカンドでインドのモディ首相との会談にも臨んでいる。インドは長年、ロシアを伝統的友好国として特別扱いしてきた。しかし、モディ首相はロシアによるウクライナ侵略戦争が長期化していることを懸念、メディアの前で「現代は戦争の時代ではない」と言い放った。モディ首相がプーチン大統領を見限った瞬間だった。

ロシアと中国、インドとの絆に亀裂が生じたことはモスクワにとって最悪の事態である。(6) これは中露間、印露間関係の限界点を示している。(7) 結局、サマルカンドで公然とロシア支援を表明した首脳はイランのライシ大統領だけだった。完全に孤立したプーチン大統領は手土産を持たずに、モスクワに帰還するしかなかった。ホワイトハウス（米大統領府）は自信を深めたに違いない。

国連総会の場でも、中国とインドのスピーカーからロシアを支援する声は聞こえてこなかった。ウクライナに戦術核を投下することを辞さないとプーチン大統領が語ったことで、中国もインドもロシアと距離を置く姿勢に転じている。(8)

トルコでは金融機関がロシアの決済システム「ミール」を停止した。ロシア市民はロシアで発行されたクレジットカードをトルコで利用できなくなった。(9) トルコのエルドアン大統領はウクライナとロシアを仲介する姿勢は崩していないものの、プーチン大統領に対して停戦に応じるよう忠告するなど、クレムリン（ロシア大統領府）一辺倒ではないことを内外に印象づけている。

豹変した習主席に驚いたプーチン大統領は帰国直後、側近中の側近であるニコライ・パトルシェフ安全保障会議書記を急遽、北京に派遣した。(10) メディアは関心を示していないが、この安全保障協議には深い意味が潜む。

不調に終わったサマルカンド会談をプーチン大統領が憂慮して、さらなる説明、説得が必要になった。つまり中露間に明確な上下関係が成立してしまったことを示唆する。パトルシェフ書記にプーチン大統領が信頼を寄せている事実も浮き彫りにされた。パトルシェフ書記の長男もクレムリンにいる。親子でプーチン大統領を支える構図だ。ポスト・プーチンを占う一つの鍵となる。

「動員令」発令の衝撃

連日、多数の兵士が死傷する事態を重く見たプーチン大統領は「動員令」に署名、予備役を戦地に送り込み、戦争を継続する道を選択した。(11) ２０２２年３月には予備役は投入しないと断言していたが、前言を翻した。プーチン政権はウクライナ侵攻を「戦争」ではなく、あくまでも職業軍人による「特別軍事作戦」と説明してきた。最早、この欺瞞は通用しなくなった。

「動員令」発令後、当局の不手際で混乱が続き、兵員の動員が機能していない事実も露呈している。(12) 深刻な兵員不足を補うために、未熟な予備役を戦闘地域に振り向けても、ロシア軍の劣勢を挽回することはできないだろう。犬死するだけである。ウクライナ軍による反転攻勢で、ロシア軍は１、０００

キロメートルにおよぶ戦線を維持できなくなっている。

「動員令」が発令された直後から、ロシア全土で抗議デモが頻発することになる。[13] ウクライナ危機を傍観していたロシア市民は他人事でないことを実感した。地方の中心都市だけでなく、モスクワやサンクトペテルブルクなどの大都市にも抗議デモは広がった。徴兵事務所や市庁舎など行政機関に火炎瓶が投げ込まれる放火事件も発生している。もちろん治安当局による厳しい取り締まりで拘束者が続出した。

相対的に貧しい少数民族を中心に徴兵される懸念から、少数民族の反発が極限に達した。[14] たとえば、ロシア極東連邦管区のブリヤート共和国にはモンゴル系のブリヤート民族が居住する。クリミア半島にはクリミア・タタール族が住む。北コーカサス(カフカス)地方にあるダゲスタン共和国にはダゲスタン系民族のイスラム教徒が多い。[15] 同じく北コーカサスのチェチェン共和国からはすでに戦地に動員されている。このような少数民族が徴兵され、戦死してもロシア系市民は意に介さない。[16] 残酷だが、ロシアの現実である。

ウクライナ軍はウクライナの東部と南部で占領された領土を奪還、進撃を遂げている。[17] 優勢なウクライナ軍を直視できる、つまり戦争の真実を知るロシア市民は、予備役の徴兵が際限なく拡大していくことを心配する。また、「戒厳令」が発令されて出国禁止になる事態を恐れる。

一方、国際社会ではウクライナ危機で軍事作戦の選択肢を失ったプーチン大統領が、戦術核を使用するのではないかとの疑念が生じている。[18] 事実、ロシアでは戦術核の使用を主張する要人が急増してきた。

「戒厳令」の発令や国境封鎖で出国が禁止される可能性を察知したロシアの若者は祖国を捨てて、外国に逃亡する道を選んだ。(19) ロシアの若者には三つしか選択肢がない。投獄、前線、国外脱出の三択肢である。(20) 国外脱出は暗黙のプーチン批判でもある。(21) プーチン大統領が自分勝手に始めた大義名分のない「プーチンの戦争」には一切協力しないというロシア市民の「怒りと諦め」である。

査証（ビザ）の不要な中東諸国やソ連邦構成共和国行きの航空券には購入が殺到、完売とチケット料金急騰を招く事態となった。(22) 陸路での出国も相次ぐ。国境では長蛇の車列が発生、空撮された映像は車列が延々と続く様子を伝えた。国際列車で国外に脱出するロシア市民も多数いる。自転車や徒歩で越境するロシア市民もいる。(23)「動員令」発令後、若い男性を中心に70万人のロシア市民がロシア国外に出国したという。(24)

ただ、ロシア市民が受け入れ先で必ずしも歓迎されているわけではない。反ロシア国のジョージア（旧グルジア）には連日5、000〜6、000人のロシア市民が押し寄せ、国境ではロシア市民の流入に抗議するデモも発生している。(25)

欧州連合（EU）はロシアとのビザ円滑化協定を凍結して、ロシアからの入域を絞り込んでいる。EU加盟国でロシアと1、300キロメートルにわたってロシアと国境を接するフィンランドはロシア市民の入国を制限した。ロシア市民は観光ビザだけでフィンランドに入国できなくなった。(26)

2 時間的猶予を失うプーチン

大いなる茶番：ウクライナ領「併合」

戦時中であるにもかかわらず、クレムリンはウクライナ東部のルガンスク州とドネツク州（ドンバス地方）、南部のザポリージャ州とヘルソン州を一方的に「併合（他国領土の主権収奪）」[27]してしまった。西側自由世界は「偽住民投票」だと一斉にモスクワを非難した。[28]人為的に操作された無意味な「住民投票」なる猿芝居で、ロシアに編入する手口はウクライナ領クリミア半島「併合」の手法と同じである。

プーチン大統領は「編入条約」に署名したものの、[29]国際法違反、国連憲章違反であるだけでなく、[30]ウクライナ軍が占領地を奪還し続ける限り、ウクライナ東部・南部の「併合」は無効であり無意味の産物に過ぎない。

ロシア側は占領地域に「知事代行」や「首長代行」を任命、流通する通貨をウクライナ・フリブナからロシア・ルーブルに切り換え、年金、社会保険、医療保険の各基金を設立し、教育機関や病院を設置しようとしている。また、連邦行政機関の地方組織を設置し、親ロシア派武装組織をロシア軍に統合しようともしている。[31]ザポリージャ州にあるザポリージャ原子力発電所を「国有化」したとプーチン大統領は主張するが、[32]これに至っては「悪質なジョーク」としか表現しようがない。

ロシアとしては既成事実を積み上げて、実効支配を強化したいのであろうが、国際社会の反発を招くだけである。日欧米諸国は早速、対ロシア追加制裁を科し、ワシントンは対ウクライナ軍事支援強化を決定した。米国がロシアのウクライナ侵攻開始からウクライナに供与した武器・兵器総額は

179億ドルに達する。欧州諸国は榴弾砲などの武器・兵器を提供、最大で1万5、000人のウクライナ兵に軍事訓練を実施する。(33)

モスクワのザポリージャ原子力発電所「国有化」宣言直後、国際原子力機関（IAEA）は即刻、「ロシア国有化」を否定、ウクライナの施設だと言明した。(34) IAEAはまた、ザポリージャ原子力発電所内でロシアが放射性物質を撒き散らす、いわゆる「汚い爆弾（dirty bomb）」を製造しているかを調査する。形式的な「併合」でロシア領を拡大するという、いわゆる「プーチン・ドクトリン」は通用しない。

開戦以来、モスクワには戦果が一切ない。ロシア軍は消耗する一方で、進軍できていない。軍事支援を期待していた中国とインドからは袖にされ、ロシアの国際的孤立がより一層、鮮明になった。

これが「動員令」発令の伏線となっていく。最高司令官として誇るべき戦果がないと、ロシア市民に合わせる顔がない。時間切れで追い詰められたプーチン大統領は仕方なく、形式的な「併合」を急がざるを得なかった。(35)

プーチン大統領は「併合」演説のなかで、ウクライナ側に停戦を呼びかけている。これはプーチン大統領が「敗北」を認めたことを意味する。プーチン大統領はウクライナのゼレンスキー政権とは停戦交渉しないと断言していた。正統性を認めていない相手との交渉に応じると自己矛盾に陥ってしまうからである。「併合」を固定化して、停戦へと結びつける以外にプーチン大統領には選択肢、すなわち「戦争の出口」がなかったのである。

もちろん勝手気ままな「併合」はウクライナ市民に関係がない。眼前の戦況にはまったく影響しない。ロシア軍を追い払い、ウクライナ国旗を掲揚するだけである。[36] ロシアから一方的に攻め込まれた事実をウクライナ市民は忘れていない。この戦争はロシアが仕かけてきた戦争なのである。それゆえに、ロシアに奪われたすべての領土を取り返す以外、ウクライナ市民には選ぶ道はないのである。

「クリミア大橋」爆破で変わる「戦争のフェーズ」

ロシア本土とロシアが実効支配するウクライナ南部のクリミア半島を結ぶ「クリミア大橋」で爆発が発生し、橋の一部が崩落した。2022年10月8日の衝撃的な事件だった。[37] 10月7日はプーチン大統領の誕生日であるから、ウクライナからの「誕生日プレゼント」となる。

「クリミア大橋」は2014年のロシア「併合」後、プーチン大統領の肝煎り事業として建造され、2018年に開通した。総延長19キロメートルに及ぶ「クリミア大橋」はクリミア半島とロシアとの間に広がるケルチ海峡を接続し、道路と鉄道が併走する。物流の動脈である。開通式典にはプーチン大統領が臨席、自らトラックを運転して橋を渡るパフォーマンスを披露した。

「クリミア大橋」崩落の一報を聞いたプーチン大統領は激怒、報復として首都キーウをはじめウクライナ全土を標的とするミサイル・ロケット砲攻撃を強行した。イラン製の軍用ドローンも多用して、ウクライナの発電施設を破壊している。ウクライナ市民を暗黒の世界へと突き落とし、降伏に追い込む作戦である。

ロシアは黒海封鎖でウクライナ産穀物の輸出を妨害し、食糧危機を演出して、西側自由世界を分断する魂胆である。その一方で、強引にもロシア産穀物の輸出は継続する。ロシアはまた、エネルギー危機を煽って、欧州世界を揺さぶっている。しかしながら、ロシアの企みはことごとく失敗するだろう。西側自由世界の結束が固いからである。プーチン大統領の認識は甘い。

ウクライナ当局は否定するものの、「クリミア大橋」爆破はウクライナ特殊工作員が仕かけた時限爆弾による破壊工作だと推察される。「クリミア大橋」はウクライナ南部に展開するロシア軍への補給路としての役割を担う。ウクライナ国民にとって「クリミア大橋」はロシア支配の象徴となる忌々しい存在だった。爆破されたことでプーチン大統領は激怒したが、ウクライナ国民は歓喜に沸いた(38)。

士気が高いのは軍隊だけではない。ウクライナでは一般市民の士気も高く、国民が一致団結。ロシアの侵略に全面的に抵抗、いわば「影の軍隊」的な役割を果たしている。臆病なロシア国民とは気概が違う。

「クリミア大橋」爆破事件で意外にも、ロシアのセキュリティーは脆弱であることがわかった。ただ、残念ながら、「クリミア大橋」は爆弾攻撃だけでは大破しなかった。ミサイル攻撃でないとロシアの息の根を止められない。

続くプーチンの「悪あがき」

焦りを募らせるプーチン大統領は「併合」したウクライナ東部・南部4州に「戒厳令」を導入、戦時体制を強化した。と同時に、ロシア全土にも警戒体制を発令、戦時体制にシフトさせた。メディアはウクライナ東部・南部の「戒厳令」にばかり注目するが、間違っている。むしろロシア本土を対象とする大統領令のほうが格段に重要である。

プーチン大統領はロシア中央連邦管区（首都モスクワを含む）と南部連邦管区に「高度警戒レベル」の対応を敷いた。首都防衛を全面に押し出していることがわかる。プーチン大統領の切羽詰った危機感がここに凝縮される。(39)

ウクライナに近隣接するロシア西部・南部には「中度警戒レベル」の対応が導入された。ロシアが実効支配するクリミア共和国、クリミア半島南端にあるセバストポリ、黒海沿岸部のクラスノダール地方、ウクライナと国境を接するベルゴロド州、ウクライナに近接するヴォロネジ州、ウクライナ国境と接するクルスク州とロストフ州が「中度警戒レベル」の対象地域である。

セバストポリにはロシア黒海艦隊の基地がある。ロシアが実効支配するクリミア半島の奪還を目指すウクライナの海軍はセバストポリを標的に軍用ドローンで攻撃、ロシア軍を翻弄する。(40)

その他のロシア国内地域には「基本準備レベル」対応が適用される。ロシア全体が戦時体制下に置かれ、企業、行政機関を防衛のために総動員し、軍部に全面協力することが要請される。重要インフラのセキュリティー確保や治安維持への警備、取り締まりも強化される。ロシア国内の反乱分子を武力行使で鎮圧すると同時に、ウクライナ工作員による撹乱、ウクライナからの軍事攻撃を警戒する。

事実上の「国家総動員令」である。プーチン大統領は「ウクライナの脅威」、「欧米の脅威」に身構えるようになった。要するに、ロシアは北大西洋条約機構（ＮＡＴＯ）との戦闘、戦争に体制を強化したのである。そして、第三次世界大戦も視野に入れているのである。ロシアの「国家存立危機」を見据え、戦術核の使用を強調するゆえんである。

プーチンは戦術核を使用するか

ロシア軍劣勢という戦局を打開するために、プーチン大統領は核兵器を使うのかどうか。世界が注目する一大テーマである。

バイデン米大統領は「クレムリンは核の脅威についてジョークで言っているのではない」と警告を発した。また、1962年の「キューバ危機」以来、核による「アルマゲドン（世界最終決戦）」の危険性は極度に高まっていると警鐘を鳴らす。(41) 通常兵器を喪失するロシアが「核依存」を強めていることは確かである。

ウクライナ占領地からの撤退が相次ぐことを懸念するロシア国内の強硬派は、ウクライナで「核兵器を使え」と主張する。(42) ロシア連邦・チェチェン共和国のカディロフ首長は「低出力の核兵器」を使うべきだと訴える。ロシア軍内部では戦術核を特別扱いせず、威力のある通常爆弾だと位置づける風潮があることも確かである。つまりロシアでは核兵器使用のハードルは高くない。

ロシア国防省への風当たりも強まっている。ロシア議会下院のカルタポロフ国防委員長は国防省に戦闘地域の状況について嘘をつくなと批判した。(43) ブルガコフ国防次官が解任され、多数の司令官も更迭されている。ショイグ国防相の解任を叫ぶ声も聞こえる。プーチン大統領の戦争責任を回避するためであろう。(44) ロシアエネルギー業界では幹部の不審死が頻発した。(45) 経済・金融制裁でオリガルヒ（寡占資本家）は富を失い、不平不満が充満する。ロシア内部では不協和音が鳴り響く。

プーチン大統領が戦術核の使用に踏み切った場合、ロシア軍はウクライナのどこを標的として戦術核を投下するのだろうか。戦局打開に効果的な標的は激戦地となろう。だが、激戦地にはロシア軍部隊も展開する。核爆弾の投下でロシア軍は自滅してしまうかもしれない。

激戦地を避けるとすれば、ウクライナの都市部、たとえば首都キーウを標的に投下するという選択肢がある。ウクライナの心臓部を破壊できれば、物理的にはもちろんのこと、心理的にもウクライナ市民を追い詰めることができるだろう。首都に原爆が投下された前例はない。西側自由世界は原爆投下を黙殺できない。北京やアンカラも最早、モスクワを擁護できなくなるだろう。モスクワの敵は一気に増える。ロシア側は首都モスクワへの核攻撃、「国家存立危機」を覚悟しなければならない。

もう一つの選択肢は黒海に浮かぶ島を標的とする核攻撃である。しかし、心理的効果はあるものの、戦況の打開には結びつかない。核兵器による脅威を煽ることは容易だが、実際に使用するとなると、さまざまな視点からの検討が必要となる。

要するに、「核抑止」が機能するかどうか。問題の焦点はこの一点に尽きる。太平洋戦争中、米軍は広島と長崎に原爆を投下したが、第二次世界大戦後、「核抑止」が効力を発揮して、核兵器は使用されてこなかった。

プーチン大統領が核兵器を実戦で使うとなれば、国際社会は猛反発するだろう。ロシアの孤立はより一層深まる。「核抑止」による均衡をモスクワが崩せば、核使用のハードルは急低下する。クレムリンが先例をつくったとして、イスラエル、パキスタン、北朝鮮といった核保有国は核兵器を使用可能な「宝刀」だと認識するだろう。

NATOは「報復」するか

ロシア軍が核兵器を使用した場合、西側世界、特に、米英主導のNATOはどのように対応するのか。NATOは核攻撃後のシナリオを描いているに違いない。(46) たとえプーチン大統領が戦術核を使用したとしても、NATO側は核兵器で報復することはないだろう。まずは通常兵器で攻撃するはずだ。

では一体、NATO側はどこを標的として報復攻撃するのだろうか。飛び地カリーニングラードも含めてロシア本土には投下せず、ロシアの同盟国でポーランドやリトアニア、ラトビアと国境を接するベラルーシを標的にするのではないか。

ベラルーシには9、000人のロシア軍が展開する。ベラルーシを拠点として北からウクライナを軍事攻撃するためである。ウクライナ軍の勢力を分散させ、ウクライナ東部・南部への増派を阻止する目的もある。(47) ポーランド、リトアニア、ラトビアはすべてNATO加盟国である。NATO加盟国防衛という大義でベラルーシを標的とすることができる。

折しもウクライナはNATO加盟申請を決断した。(48) ウクライナがNATOに加盟すると、NATOによる集団的自衛権規定の適用対象となる。ウクライナのNATO加盟後、ロシアの対ウクライナ軍事攻撃はNATO全域への攻撃とみなすようになる。防衛義務があるNATOの集団安全保障体制が試される。

3 崩壊に向かうプーチン帝国

「国父」への夢を失ったプーチン

「クリミア大橋」爆破事件を契機に、ウクライナ危機は本質的に変化しようとしている、プーチン政権は「クリミア大橋」への武力行使をロシア本土への軍事攻撃だと位置づけ、復讐としてウクライナ各地の主要都市を標的にミサイル・ロケット砲・ドローン（イラン製シャヘド136）を使って攻撃した。空爆でウクライナ市民に「恐怖の〝ｉｆ〟」を拡散し、パニック状態に追い込む作戦だろう。

しかし、この手法は以前からロシア軍が駆使してきた攻撃であって、斬新な手口ではない。プーチン大統領は長距離精密ミサイルを使ったと言うが、ロシア軍が発射するミサイルは通常のミサイルであって、精密ミサイルではない。精密ミサイルも発射の際、不具合を多発させている。精密誘導弾も標的に命中していない。ゆえにロシアのミサイル攻撃は無差別的な残虐性を帯びる。

報復をエスカレートさせていくとプーチン大統領は豪語するけれども、ミサイルや弾薬の在庫は減る一方で、補充できていない。この制約下での報復作戦となるわけだから、どうしても限定的な攻撃とならざるを得ない。ウクライナ東部・南部での戦局打開には結びつかない。

ウクライナ政府が防空能力の強化に向けた軍事支援を欧米諸国に要請したことを受けて、早速、ホワイトハウスは米国とノルウェーが1990年代に共同開発した中距離地対空システム「ＮＡＳＡＭＳ」を提供した。「ＮＡＳＡＭＳ」は航空機、巡航ミサイル、ドローンを識別できる。[49] ドイツ政府もミサイルを迎撃できる最新鋭防空システム「ＩＲＩＳ－Ｔ　ＳＬＭ」をウクライナに納入すると発表

している。(50)

ウクライナ軍は従来からロシア軍が打ち込んでくるミサイルなどを迎撃しており、ロシア側はミサイルやドローンを無駄に浪費していくだけである。やがてはミサイルも弾薬も枯渇することになろう。(51)ロシア軍が白旗を揚げる日はすぐそこにきている。

プーチン大統領が命じたウクライナへの報復攻撃は、ロシア国内向けのメッセージである。ロシア市民は報復作戦を好意的に評価している。ロシア軍部を批判してきたカディロフ首長の評価も高い。カディロフ首長には「上級大将」の称号がプーチン大統領から授与されている。報復攻撃にはエリート層で鬱積していた不平不満のガスを抜く効果はある。

ロシア市民のストレスは重層的である。貧困層は「動員令」に脅えている。戦争中の兵動員は戦死に直結するからである。有能な人材はすでにロシアを脱出してしまった。国外に脱出する道を選択したロシア市民はプーチン大統領を恨んでいることだろう。

中間層の生活水準も経済・金融制裁で低下した。「動員令」を背景にロシアの金融市場も動揺している。「動員令」発令後、株価は急落した。ロシアの個人投資家の嘆きが聞こえてくるようである。

オリガルヒは個人資産の凍結で豪勢な時間を過ごせなくなった。外国生活を満喫できず、ロシアで窮屈な生活を強いられている。政治エリート層もロシア軍の劣勢で不安な生活を送っているに違いない。ロシア市民のストレスは頂点に達している。

2022年9月11日投票の統一地方選挙では、プーチン政権の与党・統一ロシアの候補者が各地で圧勝した。(52)メドベージェフ党首は統一ロシアが相応しい結果を出したと胸を張った。プーチン政権は

「言論弾圧」で異論を封じ込め、愛国心と団結を国民に訴え、強要してきた。一定の効果はあった。

その一方で、この時点ではウクライナ東部・南部で予定されていた、いわゆる「住民投票」の日程を決められないでいた。統一地方選挙での与党圧勝の熱気は雲散霧消してしまった。与党圧勝を意図的に演出しても、ウクライナ戦地での戦局打開は不可能である。

ウクライナ激戦地からの相次ぐロシア軍部隊撤退で、ロシア軍部への批判が急速に高まっている。戦地に展開する軍部隊の指揮官は交代、ウクライナ侵攻の新総司令官には「アルマゲドン（世界最終決戦）将軍」として悪名高い、航空宇宙軍のセルゲイ・スロビキン氏が任命された。(53)

この人事でウクライナに生物・化学兵器、戦術核、「汚い爆弾」が使用される可能性が高まってきた。また、ウクライナ南部ヘルソン州を貫くドニエプル川にあるノヴァ・カホフカ水力発電所のダムを破壊される危険性もある。ウクライナ軍の進軍を遅らせるためである。それでも、チェチェン共和国のカディロフ首長や民間軍事会社「ワグネル・グループ」の創設者エフゲニー・プリゴジン氏らは軍批判を強め、軍幹部にまで非難の矛先が向けられるようになっている。ショイグ国防相の責任を問う声も飛び交う。(54)

ただ、最高司令官プーチンが戦争敗北を認めない限り、ショイグ国防相を解任することは難しいだろう。それでも、プーチン大統領にも批判が波及してくれば、ショイグ国防相を更迭する可能性はある。

国内統治機構改組を終え、「国父」への道を開いたプーチン大統領は、自らの地位をさらに不動とすべく、無謀にもウクライナ軍事侵攻に踏み切った。だが、ウクライナ総攻撃はプーチン大統領の「危険な賭け」であり、プーチン大統領の思惑とは裏腹に、プーチン大統領への求心力は急激に失われてきている。世論調査での支持率低下という数字だけでなく、戦況悪化と比例して、プーチン大統領から離反する動きが今後、より一層顕著となるだろう。

世界から追放されるプーチン

さらにプーチン大統領にとって深刻なことは国際的な孤立の深まりである。

「近い外国」としてロシアが特別扱いする国はソ連邦構成共和国である。ロシアへの出稼ぎ労働者が多い中央アジア諸国を筆頭に、経済面でロシアに依存する。軍事支援を受け入れてきた国もある。ソ連邦構成共和国はロシアにとっての「裏庭」であり、緩衝地帯なのである。これまでソ連邦構成共和国で不穏な動きがあれば、即座にロシアが対応して、事態を収拾してきた。

ところが、アルメニアとアゼルバイジャンとの軍事衝突が2022年9月中旬に再燃、両軍の死者は200人を超えた。元々、アルメニアが実効支配していた、係争地ナゴルノカラバフをめぐる紛争でアルメニア、アゼルバイジャンの関係は良くない。住民の多数をアルメニア系が占めるナゴルノカラバフはアゼルバイジャンの領内にある。アルメニアにとっての飛び地となる。

2020年9月、ナゴルノカラバフをめぐる両国の対立は大規模な軍事衝突に発展した。(55) ロシアが軍事介入し、アルメニア、アゼルバイジャン両国が停戦に合意していた。しかし、実質的にはアゼルバイジャン側の勝利で、アゼルバイジャンがナゴルノカラバフを奪還、最早、アルメニアは実効支配できなくなった。

アゼルバイジャン軍はアゼルバイジャンの後ろ盾となっている、トルコから調達した軍事用ドローンでアルメニア軍を攻撃、勝利に導いた。アルメニアにとってロシアは同盟国である。それゆえ、ロシア・アルメニア同盟側が敗北したことになる。ロシアによるウクライナへの軍事侵攻が失敗に終わることを暗示する。

2022年9月の軍事衝突では、アゼルバイジャン軍は国境近くにあるアルメニア軍の陣地や民間施設などを無人機や追撃砲で攻撃した。ウクライナ侵攻で手が回らないロシアは、このアルメニア・アゼルバイジャン軍事衝突の際には介入する余裕を失っていた。代わって、米国が仲裁に乗り出した。米国政府は2022年9月19日、ニューヨークで米国、アルメニア、アゼルバイジャン3ヵ国による外相会談を開いている。[56] アルメニアはEUに和解を打診するようになった。

2022年10月中旬、ソ連邦構成共和国による地域協力機構「独立国家共同体（CIS）」の首脳会議がカザフスタンの首都アスタナで開催された。[57] プーチン大統領はCISの結束を訴えたが、加盟国の大半がウクライナ侵略を懸念する。カザフスタンは自国産原油をロシア経由ルートで欧州市場に輸出しているが、ロシアを迂回する輸出ルートの確立を急ぎたい。タジキスタンとの国境紛争問題を抱えるキルギスはロシアへの不信感を募らせる。ベラルーシを除けば、大半のCIS加盟国はロシアによるウクライナ軍事侵攻を認めていない。CISの形骸化はより一層、進行している。

ソ連邦構成共和国に対するクレムリンの求心力は明らかに低下している。遠心力が作用して、ロシア離れが加速するかどうか。ウクライナ危機でロシア軍の敗北が決定的となれば、中央アジア諸国はモスクワを見限り、キーウを擁護するようになるかもしれない。

ウクライナ問題で仲介役を自認してきたトルコはロシアを批判、外交姿勢を軌道修正している。イスラエルも名指しでロシアを非難するようになった。中国やインドも「戦争犯罪者」となったプーチン大統領を援護できなくなっている。

プーチン大統領は中国とインドからの支援を期待していた。確かに中国やインドは割安となったロシアからの化石燃料輸入を金額ベースで拡大してはいる。(58)経済的合理性に合致するからだろう。だが、中国もインドもロシアと外交上の距離を置くようになっている。戦争に加担しているとの国際世論を恐れているからだろう。

中国とインドから突き放されて焦ったプーチン大統領は、慌ててウクライナ東部・南部での「住民投票」実施を急ぐ。この数日前までウクライナを占領する親ロシア派幹部は「住民投票」を中断していると述べていた。さらにプーチン大統領は予備役の「動員令」も発令する。中国とインドに見放され、切羽詰っていたこと如実に物語る。

明確にモスクワを支持する国は同盟国のベラルーシ、イラン、北朝鮮だけとなった。すべて制裁対象国である。

ベラルーシ領内ではロシアと共同の部隊が展開する。(59)だが、この3ヵ国に経済力や技術力はなく、ロシアを実質的に支援できない。それに、ベラルーシがロシア軍を受け入れたことで、NATOはベラルーシを敵視、軍事攻撃の標的とする可能性が急浮上している。

困窮するイランは軍用ドローンの対ロシア輸出で経済制裁の痛みを緩和できるかもしれない。(60)だが、イランでは抗議活動が連日続き、社会不安が急速に高まってきた。神権政治が一気に崩壊するリスクをはらむ。

プーチン大統領に寄り添う国は地球上に存在しないのである。完全に孤立してしまった。皇帝プーチンは自らの野望を実現できないでいる。自らの首を自ら絞めている。自殺行為に等しい。

西側自由世界の結束は固い。主要7ヵ国（G7）、EU、NATOは一斉にプーチン政権を強く非難している。また、フランスが提唱した欧州44ヵ国で構成する「欧州政治共同体（EPC）」は産声を上げ、ロシアへの対抗軸とする。(61) EPCにはソ連邦構成共和国の一部も参加している。ロシアの孤立が際立つ。プーチン帝国は瓦解に向かって始動した。

ポスト・プーチン

皇帝プーチンが最後まで生き残った場合、後継者を模索することになる。その必要条件は、ロシア民族であること、指導者として有能であること、身元が保証できること、武闘派（シロビキ）に属すること、皇帝プーチンの生命と財産を守ることを約束できる人物となる。それゆえ、しばしばシークレット・サービス出身者らが後継者として取り沙汰されてきた。

ここではあえてパトルシェフ親子に着目したい。ニコライ・パトルシェフ安全保障会議書記は、かねてから皇帝プーチンの側近中の側近として知られてきた。事実、パトルシェフ書記はソ連邦国家保安委員会（KGB）レニングラード支部で働いた皇帝プーチンの盟友であり、今や政権の重鎮となった。「クリミア大橋」が爆破され、ロシアが対ウクライナ復讐攻撃を実施した際、安全保障会議は開かれた。安全保障会議は重要案件を検討する場である。ただ、パトルシェフ書記は71歳と高齢であり、短期間であれば可能性はあるものの、ポスト・プーチンとしては相応しくない。

パトルシェフ書記には44歳になる長男ドミトリーがいる。ドミトリー・パトルシェフ氏は現在、プーチン政権で農相を務める。縁故人事も甚だしいが、皇帝プーチンが信頼できる人物であることは確かだ。というよりも、パトルシェフ書記が皇帝プーチンの後継者に推挙しているようである。

ポスト・プーチンが誰であれ、ロシア政治に大きな変化があるとは思われない。「ポスト・プーチンのロシア」もまた強権国家の道を邁進していくだろう。ロシアが自浄作用で体質改善されていく可能性は極端に低い。

皇帝プーチンはすでにウクライナ侵略に失敗しているが、ロシア軍が敗北してもロシアの「負け」を認めないだろう。だが、エリート層のフラストレーションが一気に爆発して、皇帝プーチン降ろしの嵐が吹き荒れるかもしれない。ロシア社会は時として極端から極端へと大きく振れてきた。皇帝プーチンの退位を頭から否定することはできない。政界から引退すれば、プーチンは別荘で優雅な生活を送ることになるのだろうか。それともあくまでも最高ポストにしがみつき、院政を敷くことになるのだろうか。

ソ連邦崩壊はアフガニスタン侵攻に遠因があった。軍事侵攻が経済的負担を招き、ソ連邦の国力が急低下していった。ウクライナ侵攻が影響して、プーチン帝国が滅亡に追い込まれても不思議ではない。ウクライナ軍事侵攻で「皇帝プーチンのロシア」は経済的に疲弊をきわめるだろう。経済的消耗は皇帝プーチンへの求心力を弱め、帝国滅亡の導火線となる可能性は高い。

あとがき

侵略戦争を仕かけ、無辜《むこ》のウクライナ市民を犠牲にしたロシア・プーチン大統領の責任、罪は重い。国際法廷で裁き、死刑を宣告されるべきである。和平交渉が実施されるタイミングは、ウクライナがロシアから占領地のすべてを奪還した後である。自ら招いた危機とはいえ、プーチン大統領は最大の試練に直面している。たとえロシアが敗北したとしても、プーチン大統領の権力は保持されるかもしれない。だが、その威信は著しく失墜するに違いない。

数年前、拙著『皇帝プーチン　最後の野望』（創成社）を世に問うた。この読み物ではプーチン大統領がウクライナ支配を目論み、ソ連邦復活を画策する——これが「最後の野望」になると予想した。その矢先のウクライナ侵攻であった。ロシアが敗戦国となっても、プーチン大統領は死去するまでウクライナ併合をあきらめない。ポスト・プーチンとなる最高権力者もまた、ウクライナ占領を試みるだろう。これはロシアの「本質」である。

21世紀の戦争を目の当たりにして、その展開を「記録」として残しておきたかった。「プーチンの戦争」は世界史に刻まれる。われわれは歴史の証言者である。戦争の「記録」を通じて、独裁者プーチン、ロシアの「本性」を描きたかった。この「本性」は中国や北朝鮮にも通底する。日本列島は野蛮な勢力に包囲されている。日本は防衛力を格段に強化しておかねばならない。

「プーチンのロシア」は無謀なウクライナ侵略で急速に衰弱してきた。戦争による消耗は必ずや「プーチン帝国滅亡」の導火線となるに違いない。

大学院時代から今日に至るまで、原稿の執筆に明け暮れる日が続いた。保守反動の立場から反ソ連邦、反ロシア、反共産主義を一貫して主張してきた。今後も精力的に執筆活動を継続していくつもりでいる。ただ、単独著書を出版するには相当程度の時間とエネルギーを要する。この本書『プーチン帝国滅亡』が最後の単独著書となるかもしれない。

本書の刊行ではドニエプル出版の小野元裕社長に大変お世話になった。ウクライナに寄り添う小野社長率いる出版社で『プーチン帝国滅亡』を刊行できることは望外の名誉である。記して小野社長にお礼申し上げたい。

令和5年松の内のころ
大阪・日本橋の事務所にて

中津孝司

2022.『日本経済新聞』2022年9月30日号。『日本経済新聞』2022年10月1日 号。Financial Times, October 1, 2022.

(30) 『日本経済新聞』2022年9月22日号。

(31) 『日本経済新聞』2022年10月4日号。『日本経済新聞』2022年10月5日号。『日本経済新聞』2022年10月6日号。

(32) 『日本経済新聞』2022年10月6日号。

(33) 『日本経済新聞』2022年10月6日号。

(34) 『日本経済新聞』2022年10月7日号。『日本経済新聞』2022年10月27日号。

(35) Financial Times, September 17, 18, 2022.

(36) Financial Times, October 3, 2022.

(37) 『日本経済新聞』2022年10月9日号。『日本経済新聞』2022年10月10日号。『日本経済新聞』2022年10月14日 号。 Financial Times, October 24, 2022. Financial Times, October 25, 2022. 『日本経済新聞』2022年10月27日号。『日本経済新聞』2022年11月3日号。

(38) Financial Times, October 10, 2022. Financial Times, October 22, 23, 2022. Financial Times, October 31, 2022.

(39) 『日本経済新聞』2022年10月13日号。『日本経済新聞』2022年10月20日号。Financial Times, October 20, 2022.『日本経済新聞』2022年10月21日号。

(40) Financial Times, November 3, 2022.

(41) Financial Times, October 8, 9, 2022. 『日本経済新聞』2022年10月14日号。

(42) 『日本経済新聞』2022年10月5日号。

(43) 『日本経済新聞』2022年10月8日号。

(44) Financial Times, September 8, 2022.

(45) 『日本経済新聞』2022年9月8日号。

(46) Financial Times, October 5, 2022. 『日本経済新聞』2022年10月17日号。

(47) Financial Times, October 14, 2022.

(48) 『日本経済新聞』2022年10月1日号。

(49) 『日本経済新聞』2022年10月12日号。Financial Times, October 19, 2022.

(50) 『日本経済新聞』2022年10月13日号。

(51) Financial Times, October 12, 2022.

(52) 『日本経済新聞』2022年9月13日号。

(53) 『日本経済新聞』2022年10月12日号。Financial Times, October 13, 2022. 『日本経済新聞』2022年10月20日号。

(54) Financial Times, October 8, 9, 2022. 『日本経済新聞』2022年10月22日号。『日本経済新聞』2022年10月24日号。『日本経済新聞』2022年10月25日 号。 Financial Times, October 26, 2022. Financial Times, October 27, 2022. 『日本経済新聞』2022年10月28日 号。Financial Times, October 28, 2022. 『日本経済新聞』2022年10月29日号。

(55) 『日本経済新聞』2022年9月14日号。

(56) 『日本経済新聞』2022年9月20日号。

(57) Financial Times, October 14, 2022. 『日本経済新聞』2022年10月15日号。

(58) 『日本経済新聞』2022年10月10日号。

(59) 『日本経済新聞』2022年10月11日号。

(60) Financial Times, October 24, 2022.

(61) 『日本経済新聞』2022年10月7日号。

本経済新聞』2022年7月9日号。『日本経済新聞』2022年7月18日号。『日本経済新聞』2022年7月23日号。『日本経済新聞』2022年7月28日号。『日本経済新聞』2022年9月22日号。

(58) 『日本経済新聞』2022年7月21日号。『日本経済新聞』2022年7月27日号。
(59) 『日本経済新聞』2022年6月24日号。『日本経済新聞』2022年7月6日号。『日本経済新聞』2022年9月25日号。
(60) 『日本経済新聞』2022年6月11日号。『日本経済新聞』2022年6月20日号。
(61) Financial Times, June 15, 2022.
(62) 『日本経済新聞』2022年8月19日号。
(63) 『日本経済新聞』2022年6月27日号。
(64) Financial Times, July 7, 2022.
(65) 『日本経済新聞』2022年9月26日号。
(66) 『日本経済新聞』2022年6月11日号。
(67) 『日本経済新聞』2022年3月26日号。
(68) Financial Times, April 18, 2022.
(69) Financial Times, September 20, 2022.
(70) Financial Times, March 21, 2022.
(71) Financial Times, May 6, 2022. 『日本経済新聞』2022年6月5日号。『日本経済新聞』2022年8月25日号。
(72) 『日本経済新聞』2022年3月26日号。
(73) 『日本経済新聞』2022年3月3日号。『日本経済新聞』2022年5月7日号。
(74) Financial Times, June 3, 2022.
(75) Financial Times, May 17, 2022.
(76) Financial Times, June 7, 2022.
(77) 『日本経済新聞』2022年3月29日号。
(78) 『日本経済新聞』2022年5月20日号。
(79) 『日本経済新聞』2022年5月5日号。
(80) 『日本経済新聞』2022年6月6日号。

Ⅸ章

(1) 『日本経済新聞』2022年9月18日号。『日本経済新聞』2022年10月16日号。
(2) 『日本経済新聞』2022年9月26日号。
(3) 『日本経済新聞』2022年10月5日号。
(4) 『日本経済新聞』2022年9月17日号。
(5) Financial Times, March 11, 2022.
(6) Financial Times, September 19, 2022.
(7) Financial Times, September 17, 18, 2022.
(8) 『日本経済新聞』2022年9月23日号。『日本経済新聞』2022年9月26日号。
(9) Financial Times, September 29, 2022.
(10) 『日本経済新聞』2022年9月20日号。
(11) 『日本経済新聞』2022年9月22日号。
(12) 『日本経済新聞』2022年10月4日号。
(13) 『日本経済新聞』2022年9月22日号。『日本経済新聞』2022年9月23日号。Financial Times, September 24, 25, 2022. Financial Times, September 26, 2022. 『日本経済新聞』2022年9月27日号。
(14) 『日本経済新聞』2022年9月26日号.
(15) Financial Times, October 7, 2022.
(16) Financial Times, October 5, 2022.
(17) Financial Times, October 4, 2022. Financial Times, October 6, 2022.
(18) Financial Times, September 22, 2022.
(19) Financial Times, September 27, 2022.
(20) Financial Times, October 4, 2022.
(21) Financial Times, September 17, 18, 2022.
(22) 『日本経済新聞』2022年9月25日号。
(23) Financial Times, September 28, 2022. 『日本経済新聞』2022年9月28日号。
(24) 『日本経済新聞』2022年10月6日号。
(25) Financial Times, October 10, 2022.
(26) 『日本経済新聞』2022年9月29日号。
(27) 『日本経済新聞』2022年10月1日号。
(28) Financial Times, September 21, 2022.
(29) Financial Times, September 30,

(124) Financial Times, June 23, 2022.
(125) 『日本経済新聞』2022年8月17日号。
(126) 『日本経済新聞』2022年8月9日号。
(127) Financial Times, June 17, 2022.
(128) 『日本経済新聞』2022年3月4日号。
(129) 『日本経済新聞』2022年6月13日号。
(130) 『日本経済新聞』2022年6月21日号。
(131) 『日本経済新聞』2022年4月22日号。
(132) Financial Times, September 26, 2022. 『日本経済新聞』2022年9月26日号。

Ⅷ章

(1) 『日本経済新聞』2022年8月24日号。
(2) 『日本経済新聞』2022年8月10日号。
(3) 『日本経済新聞』2022年9月2日号。
(4) 『日本経済新聞』2022年9月27日号。
(5) 『日本経済新聞』2022年9月4日号。
(6) 『日本経済新聞』2022年8月23日号。
(7) 『日本経済新聞』2022年8月26日号。
(8) 『日本経済新聞』2022年9月6日号。
(9) 『日本経済新聞』2022年9月29日号。『日本経済新聞』2022年9月30日号。
(10) 『日本経済新聞』2022年9月30日号。
(11) 『日本経済新聞』2022年9月4日号。
(12) 『日本経済新聞』2022年7月19日号。
(13) 『日本経済新聞』2022年4月26日号。
(14) 『日本経済新聞』2022年6月29日号。
(15) 『日本経済新聞』2022年7月7日号。
(16) 『日本経済新聞』2022年5月19日号。
(17) 『日本経済新聞』2022年9月29日号。
(18) Financial Times, April 14, 2022.
(19) 『日本経済新聞』2022年8月26日号。
(20) 『日本経済新聞』2022年9月19日号。
(21) 『日本経済新聞』2022年7月16日号。
(22) 『日本経済新聞』2022年8月31日号。
(23) 『日本経済新聞』2022年6月15日号。『日本経済新聞』2022年9月29日号。『日本経済新聞』2022年10月27日号。
(24) 『日本経済新聞』2022年9月28日号。
(25) Oil & Gas Journal, September 5, 2022, pp.42-44.
(26) 『日本経済新聞』2022年7月14日号。
(27) 『日本経済新聞』2022年9月28日号。
(28) 『日本経済新聞』2022年5月19日号。
(29) 『日本経済新聞』2022年6月21日号。
(30) Financial Times, August 24, 2022.
(31) 『日本経済新聞』2022年6月23日号。
(32) Financial Times, May 2, 2022.
(33) 『日本経済新聞』2022年6月16日号。
(34) 『日本経済新聞』2022年9月29日号。
(35) 『日本経済新聞』2022年6月16日号。
(36) Financial Times, September 15, 2022.
(37) Financial Times, May 3, 2022. Financial Times, June 8, 2022.
(38) 『日本経済新聞』2022年6月4日号。
(39) 『日本経済新聞』2022年7月1日号。
(40) 『日本経済新聞』2022年4月20日号。
(41) 『日本経済新聞』2022年9月29日号。
(42) 『日本経済新聞』2022年6月25日号。
(43) 『日本経済新聞』2022年6月10日号。
(44) 『日本経済新聞』2022年7月20日号。
(45) 『日本経済新聞』2022年7月17日号。
(46) Financial Times, June 29, 2022. 『日本経済新聞』2022年9月3日号。
(47) Financial Times, May 2, 2022. Financial Times, May 5, 2022.
(48) 『日本経済新聞』2022年3月4日号。『日本経済新聞』2022年3月22日号。
(49) Financial Times, May 4, 2022.
(50) 『日本経済新聞』2022年4月22日号。
(51) 『日本経済新聞』2022年10月1日号。
(52) 『日本経済新聞』2022年9月28日号。
(53) 『日本経済新聞』2022年10月1日号。
(54) Financial Times, May 13, 2022.
(55) Oil & Gas Journal, September 5, 2022, pp.13-14.
(56) Financial Times, March 22, 2022.
(57) Financial Times, July 6, 2022. 『日本経済新聞』2022年7月6日号。『日

(55) 『日本経済新聞』2022 年 3 月 31 日号。
(56) 『日本経済新聞』2022 年 5 月 22 日号。
(57) 『日本経済新聞』2022 年 8 月 5 日号。
(58) 『日本経済新聞』2022 年 6 月 13 日号。『日本経済新聞』2022 年 6 月 28 日号。
(59) Financial Times, September 20, 2022.『日本経済新聞』2022 年 9 月 20 日号。
(60) 『日本経済新聞』2022 年 9 月 21 日号。
(61) Financial Times, June 8, 2022.
(62) 『日本経済新聞』2022 年 8 月 2 日号。
(63) Financial Times, May 6, 2022.
(64) Financial Times, May 9, 2022.
(65) 『日本経済新聞』2022 年 6 月 14 日号。
(66) Financial Times, June 14, 2022.
(67) 『日本経済新聞』2022 年 8 月 4 日号。
(68) 『日本経済新聞』2022 年 8 月 5 日号。
(69) Financial Times, August 4, 2022.
(70) 『日本経済新聞』2022 年 8 月 5 日号。
(71) 『日本経済新聞』2022 年 8 月 9 日号。
(72) 『日本経済新聞』2022 年 8 月 6 日号。
(73) 『日本経済新聞』2022 年 9 月 23 日号。
(74) Financial Times, September 22, 2022.
(75) 『日本経済新聞』2022 年 3 月 31 日号。
(76) 『日本経済新聞』2022 年 6 月 8 日号。
(77) 『日本経済新聞』2022 年 8 月 2 日号。
(78) 『日本経済新聞』2022 年 8 月 2 日号。
(79) 『日本経済新聞』2022 年 9 月 21 日号。
(80) Financial Times, July 13, 2022.
(81) 『日本経済新聞』2022 年 6 月 16 日号。
(82) 『日本経済新聞』2022 年 6 月 16 日号。
(83) Financial Times, July 7, 2022.
(84) Financial Times, May 18, 2022.
(85) 『日本経済新聞』2022 年 6 月 11 日号。
(86) Financial Times, September 16, 2022.
(87) 『日本経済新聞』2022 年 5 月 23 日号。
(88) Financial Times, April 27, 2022.
(89) Financial Times, May 25, 2022.
(90) 『日本経済新聞』2022 年 8 月 25 日号。
(91) 『日本経済新聞』2022 年 6 月 7 日号。
(92) 『日本経済新聞』2022 年 6 月 30 日号。
(93) 『日本経済新聞』2022 年 5 月 24 日号。
(94) 『日本経済新聞』2022 年 7 月 28 日号。
(95) 『日本経済新聞』2022 年 9 月 15 日号。『日本経済新聞』2022 年 9 月 16 日号。
(96) 『日本経済新聞』2022 年 9 月 5 日号。『日本経済新聞』2022 年 9 月 29 日号。『日本経済新聞』2022 年 10 月 30 日号。
(97) 『日本経済新聞』2022 年 6 月 25 日号。
(98) 『日本経済新聞』2022 年 9 月 21 日号。
(99) 『日本経済新聞』2022 年 6 月 29 日号。
(100) 『日本経済新聞』2022 年 7 月 2 日号。
(101) 『日本経済新聞』2022 年 5 月 6 日号。
(102) 『日本経済新聞』2022 年 5 月 4 日号。
(103) 『日本経済新聞』2022 年 7 月 8 日号。
(104) 『日本経済新聞』2022 年 8 月 4 日号。
(105) 『日本経済新聞』2022 年 8 月 4 日号。
(106) 『日本経済新聞』2022 年 8 月 26 日号。
(107) 『日本経済新聞』2022 年 8 月 2 日号。
(108) Financial Times, September 21, 2022.
(109) 『日本経済新聞』2022 年 6 月 26 日号。
(110) 『日本経済新聞』2022 年 9 月 30 日号。『日本経済新聞』2022 年 10 月 1 日号。
(111) 『日本経済新聞』2022 年 4 月 21 日号。
(112) 『日本経済新聞』2022 年 3 月 23 日号。
(113) 『日本経済新聞』2022 年 4 月 30 日号。
(114) Financial Times, September 23, 2022.『日本経済新聞』2022 年 9 月 23 日号。
(115) 『日本経済新聞』2022 年 6 月 1 日号。
(116) 『日本経済新聞』2022 年 5 月 26 日号。
(117) 『日本経済新聞』2022 年 3 月 31 日号。
(118) 『日本経済新聞』2022 年 6 月 10 日号。
(119) 『日本経済新聞』2022 年 7 月 12 日号。
(120) 『日本経済新聞』2022 年 7 月 14 日号。
(121) 『日本経済新聞』2022 年 8 月 27 日号。
(122) Financial Times, June 16, 2022.
(123) 『日本経済新聞』2022 年 9 月 27 日号。

(66) Financial Times, April 28, 2022.
(67) Financial Times, March 22, 2022.
(68) 『日本経済新聞』2022年5月19日号。『日本経済新聞』2022年6月29日号。
(69) 『日本経済新聞』2022年4月2日号。
(70) 『日本経済新聞』2022年5月31日号。『日本経済新聞』2022年6月29日号。
(71) 『日本経済新聞』2022年6月21日号。
(72) 『日本経済新聞』2022年3月28日号。
(73) 『日本経済新聞』2022年9月9日号。
(74) 『日本経済新聞』2022年9月1日号。
(75) 『日本経済新聞』2022年8月25日号。
(76) 『日本経済新聞』2022年7月21日号。
(77) 『日本経済新聞』2022年9月8日号。
(78) 『日本経済新聞』2022年9月10日号。
(79) 『日本経済新聞』2022年9月6日号。
(80) 『日本経済新聞』2022年9月14日号。
(81) Financial Times, September 9, 2022.
(82) 『日本経済新聞』2022年9月14日号。
(83) Financial Times, September 13, 2022.『日本経済新聞』2022年9月14日号。
(84) 『日本経済新聞』2022年9月9日号。

Ⅶ章

(1) 『日本経済新聞』2022年5月13日号。
(2) 『日本経済新聞』2022年6月28日号。
(3) Financial Times, April 16, 17, 2022.
(4) 『日本経済新聞』2022年9月16日号。
(5) Financial Times, September 16, 2022.『日本経済新聞』2022年9月17日号。
(6) 『日本経済新聞』2022年9月16日号。
(7) Financial Times, September 14, 2022.『日本経済新聞』2022年9月16日号。
(8) 『日本経済新聞』2022年9月16日号。
(9) Financial Times, March 29, 2022.
(10) 『日本経済新聞』2022年5月11日号。
(11) 『日本経済新聞』2022年4月16日号。
(12) Financial Times, April 14, 2022.
(13) Financial Times, April 18, 2022.
(14) 『日本経済新聞』2022年5月18日号。
(15) 『日本経済新聞』2022年5月7日号。
(16) 『日本経済新聞』2022年5月11日号。
(17) Financial Times, June 22, 2022.
(18) 『日本経済新聞』2022年6月30日号。
(19) Financial Times, June 30, 2022.
(20) 『日本経済新聞』2022年5月14日号。
(21) Financial Times, March 10, 2022.
(22) 『日本経済新聞』2022年3月25日号。
(23) 『日本経済新聞』2022年6月8日号。
(24) 『日本経済新聞』2022年6月11日号。
(25) 『日本経済新聞』2022年7月1日号。
(26) 『日本経済新聞』2022年6月17日号。
(27) Financial Times, June 23, 2022.
(28) Financial Times, May 5, 2022.
(29) 『日本経済新聞』2022年5月16日号。
(30) 『日本経済新聞』2022年7月1日号。
(31) 『日本経済新聞』2022年4月28日号。
(32) 『日本経済新聞』2022年5月19日号。
(33) 『日本経済新聞』2022年6月30日号。
(34) Financial Times, March 25, 2022.
(35) 『日本経済新聞』2022年6月8日号。
(36) 『日本経済新聞』2022年8月19日号。
(37) Financial Times, July 2, 3, 2022.
(38) 『日本経済新聞』2022年4月13日号。
(39) 『日本経済新聞』2022年7月14日号。
(40) 『日本経済新聞』2022年6月30日号。
(41) 『日本経済新聞』2022年5月11日号。
(42) 『日本経済新聞』2022年6月29日号。『日本経済新聞』2022年7月1日号。
(43) 『日本経済新聞』2022年6月30日号。
(44) 『日本経済新聞』2022年5月25日号。
(45) 『日本経済新聞』2022年3月29日号。
(46) 『日本経済新聞』2022年6月17日号。
(47) Financial Times, July 2, 3, 2022.
(48) Financial Times, July 1, 2022.
(49) 『日本経済新聞』2022年3月30日号。
(50) 『日本経済新聞』2022年6月2日号。
(51) 『日本経済新聞』2022年6月3日号。
(52) Financial Times, May 4, 2022.
(53) 『日本経済新聞』2022年4月28日号。
(54) 『日本経済新聞』2022年6月22日号。

Ⅵ章

(1) 『日本経済新聞』2022年6月12日号。
(2) Financial Times, August 27, 28, 2022.
(3) 『日本経済新聞』2022年9月8日号。
(4) 『日本経済新聞』2022年9月6日号。
(5) 『日本経済新聞』2022年6月15日号。
(6) 『日本経済新聞』2022年6月7日号。
(7) 『日本経済新聞』2022年5月3日号。
(8) 『日本経済新聞』2022年9月16日号。
(9) 『日本経済新聞』2022年9月9日号。
(10) 『日本経済新聞』2022年8月15日号。
(11) 『産経新聞』2022年4月21日号。
(12) 『日本経済新聞』2022年6月4日号。『日本経済新聞』2022年10月21日号。
(13) 『産経新聞』2022年4月21日号。
(14) 『日本経済新聞』2022年7月9日号。
(15) 『日本経済新聞』2022年3月30日号。
(16) 『日本経済新聞』2022年3月23日号。
(17) 『日本経済新聞』2022年6月9日号。
(18) 『日本経済新聞』2022年6月15日号。
(19) 『日本経済新聞』2022年6月8日号。
(20) 『日本経済新聞』2022年7月1日号。
(21) Financial Times, July 30, 31, 2022.
(22) Financial Times, May 21, 22. 2022.
(23) Financial Times, September 3, 4, 2022.
(24) 『日本経済新聞』2022年9月8日号。
(25) Financial Times, September 10, 11, 2022.
(26) Financial Times, August 31, 2022. 『日本経済新聞』2022年9月6日号。
(27) 『日本経済新聞』2022年9月9日号。
(28) 『日本経済新聞』2022年9月7日号。
(29) Financial Times, August 26, 2022.
(30) 『日本経済新聞』2022年9月7日号。
(31) Financial Times, May 24, 2022.
(32) 『日本経済新聞』2022年6月24日号。
(33) 『日本経済新聞』2022年6月24日号。
(34) 『日本経済新聞』2022年9月13日号。『日本経済新聞』2022年9月23日号。
(35) 『日本経済新聞』2022年9月8日号。
(36) 『日本経済新聞』2022年9月9日号。
(37) Financial Times, August 31, 2022.
(38) Financial Times, September 3, 4, 2022. 『日本経済新聞』2022年9月28日号。
(39) 『日本経済新聞』2022年9月15日号。
(40) Financial Times, September 6, 2022.
(41) 『日本経済新聞』2022年9月10日号。Financial Times, September 15, 2022.
(42) 『日本経済新聞』2022年9月6日号。
(43) Financial Times, July 1, 2022. 『日本経済新聞』2022年7月1日号。『日本経済新聞』2022年9月21日号。
(44) 『日本経済新聞』2022年6月22日号。
(45) Financial Times, July 11, 2022.
(46) 『日本経済新聞』2022年3月30日号。
(47) 『日本経済新聞』2022年6月24日号。
(48) 『日本経済新聞』2022年7月22日号。
(49) 『日本経済新聞』2022年9月6日号。
(50) 『日本経済新聞』2022年3月4日号。
(51) 『日本経済新聞』2022年7月20日号。『日本経済新聞』2022年9月9日号。
(52) Financial Times, September 7, 2022.
(53) 『日本経済新聞』2022年5月25日号。
(54) Financial Times, May 11, 2022.
(55) Financial Times, July 2022.
(56) 『日本経済新聞』2022年5月17日号。
(57) 『日本経済新聞』2022年6月18日号。『日本経済新聞』2022年9月9日号。
(58) 『日本経済新聞』2022年6月7日号。
(59) 『日本経済新聞』2022年6月24日号。
(60) 『日本経済新聞』2022年6月28日号。
(61) 『日本経済新聞』2022年6月23日号。Financial Times, July 7, 2022.
(62) 『日本経済新聞』2022年6月24日号。
(63) Financial Times, June 21, 2022.
(64) Financial Times, June 1, 2022.
(65) 『日本経済新聞』2022年6月27日号。

『日本経済新聞』2022年8月30日号。
(98) 『日本経済新聞』2022年8月23日号。
(99) 『日本経済新聞』2022年3月3日号。
(100) 『日本経済新聞』2022年3月4日号。
(101) Financial Times, May 5, 2022.

V章

(1) 『日本経済新聞』2022年8月22日号。
(2) 『日本経済新聞』2022年7月8日号。Financial Times, August 31, 2022.『日本経済新聞』2022年10月13日号。
(3) 『日本経済新聞』2022年5月24日号。『日本経済新聞』2022年9月4日号。『日本経済新聞』2022年9月8日号。
(4) Financial Times, August 31, 2022.『日本経済新聞』2022年8月31日号。
(5) 『日本経済新聞』2022年9月1日号。『日本経済新聞』2022年9月8日号。
(6) Financial Times, August 27, 28, 2022.
(7) 『日本経済新聞』2022年8月27日号。
(8) 『日本経済新聞』2022年8月29日号。
(9) 『日本経済新聞』2022年8月23日号。
(10) 『日本経済新聞』2022年9月1日号。
(11) 『日本経済新聞』2022年9月4日号。
(12) 『日本経済新聞』2022年9月5日号。
(13) 『日本経済新聞』2022年8月27日号。
(14) 『日本経済新聞』2022年8月31日号。
(15) 『日本経済新聞』2022年9月6日号。
(16) 『日本経済新聞』2022年9月9日号。
(17) 『日本経済新聞』2022年8月25日号。
(18) 『日本経済新聞』2022年9月1日号。
(19) 『日本経済新聞』2022年6月18日号。
(20) 『日本経済新聞』2022年8月29日号。
(21) 『日本経済新聞』2022年9月5日号。
(22) 『日本経済新聞』2022年9月3日号。
(23) 『日本経済新聞』2022年9月5日号。
(24) 『日本経済新聞』2022年9月3日号。
(25) 『日本経済新聞』2022年9月1日号。
(26) 『日本経済新聞』2022年7月14日号。
(27) 『日本経済新聞』2022年4月17日号。
(28) 『日本経済新聞』2022年9月4日号。
(29) 『日本経済新聞』2022年8月27日号。
(30) 『日本経済新聞』2022年9月2日号。
(31) 『日本経済新聞』2022年9月1日号。
(32) 『日本経済新聞』2022年8月27日号。
(33) 『日本経済新聞』2022年8月31日号。
(34) 『日本経済新聞』2022年8月29日号。Financial Times, September 21, 2022.
(35) 『日本経済新聞』2022年9月23日号。
(36) 『日本経済新聞』2022年8月26日号。
(37) 『日本経済新聞』2022年8月24日号。
(38) 『日本経済新聞』2022年8月24日号。
(39) 『日本経済新聞』2022年8月26日号。『日本経済新聞』2022年10月28日号。
(40) 『日本経済新聞』2022年9月3日号。
(41) 『日本経済新聞』2022年8月27日号。
(42) Oil & Gas Journal, August 1, 2022, pp.28-30.
(43) Financial Times, September 10,11, 2022.
(44) 『日本経済新聞』2022年8月23日号。
(45) 『日本経済新聞』2022年8月29日号。
(46) Oil & Gas Journal, August 1, 2022, p.16.
(47) Financial Times, September 9, 2022.
(48) 『日本経済新聞』2022年8月30日号。
(49) 『日本経済新聞』2022年8月31日号。
(50) 『日本経済新聞』2022年10月13日号。
(51) Financial Times, August 15, 2022. Financial Times, August 18, 2022.『日本経済新聞』2022年8月23日号。
(52) 『日本経済新聞』2022年9月28日号。
(53) Financial Times, September 6, 2022.
(54) 『日本経済新聞』2022年5月17日号。
(55) Financial Times, August 16, 2022.
(56) 『日本経済新聞』2022年7月20日号。
(57) 『日本経済新聞』2022年8月27日号。
(58) 『日本経済新聞』2022年8月26日号。

『日本経済新聞』2022年6月14日号。
(34) Financial Times, March 11, 2022.
(35) 『日本経済新聞』2022年7月5日号。Financial Times, July 5, 2022. 『日本経済新聞』2022年10月26日号。
(36) 『日本経済新聞』2022年9月10日号。
(37) 『日本経済新聞』2022年8月12日号。
(38) Financial Times, April 21, 2022.
(39) 『日本経済新聞』2022年6月14日号。
(40) Financial Times, August 27, 28, 2022.
(41) Financial Times, May 16, 2022.
(42) 『日本経済新聞』2022年5月13日号。
(43) 『日本経済新聞』2022年2月26日号。
(44) 『日本経済新聞』2022年5月17日号。
(45) 『日本経済新聞』2022年6月4日号。
(46) 『日本経済新聞』2022年6月21日号。
(47) 『日本経済新聞』2022年6月15日号。
(48) Financial Times, June 6, 2022.
(49) 『日本経済新聞』2022年6月9日号。
(50) 『日本経済新聞』2022年6月20日号。
(51) 『日本経済新聞』2022年3月5日号。
(52) 『日本経済新聞』2022年7月5日号。
(53) 『日本経済新聞』2022年8月1日号。
(54) Financial Times, July 20, 2022.
(55) 『日本経済新聞』2022年6月2日号。『日本経済新聞』2022年7月23日号。
(56) Financial Times, May 13, 2022.
(57) Financial Times, June 1, 2022.
(58) Financial Times, March 3, 2022.
(59) Financial Times, March 7, 2022. 『日本経済新聞』2022年3月22日号。Financial Times, May 11, 2022.『日本経済新聞』2022年5月25日号。
(60) 『日本経済新聞』2022年4月22日号。『日本経済新聞』2022年6月10日号。
(61) 『日本経済新聞』2022年3月2日号。
(62) 『日本経済新聞』2022年4月22日号。
(63) 『日本経済新聞』2022年6月28日号。
(64) Financial Times, August 13, 14, 2022.
(65) Financial Times, August 19, 2022.
(66) Financial Times, May 31, 2022. 『日本経済新聞』2022年6月14日号。
(67) 『日本経済新聞』2022年8月19日号。
(68) 『日本経済新聞』2022年5月17日号。
(69) 『日本経済新聞』2022年8月3日号。
(70) 『日本経済新聞』2022年5月14日号。
(71) 『日本経済新聞』2022年7月6日号。
(72) 『日本経済新聞』2022年5月27日号。
(73) 『日本経済新聞』2022年7月5日号。
(74) 『日本経済新聞』2022年6月9日号。
(75) 『日本経済新聞』2022年4月26日号。
(76) 『日本経済新聞』2022年5月27日号。
(77) 『日本経済新聞』2022年7月5日号。『日本経済新聞』2022年9月3日号。
(78) 『日本経済新聞』2022年5月12日号。
(79) 『日本経済新聞』2022年3月26日号。『日本経済新聞』2022年5月27日号。
(80) 『日本経済新聞』2022年9月5日号。
(81) Financial Times, April 28, 2022. 『日本経済新聞』2022年4月29日号。『日本経済新聞』2022年5月21日号。Financial Times, June 11, 12, 2022.
(82) 『日本経済新聞』2022年7月20日号。
(83) Financial Times, April 12, 2022.
(84) 『日本経済新聞』2022年7月27日号。
(85) Financial Times, July 20, 2022. Financial Times, July 21, 2022. Financial Times, July 27, 2022.
(86) 『日本経済新聞』2022年7月12日号。
(87) Financial Times, May 12, 2022.
(88) 『日本経済新聞』2022年8月3日号。
(89) Financial Times, March 18, 2022.
(90) 『日本経済新聞』2022年6月18日号。
(91) 『日本経済新聞』2022年6月20日号。
(92) 『日本経済新聞』2022年9月6日号。
(93) 『日本経済新聞』2022年8月2日号。
(94) Financial Times, March 18, 2022.
(95) 『日本経済新聞』2022年7月19日号。
(96) Financial Times, July 13, 2022.
(97) Financial Times, March 5, 6, 2022.

(177) 『日本経済新聞』2022年10月27日号。
(178) 『日本経済新聞』2022年3月1日号。
(179) 『日本経済新聞』2022年2月25日号。Financial Times, March 3, 2022.
(180) 『日本経済新聞』2022年7月23日号。
(181) Financial Times, April 9, 10, 2022.
(182) 『日本経済新聞』2022年4月12日号。
(183) 世界銀行はロシアの実質経済成長率がマイナス11.2%になる見込みだとする。ウクライナの場合はマイナス45.1%である(『日本経済新聞』2022年4月11日号)。欧州復興開発銀行(EBRD)はロシアの経済成長率をマイナス10%と予想する(Financial Times, April 1, 2022)。
(184) 『日本経済新聞』2022年3月6日号。
(185) Financial Times, May 27, 2022.
(186) Financial Times, April 5, 2022. Financial Times, June 1, 2022.
(187) 『日本経済新聞』2022年4月12日号。
(188) Financial Times, March 18, 2022.
(189) 『日本経済新聞』2022年4月23日号。
(190) 『日本経済新聞』2022年5月18日号。
(191) 『日本経済新聞』2022年4月3日号。
(192) Financial Times, March 17, 2022. 『日本経済新聞』2022年7月24日号。
(193) Financial Times, May 26, 2022.
(194) 『産経新聞』2022年6月14日号。
(195) 『産経新聞』2022年6月15日号。『産経新聞』2022年6月16日号。
(196) Financial Times, April 19, 2022. 『日本経済新聞』2022年4月21日号。
(197) 『日本経済新聞』2022年5月28日号。
(198) Financial Times, March 31, 2022.
(199) 『日本経済新聞』2022年4月21日号。『日本経済新聞』2022年8月19日号。
(200) 『日本経済新聞』2022年7月5日号。
(201) 『日本経済新聞』2022年7月5日号。

Ⅳ章

(1) 『日本経済新聞』2022年8月19日号。
(2) 『日本経済新聞』2022年8月17日号。
(3) 『日本経済新聞』2022年8月26日号。
(4) Financial Times, August 12, 2022.
(5) 『日本経済新聞』2022年7月19日号。Financial Times, August 17, 2022.
(6) 『日本経済新聞』2022年8月30日号。
(7) 『日本経済新聞』2022年8月26日号。
(8) 『日本経済新聞』2022年9月7日号。
(9) 『日本経済新聞』2022年8月31日号。
(10) 『日本経済新聞』2022年9月17日号。
(11) Financial Times, September 7, 2022. 『日本経済新聞』2022年9月7日号。
(12) 『日本経済新聞』2022年9月15日号。
(13) 『日本経済新聞』2022年8月24日号。
(14) 『日本経済新聞』2022年8月17日号。
(15) 『日本経済新聞』2022年9月2日号。『日本経済新聞』2022年9月3日号。
(16) 『日本経済新聞』2022年9月7日号。『日本経済新聞』2022年9月8日号。
(17) 『日本経済新聞』2022年8月18日号。
(18) 『日本経済新聞』2022年6月1日号。
(19) Financial Times, July 19, 2022.
(20) 『日本経済新聞』2022年8月21日号。
(21) Financial Times, August 9, 2022.
(22) 『日本経済新聞』2022年8月25日号。
(23) 『日本経済新聞』2022年9月9日号。
(24) 『日本経済新聞』2022年8月25日号。
(25) 『日本経済新聞』2022年8月23日号。
(26) Financial Times, August 12, 2022. 『日本経済新聞』2022年8月22日号。
(27) Financial Times, July 15, 2022.
(28) Financial Times, May 10, 2022. 『日本経済新聞』2022年8月18日号。
(29) 『日本経済新聞』2022年8月24日号。
(30) 『日本経済新聞』2022年4月13日号。
(31) 『日本経済新聞』2022年8月14日号。
(32) 『日本経済新聞』2022年7月28日号。
(33) 『日本経済新聞』2022年5月21日号。

(113) 『日本経済新聞』2022年7月13日号。
(114) Financial Times, March 10, 2022.
(115) 『選択』2022年8月号、28 − 29ページ。
(116) 『日本経済新聞』2022年3月8日号。
(117) 『日本経済新聞』2022年6月22日号。
(118) 『日本経済新聞』2022年6月7日号。
(119) Financial Times, February 25, 2022.
(120) Financial Times, March 15, 2022. Financial Times, June 2, 2022.
(121) 『日本経済新聞』2022年5月12日号。
(122) 『日本経済新聞』2022年3月17日号。『日本経済新聞』2022年5月13日号。
(123) 『日本経済新聞』2022年5月12日号。
(124) Oil & Gas Journal, May 2, 2022, p.27.
(125) 『日本経済新聞』2022年4月14日号。
(126) Financial Times, March 10, 2022. 『日本経済新聞』2022年5月5日号。
(127) 『日本経済新聞』2022年6月6日号。
(128) 『日本経済新聞』2022年4月2日号。
(129) Financial Times, April 6, 2022.
(130) 『日本経済新聞』2022年5月6日号。
(131) 『日本経済新聞』2022年5月13日号。『日本経済新聞』2022年6月1日号。Financial Times, June 14, 2022.『日本経済新聞』2022年6月15日号。『日本経済新聞』2022年6月16日号。
(132) Financial Times, June 30, 2022.
(133) 『日本経済新聞』2022年4月27日号。『日本経済新聞』2022年4月28日号。『日本経済新聞』2022年5月21日号。『日本経済新聞』2022年7月19日号。
(134) 『日本経済新聞』2022年5月14日号。
(135) 『日本経済新聞』2022年8月20日号。
(136) Financial Times, April 29, 2022.
(137) Financial Times, June 18, 19, 2022.
(138) Financial Times, April 8, 2022.
(139) Financial Times, July 1, 2022.
(140) Financial Times, March 3, 2022.
(141) 『日本経済新聞』2022年4月30日号。
(142) 『日本経済新聞』2022年6月9日号。
(143) 『日本経済新聞』2022年4月9日号。
(144) 『日本経済新聞』2022年4月12日号。
(145) 『日本経済新聞』2022年8月20日号。
(146) Financial Times, April 20, 2022.
(147) 『日本経済新聞』2022年6月6日号。
(148) 『日本経済新聞』2022年7月15日号。
(149) 『日本経済新聞』2022年4月2日号。
(150) 『日本経済新聞』2022年8月21日号。
(151) 『日本経済新聞』2022年7月14日号。
(152) 『日本経済新聞』2022年8月5日号。
(153) 『日本経済新聞』2022年6月22日号。
(154) 『日本経済新聞』2022年4月21日号。
(155) 『産経新聞』2022年6月14日号。
(156) 『日本経済新聞』2022年8月22日号。
(157) 『日本経済新聞』2022年3月12日号。Financial Times, July 18, 2022.
(158) 『日本経済新聞』2022年8月5日号。
(159) 『日本経済新聞』2022年8月5日号。
(160) 『日本経済新聞』2022年7月24日号。
(161) 『日本経済新聞』2022年7月15日号。
(162) 『日本経済新聞』2022年8月20日号。
(163) 『日本経済新聞』2022年10月13日号。
(164) 『日本経済新聞』2022年6月3日号。
(165) 『日本経済新聞』2022年8月24日号。
(166) 『日本経済新聞』2022年3月1日号。
(167) 『日本経済新聞』2022年10月20日号。Financial Times, October 21, 2022.
(168) 『日本経済新聞』2022年3月30日号。
(169) 『日本経済新聞』2022年3月8日号。
(170) 『日本経済新聞』2022年4月23日号。
(171) 『日本経済新聞』2022年3月27日号。
(172) Financial Times, July 6, 2022.
(173) 『日本経済新聞』2022年6月8日号。『日本経済新聞』2022年7月10日号。
(174) 『日本経済新聞』2022年3月4日号。
(175) 『日本経済新聞』2022年6月17日号。
(176) 『日本経済新聞』2022年5月17日号。

(56) 『日本経済新聞』2022年5月12日号。『日本経済新聞』2022年5月22日号。
(57) 『日本経済新聞』2022年3月3日号。
(58) Financial Times, March 21, 2022.
(59) 『日本経済新聞』2022年3月6日号。
(60) 『日本経済新聞』2022年4月29日号。
(61) Financial Times, April 20, 2022.
(62) 『日本経済新聞』2022年4月28日号。
(63) 『日本経済新聞』2022年3月18日号。
(64) Financial Times, May 10, 2022.
(65) 『日本経済新聞』2022年3月24日号。Financial Times, March 18, 2022. Financial Times, March 25, 2022. Financial Times, April 28, 2022. 『日本経済新聞』2022年5月17日号。Financial Times, May 17, 2022.
(66) 『日本経済新聞』2022年7月30日号。『日本経済新聞』2022年9月8日号。
(67) 『日本経済新聞』2022年6月9日号。
(68) 『日本経済新聞』2022年3月4日号。
(69) 『日本経済新聞』2022年4月20日号。『日本経済新聞』2022年10月27日号。
(70) 『日本経済新聞』2022年3月3日号。
(71) 『日本経済新聞』2022年3月8日号。
(72) 『日本経済新聞』2022年5月11日号。
(73) 『日本経済新聞』2022年9月24日号。『日本経済新聞』2022年9月25日号。『日本経済新聞』2022年10月12日号。
(74) 『日本経済新聞』2022年3月4日号。
(75) 『日本経済新聞』2022年5月11日号。
(76) 『日本経済新聞』2022年4月6日号。
(77) 『日本経済新聞』2022年5月19日号。
(78) 『日本経済新聞』2022年6月10日号。
(79) 『日本経済新聞』2022年6月4日号。
(80) 『日本経済新聞』2022年4月9日号。
(81) 『日本経済新聞』2022年4月16日号。
(82) 『日本経済新聞』2022年5月13日号。
(83) 『日本経済新聞』2022年4月28日号。
(84) 『日本経済新聞』2022年3月3日号。Financial Times, June 9, 2022.
(85) Financial Times, March 22, 2022. 『日本経済新聞』2022年5月10日号。
(86) 『日本経済新聞』2022年7月29日号。
(87) 『日本経済新聞』2022年7月17日号。
(88) 『日本経済新聞』2022年3月10日号。Financial Times, March 22, 2022.『日本経済新聞』2022年5月17日号。Financial Times, May 17, 2022.
(89) 『日本経済新聞』2022年5月20日号。
(90) 『日本経済新聞』2022年6月11日号。『日本経済新聞』2022年6月13日号。Financial Times, June 13, 2022.
(91) 『日本経済新聞』2022年3月29日号。Financial Times, April 22, 2022.
(92) 『日本経済新聞』2022年10月15日号。
(93) 『日本経済新聞』2022年6月24日号。
(94) 『日本経済新聞』2022年7月19日号。
(95) 『日本経済新聞』2022年3月8日号。『日本経済新聞』2022年10月26日号。
(96) 『日本経済新聞』2022年7月13日号。
(97) 『日本経済新聞』2022年6月17日号。
(98) Financial Times, April 12, 2022. 『日本経済新聞』2022年4月13日号。Financial Times, April 13, 2022.
(99) 『日本経済新聞』2022年6月22日号。
(100) 『日本経済新聞』2022年4月8日号。
(101) 『日本経済新聞』2022年4月29日号。
(102) 『日本経済新聞』2022年5月13日号。『日本経済新聞』2022年9月13日号。
(103) 『日本経済新聞』2022年5月30日号。
(104) 『日本経済新聞』2022年7月15日号。
(105) 『選択』2022年6月号、28ページ。
(106) Financial Times, April 5, 2022.
(107) 『日本経済新聞』2022年7月5日号。
(108) 『日本経済新聞』2022年6月15日号。
(109) 『日本経済新聞』2022年4月21日号。
(110) 『日本経済新聞』2022年4月7日号。
(111) 『日本経済新聞』2022年6月4日号。
(112) Financial Times,, March 30, 2022.

2022.
(130) 『日本経済新聞』2022 年 8 月 1 日号。
(131) 『日本経済新聞』2022 年 8 月 17 日号。
(132) 『日本経済新聞』2022 年 8 月 16 日号。

Ⅲ章

(1) 『日本経済新聞』2022 年 8 月 13 日号。
(2) 『日本経済新聞』2022 年 8 月 14 日号。
(3) 『日本経済新聞』2022 年 7 月 7 日号。
(4) 『日本経済新聞』2022 年 8 月 9 日号。
(5) 『日本経済新聞』2022 年 8 月 13 日号。
(6) 『日本経済新聞』2022 年 4 月 29 日号。『日本経済新聞』2022 年 8 月 10 日号。
(7) 『日本経済新聞』2022 年 5 月 10 日号。『日本経済新聞』2022 年 8 月 9 日号。
(8) 『日本経済新聞』2022 年 8 月 6 日号。
(9) 『日本経済新聞』2022 年 4 月 9 日号。
(10) 『日本経済新聞』2022 年 5 月 7 日号。
(11) Financial Times, April 23, 24, 2022. 『日本経済新聞』2022 年 8 月 5 日号。
(12) 『日本経済新聞』2022 年 3 月 2 日号。
(13) 『日本経済新聞』2022 年 5 月 13 日号。
(14) 『日本経済新聞』2022 年 3 月 1 日号。
(15) 『日本経済新聞』2022 年 7 月 1 日号。Financial Times, July 1, 2022. 『日本経済新聞』2022 年 7 月 2 日号。『日本経済新聞』2022 年 7 月 5 日号。『日本経済新聞』2022 年 7 月 8 日号。『日本経済新聞』2022 年 8 月 4 日号。『日本経済新聞』2022 年 8 月 18 日号。
(16) 『日本経済新聞』2022 年 10 月 8 日号。『日本経済新聞』2022 年 10 月 15 日号。『日本経済新聞』2022 年 10 月 19 日号。
(17) 『日本経済新聞』2022 年 8 月 6 日号。
(18) 『日本経済新聞』2022 年 4 月 23 日号。『日本経済新聞』2022 年 8 月 5 日号。『日本経済新聞』2022 年 8 月 17 日号。
(19) 『日本経済新聞』2022 年 7 月 30 日号。
(20) 『日本経済新聞』2022 年 8 月 3 日号。
(21) 『日本経済新聞』2022 年 5 月 11 日号。
(22) 『日本経済新聞』2022 年 5 月 1 日号。
(23) Financial Times, March 1, 2022. Oil & Gas Journal, April 4, 2022, p.20.
(24) 『日本経済新聞』2022 年 6 月 16 日号。Financial Times, July 4, 2022.
(25) 『日本経済新聞』2022 年 3 月 26 日号。
(26) 『選択』2022 年 3 月号、65 ページ。
(27) 『日本経済新聞』2022 年 4 月 29 日号。
(28) Financial Times, March 24, 2022.
(29) 『日本経済新聞』2022 年 3 月 2 日号。Oil & Gas Journal, March 7, 2022, p.10.
(30) 『日本経済新聞』2022 年 3 月 31 日号。
(31) 『日本経済新聞』2022 年 3 月 9 日号。Financial Times, March 23, 2022.
(32) Financial Times, March 25, 2022.
(33) 『日本経済新聞』2022 年 5 月 4 日号。
(34) 『日本経済新聞』2022 年 5 月 4 日号。
(35) Financial Times, June 16, 2022.
(36) Financial Times, June 8, 2022. Financial Times, July 14, 2022.
(37) Financial Times, July 8, 2022.
(38) 『日本経済新聞』2022 年 4 月 22 日号。
(39) 『日本経済新聞』2022 年 7 月 15 日号。
(40) 『日本経済新聞』2022 年 7 月 4 日号。
(41) 『日本経済新聞』2022 年 4 月 5 日号。
(42) Financial Times, April 22, 2022.
(43) 『日本経済新聞』2022 年 7 月 1 日号。
(44) 『日本経済新聞』2022 年 5 月 22 日号。
(45) 『日本経済新聞』2022 年 7 月 2 日号。
(46) 『日本経済新聞』2022 年 5 月 15 日号。
(47) Financial Times, April 12, 2022.
(48) 『日本経済新聞』2022 年 4 月 12 日号。
(49) 『日本経済新聞』2022 年 3 月 8 日号。
(50) Financial Times, May 6, 2022.
(51) Financial Times, July 7, 2022.
(52) Financial Times, June 7, 2022.
(53) 『日本経済新聞』2022 年 3 月 29 日号。
(54) Financial Times, May 16, 2022.
(55) Financial Times, May 5, 2022.

(80) Financial Times, June 27, 2022. 『日本経済新聞』2022年6月27日号。『日本経済新聞』2022年6月28日号。『日本経済新聞』6月29日号。『日本経済新聞』2022年7月2日号。
(81) Financial Times, May 21, 22, 2022.
(82) 『日本経済新聞』2022年5月31日号。Financial Times, May 6, 2022.
(83) 『日本経済新聞』2022年5月3日号。
(84) 『日本経済新聞』2022年6月4日号。
(85) 『日本経済新聞』2022年6月2日号。Financial Times, June 1, 2022. Financial Times, August 1, 2022.
(86) 『日本経済新聞』2022年8月10日号。
(87) 『日本経済新聞』2022年3月8日号。
(88) 『日本経済新聞』2022年4月2日号。
(89) 『日本経済新聞』2022年5月5日号。
(90) 『日本経済新聞』2022年6月1日号。
(91) 『日本経済新聞』2022年2月28日号。
(92) Financial Times, March 23, 2022,
(93) 『日本経済新聞』2022年4月6日号。
(94) Financial Times, August 4, 2022.
(95) Financial Times, April 22, 2022.
(96) 『日本経済新聞』2022年8月10日号。
(97) 『日本経済新聞』2022年8月6日号。
(98) 『日本経済新聞』2022年8月1日号。
(99) 『日本経済新聞』2022年8月3日号。
(100) 『日本経済新聞』2022年6月4日号。
(101) Financial Times, June 7, 2022.
(102) Financial Times, May 14, 15, 2022.
(103) Financial Times, April 2, 3, 2022.
(104) Financial Times, April 19, 2022.
(105) 『日本経済新聞』2022年4月15日号。
(106) Financial Times, June 28, 2022.
(107) 『日本経済新聞』2022年6月17日号。
(108) Financial Times, March 2, 2022. 『日本経済新聞』2022年3月4日号。Financial Times, March 19,20, 2022.『日本経済新聞』2022年3月8日号。『日本経済新聞』2022年3月30日号。Financial Times, April 5, 2022. 『日本経済新聞』2022年4月9日号。『日本経済新聞』2022年4月12日号。Financial Times, May 9, 2022. 『日本経済新聞』2022年5月9日号。『日本経済新聞』2022年5月10日号。Financial Times, May 13, 2022. 『日本経済新聞』2022年6月3日号。『日本経済新聞』2022年6月30日号。
(109) 『日本経済新聞』2022年3月24日号。Financial Times, March 25, 2022.
(110) 『日本経済新聞』2022年3月30日号。
(111) Financial Times, April 30, May 1, 2022.
(112) Financial Times, March 11, 2022.
(113) Financial Times, May 31, 2022.
(114) Financial Times, March 19, 20, 2022.
(115) 『日本経済新聞』2022年8月9日号。
(116) Financial Times, April 7, 2022.
(117) Financial Times, April 21, 2022. Financial Times, June 30, 2022.
(118) Financial Times, May 13, 2022.
(119) 『日本経済新聞』2022年7月2日号。
(120) Financial Times, April 2, 3, 2022.
(121) Financial Times, April 14, 2022. 『日本経済新聞』2022年4月15日号。
(122) Financial Times, June 4, 5, 2022.
(123) 『日本経済新聞』2022年3月24日号。Financial Times, March 24, 2022. 『日本経済新聞』2022年3月25日号。
(124) Financial Times, August 2, 2022.
(125) Financial Times, April 23, 24, 2022. 『日本経済新聞』2022年4月28日号。
(126) Financial Times, May 13, 2022.
(127) Financial Times, February 28, 2022.
(128) Financial Times, March 2, 2022. Financial Times, March 3, 2022. Financial Times, March 5, 2022.
(129) Financial Times, March 26, 27,

(3) 『日本経済新聞』2022年7月20日号。
(4) 『日本経済新聞』2022年7月21日号。
(5) Financial Times, July 27, 2022. 『日本経済新聞』2022年5月1日号。
(6) 『日本経済新聞』2022年7月29日号。
(7) 『日本経済新聞』2022年6月18日号。
(8) 『日本経済新聞』2022年5月2日号。
(9) 『日本経済新聞』2022年2月28日号。
(10) 『日本経済新聞』2022年3月8日号。
(11) 『日本経済新聞』2022年7月1日号。
(12) 『日本経済新聞』2022年8月3日号。
(13) 『日本経済新聞』2022年2月27日号。
(14) Financial Times, March 1, 2022.
(15) Financial Times, April 7, 2022.
(16) 『日本経済新聞』2022年2月28日号。
(17) 『日本経済新聞』2022年3月17日号。
(18) 『日本経済新聞』2022年3月8日号。
(19) 『日本経済新聞』2022年3月2日号。
(20) 『日本経済新聞』2022年3月31日号。
(21) 『日本経済新聞』2022年3月17日号。
(22) 『日本経済新聞』2022年4月14日号。
(23) 『日本経済新聞』2022年7月20日号。
(24) Financial Times, April 8, 2022.
(25) 『日本経済新聞』2022年4月14日号。
(26) 『日本経済新聞』2022年4月15日号。
(27) 『日本経済新聞』2022年3月4日号。
(28) Financial Times, July 26, 2022.
(29) 『日本経済新聞』2022年7月31日号。
(30) 『日本経済新聞』2022年8月6日号。
(31) 『日本経済新聞』2022年4月7日号。
(32) Financial Times, April 7, 2022.
(33) 『日本経済新聞』2022年3月10日号。
(34) 『日本経済新聞』2022年3月3日号。
(35) 『日本経済新聞2022年2月24日号。
(36) 『日本経済新聞』2022年2月27日号。
(37) 『日本経済新聞』2022年7月28日号。
(38) 『日本経済新聞』2022年7月2日号。
(39) 『日本経済新聞』2022年7月16日号。
(40) 『日本経済新聞』2022年6月25日号。
(41) 『日本経済新聞』2022年7月2日号。
(42) 『日本経済新聞』2022年2月25日号。
(43) Financial Times, June 28, 2022.
(44) 『日本経済新聞』2022年6月3日号。
(45) 『日本経済新聞』2022年3月4日号。
(46) Financial Times, April 12, 2022.
(47) 『日本経済新聞』2022年4月10日号。
(48) 『日本経済新聞』2022年6月3日号。
(49) 『日本経済新聞』2022年6月28日号。
(50) Financial Times, June 28, 2022.
(51) Financial Times, June 25, 26, 2022.
(52) 『日本経済新聞』2022年6月10日号。
(53) 『日本経済新聞』2022年5月4日号。
(54) 『日本経済新聞』2022年5月24日号。『日本経済新聞』2022年6月1日号。
(55) 『日本経済新聞』2022年4月15日号。『日本経済新聞』2022年5月31日号。
(56) Financial Times, March 31, 2022. Financial Times, April 11, 2022.
(57) 『日本経済新聞』2022年6月29日号。
(58) 『日本経済新聞』2022年4月12日号。
(59) 『日本経済新聞』2022年6月4日号。
(60) 『日本経済新聞』2022年6月28日号。
(61) 『日本経済新聞』2022年4月6日号。『日本経済新聞』2022年4月13日号。
(62) 『日本経済新聞』2022年3月30日号。
(63) 『日本経済新聞』2022年6月9日号。
(64) 『日本経済新聞』2022年4月8日号。
(65) Financial Times, June 28, 2022.
(66) Financial Times,, February 28, 2022.
(67) 『日本経済新聞』2022年4月20日号。
(68) 『日本経済新聞』2022年6月19日号。
(69) Financial Times, June 3, 2022.
(70) 『日本経済新聞』2022年5月9日号。
(71) 『日本経済新聞』2022年6月1日号。
(72) 『日本経済新聞』2022年4月20日号。
(73) 『日本経済新聞』2022年5月11日号。
(74) 『日本経済新聞』2022年4月8日号。
(75) 『日本経済新聞』2022年6月1日号。
(76) 『日本経済新聞』2022年4月7日号。
(77) Financial Times, May 23, 2022.
(78) 『日本経済新聞』2022年5月10日号。
(79) 『日本経済新聞』2022年5月9日号。

(60) 『日本経済新聞』2022年6月22日号。
(61) Financial Times, July 9, 10, 2022.
(62) 『日本経済新聞』2022年5月14日号。
(63) 『日本経済新聞』2022年5月19日号。
(64) 『日本経済新聞』2022年7月21日号。
(65) 『日本経済新聞』2022年7月13日号。『日本経済新聞』2022年7月17日号。Financial Times, July 25, 2022.
(66) 『日本経済新聞』2022年8月5日号。
(67) 『日本経済新聞』2022年7月7日号。
(68) 『日本経済新聞』2022年7月6日号。
(69) 『日本経済新聞』2022年6月30日号。
(70) 『日本経済新聞』2022年5月13日号。
(71) 『日本経済新聞』2022年7月7日号。
(72) 『日本経済新聞』2022年6月27日号。
(73) 『日本経済新聞』2022年7月12日号。
(74) 『日本経済新聞』2022年8月5日号。
(75) 『日本経済新聞』2022年4月25日号。
(76) 『日本経済新聞』2022年6月26日号。
(77) 『日本経済新聞』2022年6月20日号。
(78) 『日本経済新聞』2022年7月8日号。
(79) 『日本経済新聞』2022年6月8日号。
(80) 『日本経済新聞』2022年6月22日号。『日本経済新聞』2022年6月23日号。
(81) 『日本経済新聞』2022年7月1日号。Financial Times, July 1, 2022.
(82) 『日本経済新聞』2022年7月2日号。『日本経済新聞』2022年7月3日号。
(83) Financial Times, May 18, 2022. 『日本経済新聞』2022年7月20日号。
(84) 『日本経済新聞』2022年2022年6月28日号。
(85) 『日本経済新聞』2022年7月29日号。
(86) 『日本経済新聞』2022年7月24日号。『日本経済新聞』2022年7月26日号。
(87) 『日本経済新聞』2022年6月29日号。
(88) 『日本経済新聞』2022年4月23日号。Financial Times, May 21, 22, 2022. 『日本経済新聞』2022年6月23日号。
(89) Financial Times, June 30, 2022.
(90) 『日本経済新聞』2022年7月8日号。
(91) 『日本経済新聞』2022年3月8日号。
(92) 『日本経済新聞』2022年8月6日号。
(93) Financial Times, August 8, 2022.
(94) Financial Times, April 20, 2022.
(95) Financial Times, May 28, 29, 2022. 『日本経済新聞』2022年5月28日号。
(96) 『日本経済新聞』202年6月1日号。『日本経済新聞』2022年5月14日号。
(97) Financial Times, March 3, 2022.
(98) Financial Times, June 24, 2022.
(99) 『日本経済新聞』2022年6月25日号。
(100) 『日本経済新聞』2022年4月26日号。Financial Times, March 23, 2022.
(101) 『選択』2022年3月号、39ページ。
(102) Financial Times, April 28, 2022.
(103) Financial Times, May 23, 2022.
(104) Financial Times, May 4, 2022.
(105) Financial Times, June 21, 2022.
(106) 『日本経済新聞』2022年5月6日号。
(107) 『日本経済新聞』2022年7月6日号。Financial Times, June 24, 2022.
(108) 『日本経済新聞』2022年7月13日号。
(109) 『日本経済新聞』2022年6月29日号。
(110) 『日本経済新聞』2022年7月6日号。
(111) 『日本経済新聞』2022年7月13日号。Financial Times, July 6, 2022.
(112) 『日本経済新聞』2022年7月8日号。
(113) 『日本経済新聞』2022年7月11日号。
(114) 『日本経済新聞』2022年4月2日号。
(115) 『日本経済新聞』2022年6月28日号。
(116) 『日本経済新聞』2022年6月15日号。
(117) 『日本経済新聞』2022年7月14日号。
(118) Financial Times, July 9, 10, 2022.
(119) 『日本経済新聞』2022年6月30日号。
(120) 『日本経済新聞』2022年7月24日号。
(121) 『日本経済新聞』2022年7月19日号。
(122) 『日本経済新聞』2022年7月13日号。

Ⅱ章

(1) 『日本経済新聞』2022年5月11日号。
(2) 『日本経済新聞』2022年7月18日号。

注　釈

Ⅰ章

(1) 『日本経済新聞』2022年6月16日号。
(2) 『日本経済新聞』2022年6月17日号。
(3) 『日本経済新聞』2022年6月17日号。
(4) 『日本経済新聞』2022年6月18日号。
(5) 『日本経済新聞』2022年6月18日号。Financial Times, June 18, 19, 2022.
(6) 『日本経済新聞』2022年5月2日号。
(7) Financial Times, March 26, 27, 2022.
(8) Financial Times, July 6, 2022.
(9) Financial Times, April 30, May 1, 2022.
(10) 『日本経済新聞』2022年7月5日号。
(11) 『日本経済新聞』2022年6月28日号。Financial Times, June 29, 2022.
(12) 『日本経済新聞』2022年7月13日号。
(13) Financial Times, April 29, 2022. Financial Times, June 13, 2022.
(14) 『日本経済新聞』2022年5月21日号。『日本経済新聞』2022年5月31日号。
(15) 『日本経済新聞』2022年6月10日号。
(16) 『日本経済新聞』2022年6月2日号。
(17) 『日本経済新聞』2022年6月24日号。
(18) 『選択』2022年5月号、108ページ。
(19) Financial Times, March 30, 2022.
(20) Financial Times, June 23, 2022.
(21) 『日本経済新聞』2022年5月10日号。
(22) 『日本経済新聞』2022年6月12日号。Financial Times, June 15, 2022.
(23) 『日本経済新聞』2022年5月8日号。
(24) Financial Times, July 14, 2022.
(25) 『日本経済新聞』2022年6月2日号。
(26) 『日本経済新聞』2022年6月8日号。
(27) Financial Times, June 24, 2022. 『日本経済新聞』2022年7月16日号。
(28) 『日本経済新聞』2022年6月17日号。
(29) 『日本経済新聞』2022年7月2日号。
(30) 『日本経済新聞』2022年7月3日号。
(31) 『日本経済新聞』2022年7月9日号。『日本経済新聞』2022年7月21日号。
(32) Financial Times, June 16, 2022. 『日本経済新聞』2022年8月2日号。『日本経済新聞』2022年10月6日号。『日本経済新聞』2022年10月29日号。
(33) 『産経新聞』2022年6月15日号。
(34) 『産経新聞』2022年6月16日号。Financial Times, June 15, 2022.
(35) 『日本経済新聞』2022年6月27日号。
(36) 『日本経済新聞』2022年3月31日号。
(37) 『日本経済新聞』2022年6月24日号。
(38) 『日本経済新聞』2022年7月24日号。
(39) Financial Times, June 29, 2022.
(40) 『日本経済新聞』2022年5月21日号。Financial Times, May 21, 22, 2022.
(41) 『日本経済新聞』2022年5月1日。
(42) Financial Times, June 23, 2022.
(43) 『日本経済新聞』2022年6月28日号。Financial Times, October 29, 30, 2022.
(44) 『日本経済新聞』2022年6月22日号。
(45) 『日本経済新聞』2022年4月27日号。『日本経済新聞』2022年4月28日号。
(46) 『日本経済新聞』2022年6月2日号。
(47) Financial Times, June 29, 2022.
(48) Financial Times, May 3, 2022.
(49) 『日本経済新聞』2022年6月8日号。『日本経済新聞』2022年6月3日号。
(50) 『日本経済新聞』2022年7月6日号。
(51) 『日本経済新聞』2022年5月8日号。『日本経済新聞』2022年8月2日号。
(52) 『日本経済新聞』2022年7月4日号。
(53) 『日本経済新聞』2022年4月15日号。
(54) 『日本経済新聞』2022年7月1日号。
(55) Financial Times, April 23, 2022.
(56) 『日本経済新聞』2022年6月21日号。
(57) 『日本経済新聞』2022年6月17日号。
(58) 『日本経済新聞』2022年5月15日号。
(59) 『日本経済新聞』2022年5月7日号。

《著者略歴》

中津孝司（なかつ・こうじ）

大阪商業大学総合経営学部教授、博士（経済学）
1961年大阪府生まれ
1989年神戸大学大学院経済学研究科博士後期課程単位取得満期退学
1987～1988年コソボ・プリシュティーナ大学政府奨学生留学
編著書:『皇帝プーチン最後の野望』創成社、『ロスネフチの逆襲』創成社、『日本株式投資入門』創成社、『プーチン降板』創成社、『世界市場新開拓—チャイナ・リスクに警鐘を鳴らす—』創成社、『ガスプロムが東電を買収する日』ビジネス社、『クレムリンのエネルギー資源戦略』同文舘出版、『クリミア問題徹底解明』ドニエプル出版など。

プーチン帝国滅亡

発行日	2023年4月16日初版ⓒ
著者	中津孝司
協力	日本ウクライナ文化交流協会
発行者	小野元裕
発行所	株式会社ドニエプル出版
	〒581-0013 大阪府八尾市山本町南6-2-29
	TEL072-926-5134　FAX072-921-6893
発売所	株式会社新風書房
	〒543-0021 大阪市天王寺区東高津町5-17
	TEL06-6768-4600　FAX06-6768-4354
印刷所	株式会社新聞印刷
製本所	株式会社米谷

ISBN978-4-88269-929-3

協力：日本ウクライナ文化交流協会

CDブック 2.24 5a.m.

Слава Україні

—ウクライナに栄光あれ—

Ono Aki

A5判 32頁並製本
定価：本体3,000円＋税

2022年2月24日午前5時、ロシア軍がウクライナの首都キーウへ侵攻した。

それから1年。ウクライナ人は一丸となって戦い自国を守る。

そのなかで、ウクライナ軍の戦死者約6万人、負傷者約5万人。民間人7千人以上が命を落とした。

ウクライナのレクイエムや民謡を中心に収録し、英霊を追悼する。

発行：ドニエプル出版／発売：新風書房